旅游电子商务
案例与专题

彭　晖　张镱洁◎主编

北京·旅游教育出版社

责任编辑：郭珍宏

图书在版编目（CIP）数据

旅游电子商务案例与专题 / 彭晖，张镱洁主编. --
北京 ：旅游教育出版社，2019.6 (2024.1重印)
ISBN 978-7-5637-3971-4

Ⅰ. ①旅… Ⅱ. ①彭… ②张… Ⅲ. ①旅游业—电子商务—研究 Ⅳ. ①F590.6-39

中国版本图书馆CIP数据核字(2019)第117462号

旅游电子商务案例与专题

彭晖　张镱洁　主编

出版单位	旅游教育出版社
地　　址	北京市朝阳区定福庄南里 1 号
邮　　编	100024
发行电话	（010）65778403　65728372　65767462（传真）
本社网址	www.tepcb.com
E - mail	tepfx@163.com
排版单位	北京旅教文化传播有限公司
印刷单位	北京虎彩文化传播有限公司
经销单位	新华书店
开　　本	787 毫米 × 1092 毫米　1/16
印　　张	13.375
字　　数	213 千字
版　　次	2019 年 6 月第 1 版
印　　次	2024 年 1 月第 5 次印刷
定　　价	39.00 元

（图书如有装订差错请与发行部联系）

前　言

现今，旅游业的发展在以互联网和通信技术为核心的信息技术大发展的背景下，其管理和管理模式正在发生深刻改变，旅游电子商务已经成为旅游业中不可或缺的重要内容，旅游市场和旅游消费都发生了巨大变化。

旅游电子商务的蓬勃发展也使得旅游电子商务课程成为各大高校旅游管理专业的必修/选修课程，但是也为各位旅游教育工作者提出了一个新挑战，即如何培养有旅游知识背景而又对电子商务在旅游业中的案例应用熟悉的人才，来满足当今旅游业的需求。这是这本教材开始的初衷。

本书从四个方面对旅游电子商务进行了系统介绍，第一章为旅游电子商务发展历程，分为不同阶段对中国旅游电子商务的发展进行了大事记与阶段总结，分各洲对国外旅游电子商务发展做了介绍。第二章从四个角度对旅游电子商务企业进行了分类，并分别对每一种分类进行了案例分析。第三章结合行业发展趋势，对定制旅游与电子商务的结合做出了一个专题案例分析。第四章是对传统互联网或电商平台（百度、腾讯、京东、阿里）旗下的旅游产品进行了案例分析，并在最后进行了四个平台的对比。本教材旨在通过大量案例分析加强学生对行业的深入了解，培养其运用所学知识对企业中实际发生的问题进行分析和解决的能力。

本书是旅游管理专业的专业课教材，适合高等院校的旅游管理专业学生学习使用，同时也可用于电子商务、市场营销、工商管理等专业学生参考学习。

目　录

第一章
旅游电子商务发展历程

第一节 电子商务与旅游电子商务

一、何为电子商务?

电子商务源于英文 Electronic Commerce，简写为 EC。广义的电子商务定义为，使用各种电子工具从事商务活动。电子工具包括电报、电话、广播、电视、传真、计算机、计算机网络、移动通信等。商务活动，包括商品和服务的提供者、广告商、消费者、中介商等有关各方行为的总和。而狭义电子商务定义为，利用 Internet 从事商务活动。

二、何为旅游电子商务?

在国际上沿用较多的是世界旅游组织对旅游电子商务的定义，在其出版物《E-Business for Tourism》中指出，"旅游电子商务就是通过先进的信息技术手段改进旅游机构内部和对外的连通性（connectivity），即改进旅游企业之间、旅游企业与供应商之间、旅游企业与旅游者之间的交流与交易，改进企业内部流程，增进知识共享。"这一定义概括了旅游电子商务的应用领域，侧重的是对其功效的描述。

国内学者杨路明和巫宁的定义是："旅游电子商务是指通过先进的网络信息技术手段实现旅游商务活动各环节的电子化，包括通过网络发布、交流旅游基本信息和商务信息，以电子手段进行旅游宣传营销、开展旅游售前售后服务；通过网络查询、预订旅游产品并进行支付；也包括旅游企业内部流程的电子化及管理信息系统的应用等。"

第二节　中国旅游电子商务发展历程

21 世纪初期，由于世界贸易组织下我国旅游市场的全面开放，旅游市场的竞争日趋激烈，众多旅游企业开始关注并投入到旅游电子商务战略之中。经过近二十年的发展，我国旅游电子商务经历了准备阶段、起步阶段、发展阶段、增长与调整阶段以及现在的快速发展阶段。旅游业是我国第三产业的主导性产业，经过三十多年的发展，我国旅游业从小到大、由弱到强，逐步发展成为我国国民经济的重要产业，我国的旅游市场规模已跃居世界前列，旅游业的巨大潜力正在逐步爆发，进入快速发展的“黄金期”。我国正在成为全球最大的旅游市场，旅游业已进入大众化、产业化发展的新阶段。表 1–1 列出了我国旅游电商发展的历史阶段及各阶段特点。

表 1–1　中国旅游电商发展阶段

年份	阶段		主要事件和特征
1993—1998	准备阶段		政府领导组织开展“三金工程”，为电子商务发展打下坚实基础。三金工程即“金桥工程”“金卡工程”“金关工程”。 “金桥工程”首先建立国家共用经济信息网。 “金关工程”是对国家外贸企业的信息系统联网，实行无纸贸易的外贸信息管理工程。 “金卡工程”则是以推广使用“信息卡”和“现金卡”为目标的货币电子化工程。
1999—2003	起步阶段		在此期间旅游网站达到三千多家，旅行社开始在网上做广告宣传，旅行预订等。3/4 的网民旅游前会上网查询旅游资料和折扣旅游团，其中 16% 会订购机票。 主要企业：携程，艺龙，青旅在线
2004—2006	发展阶段		2004 年 12 月携程旅行网斥资 2000 万美元建造现代化在线旅行技术服务中心。携程机加酒模式开始盈利。 出现了许多有实力的，发展良好的旅游电商企业：去哪儿，到到，同程，马蜂窝，途牛等
2007—2009	增长与调整阶段		发展势头良好，三大市场保持稳定增长。旅游电商出现了比价和评价两大特征，吸引了大量网络用户。 旅游电商数量不多，量级不大，2008 年资本寒冬，2009 年开始融资并购
2010—2013	快速发展阶段	移动旅游电商起步阶段	3G 应用普及，旅游 App 发展
2014—2019		移动旅游电商发展阶段	旅游 App 丰富，移动应用丰富，5G 应用开始

2009年至2018年我国旅游电商年度事件盘点如下。

2009年是旅游行业的融资并购年。2009年，芒果网完成对易休旅行网的收购和业务整合，并在此基础上推出全新品牌“青芒果旅行网”。途牛完成300万美元的A轮融资。携程买买买，以5000万美元的价格购买751万股如家股票。瑞士Kuoni加码中国，6000万收购易网通32%股权。Expedia入华，收购“酷讯”。其在中国控制的企业包括“艺龙网”“到到网”“酷讯”以及“易信达”。随着Expedia中国扩编完成，国内在线旅行市场正式形成携程、去哪儿网、Expedia中国三足鼎立的态势。

2010年国家出台多项利民举措，从武广高铁的开通到火车票实名制的试运行，去哪儿网的火车票频道正是基于此环境而诞生。去哪儿网正式发布行程管理软件Trip Planner。3G应用日渐普及带动无线互联网大发展，越来越多的人开始手机上网查询实用信息，艺龙手机预订是在历史机遇下推出的崭新行业应用

2011年，资本市场看好中国在线旅游企业。乐途旅游网募得首轮风险投资，投资总额为3000万元。6月，百度以3.06亿美元入股去哪儿网成为去哪儿第一大机构股东。10月中国旅游社交媒体平台马蜂窝宣布获得来自今日资本投资的500万美元首轮融资。4月，途牛旅游网完成C轮约5000万美元融资，投资方为红杉资本、乐天集团、DCM、高原资本。4月，快乐e行集团旗下北京快乐逸行国际旅行社获得JTB、野村、丸红等世界500强企业投资共计3000万美元。9月，驴妈妈宣布获得江南资本和红杉资本的C轮注资。9月，在线旅行服务商新华旅行与麦顿投资正式签订入股协议，麦顿投资与其他投资人首批入资新华旅行超过2300万美元。

2011年，在线旅游的平台直销规模初具。特色酒店、客栈等入驻淘宝旅行。乌镇直营的酒店、门票、美食、旅行套餐、特产、纪念品等在淘宝旅行乌镇旅游旗舰店正式开卖。九寨沟在内的多家知名景区也将陆续登录淘宝旅行。

2012年，在线旅游正式进入“价格战”。在线旅游积极参与到旅游电商们的全社会促销之中，如信游网积极参与到天猫“11·11”“12·12”等大型促销活动中。5月，淘宝网与丽江市战略合作暨“淘友团丽江”活动开启了在线旅游的“团购”新时代。2012年夏天，艺龙旅行网率先喊出了口号：“携程团购没有的，我们有；携程团购有的，我们全部先打9折再减1元！”拉开了在线旅游价格战的序幕。随后携程启动了高达5亿美元的促销预算进行还击。此后芒果、同程、途牛等众多在线旅游网站纷纷卷入其中，价格战迅速在整个在线旅游行业内蔓延。

2012年，手机移动终端迅猛壮大。航空公司，酒店，OTA各种预订App迅猛发展。

2013年，在线旅游市场交易规模达到2211亿元，全年中国旅游业融资并购39起，

涉及金额达到了近 100 亿元人民币，去哪儿，携程，途牛等 OTA 巨头逐步形成。

2014 年，国家旅游局将 2014 年定为“智慧旅游年”。OTA 间的良性战略合作，途牛与携程和驴妈妈分别签署了战略合作协议。宣布将在各自优势领域进一步扩大旅游资源共享、深入合作。同程也与微信达成了一项深度合作，门票、周边游业务将正式入驻微信平台。海外自由行爆炸式增长带来的 OTA 经济增长，2013 年我国海外游人次创出 9000 万人次的新高，2014 年 1.2 亿人次。

2015 年，在线旅游业进入旅游跨境电商时代，大力发展“互联网 + 旅游”，携程参股去哪儿，艺龙。

2016 年，跨界营销成风，直播、IP 成旅游业新宠，在线旅游市场的强者恒强，整合加速。携程大刀阔斧买买买，1 月 7 日携程旅行网宣布将通过可转债的方式向印度最大的在线旅游公司 Make My Trip 投资 1.8 亿美元，该投资完成后，携程将获得向 Make My Trip 的董事会指派一名董事的权利。3 月 1 日，携程通过华远入股众信旅游，巩固出境游市场。10 月 17 日，携程战略投资旅游百事通，双方在度假旅游业务上全面开展合作，携程将通过旅游百事通拥有的 5000 多家门店，布局二三线城市，同时，携程与旅游百事通还将在产品库建设、资源采购、销售渠道、旅游顾问建设等方面全面合作。10 月 24 日，携程宣布战略投资美国两大地接社海鸥旅游和纵横集团，并将与二者及此前投资的途风网签署战略合作协议，至此，携程、纵横集团、海鸥旅游、途风网四方将正式“联姻”。11 月 22 日，携程高管发布内部邮件，宣布去哪儿度假与携程旅游合并，双方将多方面协同作战。这是一个多月内，携程在战略投资旅游百事通、与美国三大旅行社战略合作之后，整合在线度假市场“生态圈”的又一大动作。

2016 年，民宿行业势头猛进，途家，住百家，小猪，蚂蚁短租等民宿预订开始流行。

2017—2018 年，携程，同程部署门店，线上线下融合，出入境旅游发展迅速，新媒体营销渠道微信、抖音等普及。

第三节　国外旅游电子商务发展历程

一、东南亚地区旅游电子商务发展简介

东南亚地区有十一个国家，包括：越南、老挝、柬埔寨、缅甸、泰国、马来西亚、新加坡、印度尼西亚、菲律宾、文莱和东帝汶。东南亚国家经济发展水平高低不一，

所以通过了解每个国家的旅游电商企业的发展，从而整理出东南亚旅游电商的发展史。

（一）泰国

泰国电子商务趋势良好，有三个主要因素的支持：其一是技术方面已获得较大的发展，体现在通信方式的增加、创新产品的不断推出等。其二是政府大力推动打造数字化经济和社会的政策，从而支持电商业者进一步将业务扩大到东盟市场乃至全球市场。其三是金融业务的操作方式正在迅速革新，不但使得金融业务操作更为快捷、便利，还可以降低业者的经营成本，有利于推动泰国经济的发展，达到世界标准。泰国的互联网创业及电商发展在整个东南亚地区都是排名靠前的。

Sawadee 是泰国领先的入境游服务机构，其网站为游客提供旅游预订服务、旅游相关信息等。

Sawadee 目前已与泰国所有类别的 1000 多家酒店达成价格协议，覆盖泰国国内大多数休闲和商务旅行目的地。因与最终供应商的直接关联使其响应速度快，准确度高，因此 Sawadee 在游客心中拥有较高的评价。Sawadee 与主要搜索引擎都有合作关系，能够为其在线广告或核心品牌提供倾斜和便利。

（二）马来西亚

马来西亚的旅游业早在 20 世纪 80 年代初就有较快的发展。1980 年，该国国际旅游者达 153 万人次，旅游客房数为 2.7 万间，国际旅游收入为 2.5 亿美元，占国内生产总值的 1.0%，占出口额的 1.7%。

近年来，马来西亚旅游电子商务发展迅速，Plan Your Own Travel 是马来西亚本地的 Reliance 旅行社私人有限公司旗下注册商标的在线旅游门户网站。对于住宿，PYOTravel 的目标群体是休闲和商务旅客。对于度假套餐，目标群众是喜欢独自旅行的旅行者，短途旅行距离他们的出发地点不超过 3~4 小时。

帮助客户节省时间，提供非常友好的界面，在一个屏幕上搜索和比较酒店和度假套餐的价格和可用性，有效缩短购买决策所需的时间。凭借与所有供应商之间的良好关系和高效的预订流程，PYOTravel 能够降低处理的每次预订的成本和复杂性，从而节省成本。客户在各自的 PYOTravel 本地门户网站以当地货币付款，没有货币兑换损失。没有预订费用，也没有隐藏费用，如当地的税收或信用卡收费。PYOTravel 的所有交易均由当地的呼叫中心在线完成，这些呼叫中心分布在亚太地区 10 个主要目的地，以便客户需要额外的人际接触。PYOTravel 在马来西亚、新加坡、日本、中国、澳大利亚、泰国、中国香港、英国和美国都有当地办事处。

Bus Online Ticket 私人有限公司（Bus Online Ticket）是一家提供在线海陆交通订票服务公司，这包括了巴士、火车和渡船的订票服务。

2017 年开始，该公司接受顾客使用支付宝预订和购买来回马来西亚和新加坡巴士票、火车票和渡船票。

（三）印度尼西亚

印度尼西亚在电子商务方面展现了更大潜能，预计到 2020 年，这个群岛国家的电子市场市值有望达到 1300 亿美元，成为紧随中国和印度之后的第三大亚洲市场。到 2019 年，印尼电子商务市场预计将达到 164 亿美元，与此同时，在线旅游领域将成为该国第二大市场。印度尼西亚提供真正的移动先行平台，印度尼西亚的电子市场也让零售商和分散贸易的参与者能重点发展真正的移动先行平台。通过社交媒体盈利，印尼的独特在于它广泛使用 Facebook，逾 92% 的印尼人都有 Facebook 账号。因此大众购买趋势极易受到社交媒体推荐影响，所以零售商最好能在快消品直销和广告业务上与 Facebook 形成合作关系。在线支付发展潜力巨大，现今印度尼西亚人均年开销的增长率接近 10%，利用在线支付推出一种授信的解决方案可能会引发电子商务市场的巨大增长，大小零售商也将得以精简业务流程、提高业务效率。

Tiket 是印度尼西亚最大的在线旅游代理商（OTA）之一。Tiket.com 成立于 2011 年，是印度尼西亚一体化水平最高的旅游和娱乐在线预订门户。Tiket 是提供机票、火车票、酒店、景点门票、音乐会和汽车租赁预订服务的平台。付款支持 Visa 卡还有 Mastercard。但是需要付手续费以及处理费。

公司从 2013 年开始盈利，2012—2013 年之间的收入上升了 1300 个百分点，机票占到了 Tiket 业务的 40%，紧随其后的是火车和酒店预订。在 2014 年，Tiket 拥有 150 多名员工，是 2013 年的两倍多。

2016 年 8 月 23 日全球最大的电子商务支付管理服务供应商 Cyber Source 宣布将与 Tiket 建立合作关系。通过使用 Cyber Source 支付和反欺诈解决方案，Tiket 在 2015 年收入翻倍的情况下，仍能保持低于行业平均水平的欺诈率。

2017 年 6 月，印尼第一家网上商城 Blibli 以 100% 的股权收购 Tiket。

（四）新加坡

新加坡电商市场差异化日益明显，很多不同类型的电商企业正在崛起，不断完善新加坡电子商务的生态圈。

补充资料

中国电子商务巨头阿里巴巴旗下的移动支付公司支付宝与新加坡旅游局（STB）建立合作关系，意欲改善中国游客在新加坡的旅游体验。双方于2017年9月25日签订的协议显示，支付宝与新加坡旅游局将在支付宝移动客户端以及新加坡旅游局旗下的旅游资讯与服务资源平台共享新加坡的相关信息。同时，双方都将向新加坡的旅游行业持股人分享旅游趋势的数据和分析，帮助新加坡的旅游业更准确地理解和定位中国消费者。

此外，支付宝和新加坡旅游局将探索联合投资的合作营销方案，以鼓励中国游客在新加坡也使用支付宝进行支付。

新加坡的Be My Guest是一个目的地旅游预订平台。提供短时间旅游目的地旅游（半日游或一日游等）导游带领，费用包括交通、门票，可上网提交订单。

这一在线预订平台整合了亚洲地区的目的地旅游活动，联动了多国市场的行业玩家，包括中国、韩国、日本、印尼、越南和印度。Raffles Ventures Partners的Yap NingJee称赞该公司“对打造坚实的，规模化的数字平台的全情投入”，从而使得消费者很方便地在其平台上找到所需要的旅游产品。作为投资者之一，Koh Boon Hwee表示该公司“正在成功地整合亚洲旅游景点”。

由于经济上的原因，东南亚地区的旅游电子商务普通落后于中国，但是东南亚作为中国出境游的重要目的地，市场前景不容小觑。国内的电商巨头频频在东南亚地区进行商业投资，以期拓展市场的同时带动当地旅游电商的发展。

二、北美洲地区旅游电子商务发展简介

（一）美国

美国是全球电子商务发展最早也是最快的国家，一直走在世界的前列，其应用领域和规模都远远领先于其他国家，在全球所有电子交易额中，目前大约有50%以上都发生在美国。

美国旅游电子商务在线旅游服务提供商，主要有航空、酒店公司的官网，第三方在线旅行服务代理商、旅游搜索、旅游社交点评及综合型旅游在线服务商等。旅游电子商务盈利模式以直销、Merchant模式和Agency模式和广告媒体模式为主，其中第三

方在线旅行服务代理商以 Merchant 模式和 Agency 模式并行。旅游电子商务运营模式基本都是在线上开展，与线下呼应较少。

下面从美国旅游电子商务企业三巨头看美国旅游电子商务发展情况。

1. Expedia：亿客行——美国最大 OTA 公司

“Expedia”作为全球最大的在线旅游公司之一，其业务量约占全球在线旅游市场的三分之一。于 2007 年通过与艺龙的合作正式进入中国市场，现有业务部门遍及美国、加拿大、法国、英国、比利时、德国、意大利以及西班牙。Trip Advisor 是 Expedia 旗下品牌，目前是全球最大的旅游社区，在酒店和景点点评服务上拥有绝对领导性地位。

（1）发展历史

① 1996 年微软创建旅游查询及预订网站 Expedia.com

Expedia 的历史可以追溯到 1996 年，Expedia 只作为微软内部员工的旅游工具，在微软发现其蕴含的商业价值后，进一步开发，使其成为 MSN 的一个子站点，并于 1997 年开始全面独立运作，1999 年公开上市。

② 2002 年被 IAC 收购

2002 年 2 月 Expedia 被 Inter Active Corp's（现在的 IAC/Inter Active Corp，以下简称 IAC）收购并私有化。此时的 Expedia 已经将业务扩展至了英国、法国、意大利、德国、新西兰、加拿大等地，并且拓展了商旅管理业务。此外，IAC 还收购了酒店预订网站 Hotels.com（收购前在纳斯达克上市代码：ROOM）。IAC 的董事长 Mr.Diller 在旅游领域动作频频，继续收购了模糊定价产品运营商 Hotwire 和旅游点评网站 Trip Advisor 等旅游相关网站。

③ 2005 年 IAC 分拆旅游业务，Expedia 再上市

2005 年 8 月 9 日，Expedia，Inc 从 IAC 分拆，将 Expedia.com、Hotels.com、Hotwire、Trip Advisor 等旅游相关业务打包上市，代码还是之前的 EXPE。上市后的 Expedia2005 年营收达到 21 亿美元，实现净利润 2.3 亿美元；一举成为全球最大的在线旅游公司。此后一直到 2010 年，Expedia 都在营收规模上保持着在线旅游领域老大的位置。

④ 2011 年 Expedia 分拆 Trip Advisor 等旅游媒体业务

Expedia 的实际控制人 Mr.Diller（持有 60% 以上的投票权）是个资本运作高手，经过几年的收购，Expedia 又成为拥有几十个品牌的在线旅游公司。2011 年 12 月 20 日，Expedia，Inc 又将包括 Trip Advisor 在内的旅游媒体业务打包，以代码“TRIP”在纳斯达克上市，Expedia 则保留酒店、机票、租车、邮轮以及其他度假旅游产品等交易相关

业务。

⑤ 2015 年在中国套现

Expedia 一度大手笔在中国国内收购，意图做大 OTA 份额。2009 年，Expedia 在国内推出旅游点评网站到到网，当年 10 月，又以超过 1200 万美元收购旅游搜索引擎酷讯网。2011 年，Expedia 又从 keyword 买下艺龙，当时艺龙市值近 8 亿美元。

2015 年 5 月，Expedia 将艺龙卖给国内最大 OTA 携程，套现 6.71 亿美元。

（2）发展模式

①品牌和市场并重

除了初期依附于微软的 MSN 站点外，Expedia.com 一直作为 Expedia 公司的独立品牌进行运作。围绕 Expedia.com 这一核心品牌继续延伸分站点，并且通过进一步的合作和收购扩大自己的市场。Expedia 共延伸出 12 个站点遍布世界主要旅游客源输出市场，构成主品牌的覆盖网络。

②市场化运作程度高——细分市场

Expedia 作为细分市场领先企业的母公司，有效地控制业务整合力度，先从终止控股公司与竞争对手合作关系入手，梳理控股公司的业务流程，并选取同类项进行业务联立，逐步推进业务整合。

此外，中小代理商也是 Expedia 发展的主要借力。Expedia 旗下的企业可根据自身产品特点选择各自的销售代理商。

③善用创新技术

由于旅游业务的复杂性，技术更新换代将很可能解决旅游业务某个关键环节的网络化问题。基于微软系出身的良好传统，Expedia 善于运用技术创新构造竞争壁垒。

④业务模式

作为一家在线旅游产品预订服务商，Expedia 自己不提供旅游产品，主要是帮助旅游产品供应商销售产品，从而获得“佣金”收入。“佣金”获取的方式可以是 Expedia 以供应商规定的价格出售产品后按一定比例收取，这就叫 Agency 模式；也可以是 Expedia 从供应商那以固定的价格获取产品，然后赚取销售差价，这叫 Merchant 模式，这时 Expedia 拥有产品的定价权。

⑤酒店预订业务

Expedia 业务涉及酒店、机票、租车、邮轮及度假旅游产品预订等众多领域；但最主要的营收来源是酒店预订。

2. Priceline

Priceline 创建于 1998 年，是目前全球最大的在线旅游服务商之一。公司通过旗下 priceline.com、booking.com、agoda.com、rentalcars.com、kayak.com 等网站，面向全球提供酒店、机票、租车、订餐和旅游打包产品等的在线预订及搜索比价服务。Priceline 主要以提取佣金为盈利模式，即通过批发（Merchant）、代理（Agency）和垂直搜索引擎（KAYAK）等三种模式，为买卖双方提供信息和交易平台，并从中提取佣金。

Priceline 在发展期间通过一边不断通过海外收购来有计划地进行扩张，一边进行精明而细致的低成本运营和多领域运营互相协作为其快速发展提供了强大动力和优越性。

3. Trip Advisor：基于“旅游社区”的旅游 O2O 生态系统

Trip Advisor 创建于 2000 年，是全球最大最受欢迎的旅游社区和旅游点评网站。Trip Advisor 不直接向游客出售旅游产品，以为旅行者提供酒店评论、酒店受欢迎程度索引、高级酒店选择工具、酒店房价比价搜索以及社会化的旅途图片分享和在线驴友交流等服务为核心内容。用户在 Trip Advisor 上可查看旅行地酒店或餐厅的评论信息，并对比价格，还可保存喜欢的酒店、饭店和景点，添加地图、照片、旅行笔记等，建立自己的旅行文档。因此，在旅游规划阶段，Trip Advisor 通过真实的点评信息为游客提供决策参考；在旅游过程中，通过其移动 App，为游客提供贴身旅游服务；在旅游结束后，鼓励用户提供真实点评信息。

通过免费向用户提供上述内容和服务，Trip Advisor 逐步构建了以内容和用户为核心的旅游社区，吸引大批自助游爱好者，为网站积累了大量人气。Trip Advisor 则主要通过广告赚取收入，包括按点击付费收入，展示广告收入和列表服务广告收入等，同时还通过提供方便游客快速预订酒店机票的链接为其关联公司 Expedia.com 等增加业务量。

Trip Advisor 成功的原因在于其网站信息量的实用性和网站的公正性。它最大的特点是为旅行者提供有真实游览经历游客的评论。这样的评论对即将出行的旅游者具有巨大的参考价值，可帮助他们合理制订游览计划并获得最完整的游览体验。因此，Trip Advisor 在游客的游前、游中、游后的每一个阶段都有较大的渗透，从而成功打造了旅游 O2O 的闭环。

4. 美国旅游电子商务发展经验

（1）涵盖旅游业务的多个方面

美国的旅游网站在信息内容的提供上，不但数量巨大，而且准确性和时效性强，涉及景区、景点、旅游线路、旅游常识、旅游新闻、旅游目的地天气、旅游文化等信息，而且还包括各种优惠、折扣的信息，以及航空、酒店、汽车租赁服务的检索和预订等方面的内容，用户可以搜索、比较和点评旅行产品和服务。在服务功能方面，美国旅游电子商务向全球多个国家和地区提供丰富的旅游产品和服务，不但提供如航空机票、住宿、租车、邮轮等单一旅游产品和服务的在线预订和销售，还提供打包服务，并且可以在网上预订家庭休闲短假产品、个人周末短途旅行、商务旅行等。

美国旅游电子商务拥有相对成熟的技术平台和市场运作方法，旅游电子商务公司类型功能比较齐全，网上旅游产业结构体系健全，涵盖旅游业务的各个方面，包括旅游点评、旅游激励、旅游计划、旅行搜索、旅游预订及旅游等多个环节，形成封闭循环系统。

（2）多元化的在线旅游策略

首先，流量入口多元化。美国旅游网站彼此之间虽然竞争激烈，但都互为对方带去流量。Expedia 为 Priceline 贡献了 18% 的推荐流量；同时 Priceline 和 Orbitz 也为 Expedia 带去了 7% 和 4% 的流量；而 Expedia 还是 Orbitz 的第二大流量来源方，贡献了 13% 的流量。同时，搜索引擎也是美国在线旅游的重要流量渠道，Google、Yahoo、Microsoft 三家同时给这些在线旅游公司导入流量。此外，垂直旅游搜索、旅游论坛等也为旅游网站贡献了大量流量。其次，渠道渗透多元化。一方面，美国旅游电子商务公司不断加大技术投入，形成产品开发、技术研发团队，进行产品创新，抢占市场；另一方面，近年各方开始布局无线战略，而且都有实质性的发展，基于移动终端开展旅游预订业务和其他旅游服务项目。

（3）服务领域国际化

美国旅游电子商务公司不仅开展本土业务，还面向多区域开展在线旅游业务，扩展海外市场。如 Expedia 集团，其旗下 Hotels.com、Egencia、EAN、Hotwire 等网站在服务于美国市场的同时，还面向欧洲、亚太、加拿大和拉丁美洲；在区域市场中，其在中国拥有艺龙，在欧洲拥有 Venere。此外，Priceline 则只有 22% 的营收来自美国本土地区，Orbitz、Travel Zood 等都有部分海外业务。

（4）网络营销手段多样化

美国旅游电子商务公司开展网络营销的手段也呈多样化发展。在营销渠道上，采用批发、代理、垂直搜索、社交网络、线下营销、客服沟通以及邮件营销等方式；在促销手段上，使用发放优惠券、季节性或周期性促销、忠诚客户激励等措施；同时，还和多家第三方网站合作进行联盟分销，以扩大市场份额。

（二）加拿大

随着网络技术的迅猛发展，电子商务已成为不可抗拒的世界潮流，被加拿大政府、企业、家庭等广泛使用。加拿大政府高度重视电子商务和网络经济的发展，投入巨资和人力，电子商务迅速普及和发展，电子商务交易额已经跃居全球第二位，仅次于美国。

目前旅游电子商务已然成为加拿大旅游中不可或缺的重要组成部分，并且呈现良好的发展势头。

Transat 曾是加拿大第三大航空公司，它旗下的“Transat”和“Air Transat”品牌，是加拿大著名的休闲旅游品牌，提供包括航空、酒店、旅游套餐，入境旅游、户外旅游、目的地咨询等多项旅游服务。

2019 年 6 月，该公司被加拿大航空公司收购。收购后，保留“Transat”和“Air Transat”品牌和旗下的业务。收购时，Transat 公司有 5000 名员工，可飞往北美和欧洲 60 多个旅游目的地，是加拿大旅游零售分销的领导者，在目的地有 500 家分店，近 600 家合作旅行社。

三、欧洲及大洋洲地区旅游电子商务发展简介

（一）欧洲

1996—1998 年国际机构及欧盟发布了一系列电子商务发展的文件（如《欧盟电子商务行动方案》《一个无国界的世界：发挥全球电子商务的潜力》等），指出电子数据与纸介质数据具有相同的法律效力，承认电子数据的合法知识产权；同时保护数字签名、电子发票、电子合同的法律地位和效力；提出维护信息安全、保护隐私权、规范交易程序、制定数据标准和解决 Internet 税收等问题的全球标准。从而在世界范围内为电子商务的发展奠定了法律基础。

欧洲旅游电子商务的发展，表现出以旅游电子商务为基础的旅游企业合并经营的趋势，这与欧盟政治经济一体化发展战略相一致。例如：英国最大的旅游信息门户网站 www.lastminute.com 和法国最大的旅游酒店集团 Accor Group 通过全球酒店分销系统 GDS 联盟了世界范围内 90 余个国家的 3200 家酒店，成为欧洲最大的酒店分销商。

Easyjet 是欧洲最先开展互联网直销的航空公司，1995 年 10 月由希腊公民 Stelios Haj-ioannou 先生创立，它有力地推动了欧洲航空旅游向低成本及可信的直接销售转

变。Easyjet 从成立之初，就把互联网直接销售作为与分销商并列的重要销售渠道，进行重点开发。Easyjet 航空公司面向休闲旅游市场和对价格敏感的商务市场并鼓励顾客尽早预订，以得到优惠机票，因为越临近出发的预订可能价格越高。

1. **奥地利的 TIScover 系统**

（1）概述

由奥地利 Tirol 旅游局使用的 TIScover99 是一个高级目的地营销系统，它是一个基于 Web 的系统，具备全面的功能，包括信息管理、发布、预订和电子商务功能，支持英文和德文。

出于为准确及时地提供关于住宿设施的可用情况以及积雪情况的信息，满足奥地利游客出游决定需要，而决定在 Tirol 省建设的综合性的计算机旅游信息系统。经过 10 年的发展，关于该系统的总体目标已确定为："在向未曾到访和已经到访游客提供准确的综合性信息服务的同时，让来自整个目的地的所有服务供应商都能够直接介入电子化市场中。"

（2）发展现状

该系统同时在奥地利得到广泛推广，并且成为奥地利各省份所使用的唯一的系统，其某些版本也在德国和瑞士使用。其行业参与程度、系统的可进入性以及交易量正在上升。

目前，该系统内所列的住宿设施总数已超过 15000 个，其中 4500 个提供详细信息并可进行在线预订，对 TIScover 系统的使用不断增长。近年统计数据表明其网页浏览次数每月超过 500 万次。通过与奥地利饭店协会协作，包含了奥地利全国的饭店住宿信息。目前 TIScover 数据库约有 4000 兆字节的数据，相当于超过 7 万张网页的容量。

（3）运营状况

在该系统的日常运营中，各地方旅游机构负责他们自己的数据维护工作，并且还负责要求本地成员的数据符合该系统所规定的标准，以及对直接与系统连接的独立供应方也有同样的要求。TIS 公司，即运营该系统的服务商，则负责整个系统的维护和信息模块的管理。

TIS 公司的资金一部分来自自身运营收入，另一部分来自奥地利各省旅游局。据称"有能力实现自负盈亏"。公司收入主要来自旅游商列入该系统所支付的费用，以及使用该系统的地方旅游机构及其他单位所支付的费用。另外，TIS 公司还可以从其他采用了该系统的目的地市场获得可观收入。

（4）借鉴

TIS 公司及其 TIScover99 系统在奥地利及其周边国家得到成功应用，其中一些重要因素发挥着效力。这些因素包括 Tirol 省旅游局的长期性支持和资金投入、形成独立运作的 TIS 公司、对信息科技的一贯重视、根据旅游业的用户要求提供信息服务以及广泛地与公有和私营的机构签署有效的合作伙伴协议。

2. 爱尔兰旅游局电子商务实施战略

爱尔兰与北爱尔兰的旅游业多年来一直受政治因素的严重困扰。但随着国内环境的逐渐缓和，爱尔兰的旅游业开始进入了一个崭新的阶段，首都都柏林成为欧洲短期度假的主要目的地。

爱尔兰旅游局 Gulliver 系统始建于 1990 年，是最早投入应用的国家新综合旅游目的地营销系统 DMS 之一。爱尔兰旅游局的 Gulliver 系统是一个商业性旅游服务信息系统。

爱尔兰旅游局 Gulliver 系统的主要功能是：基于 Internet 的在线信息服务业务，为爱尔兰国内旅游者和国际旅游者提供爱尔兰的旅游目的地信息服务，包括：主要旅游目的地景区景点信息、旅游交通信息、酒店机票预订等。该系统从 1998 年以后成为爱尔兰旅游局的官方旅游信息网站。

随着 21 世纪全球化的电子商务的发展，Gulliver 系统发展成为爱尔兰国家旅游目的地信息系统 DMS，为接入该系统的旅游企业提供旅游信息服务。例如：旅行社可以通过接入 Gulliver 系统获得爱尔兰全国旅游信息、进行机票酒店的预订和车辆租赁、发布旅行社业务信息和广告等业务，而不用自行建立旅行社营销网站。

爱尔兰旅游局 Gulliver 系统是全球性的旅游目的地信息系统，是具有国际性的爱尔兰的旅游产品，是爱尔兰旅游业在国际市场营销的成功范例。

3. Lastminute.com 低价旅游产品的“最后一分钟交易”

Lastminute.com 公司是由布伦特・霍伯曼和马萨・莱恩・福克斯于 1998 年 10 月在英国推出的网站，两位创始人希望建立一个一站式网上商店，满足人们“最后一分钟的需求”，即利用互联网将供应商的积压库存与消费者最后一分钟临时产生的冲动式购买需求结合起来。目前 Lastminute.com 已发展成为欧洲最著名、最成功的电子商务网站之一。它主要提供丰富的旅游产品、娱乐与礼品销售。据电子商务测评机构 NetValue 发布的数据，Lastminute.com 一直是英国第一位的旅游网站，已成为第一位的欧洲“独立旅游与休闲”网站，跨越数十个国家和地区。

（1）动态假日套餐：挑战传统旅行社

随着经营范围的扩大，Lastminute.com 开始尝试开发自己的旅游套餐以创造更多的收入来源。过去，Lastminute.com 只是帮助旅游供应商销售其折扣旅游产品，但这些零散的产品还不能满足旅游者旅游全程中的需求。随着网站产品的丰富，Lastminute.com 开始将多种低价产品或一种低价产品与其他已谈定价格的航班、客房和租车等旅游产品组合起来，形成“旅游套餐”销售给旅游者。同时开发了“动态套餐”技术，消费者可以自己组合假日产品，同时显示出费用。

（2）技术创新与多渠道销售

利用新技术，Lastminute.com 创建了一种高速扩张模式。该公司认为其他信息终端（如互动数字电视、手机和个人数字助理等）都很适合进行最后一分钟交易。Lastminute.com 着力开发互动电视，手机和个人数字助理市场，与欧洲各大有线公司和无线通信公司等签订了协议，将网站内容通过这些渠道发布。2001 年，Lastminute.com 推出了欧洲第一个语音识别交易网站。

2003 年，H3G 公司宣布与 Lastminute.com 结成合作伙伴关系，在 H3G 的名为“3”的网络上推出独有的服务。新服务让客户可通过视频移动电话搜索特惠的 Lastminute.com 假期套餐与时尚产品。

此外，Lastminute.com 的法国站在香榭丽舍大道上开了一家店铺，将他们的生意从虚拟世界扩展到了传统店铺。目前该服务点每天营业，供顾客领取在网上订好的机票。之所以 Lastminute.com 坚持了多年的网上交易，又开始借助店面销售是他们认为人文元素是首要的，他们有 30% 的顾客不习惯网上消费。所有能去除销售障碍的方法他们都感兴趣。

（二）大洋洲

20 世纪七八十年代，在美国开始发展用于旅游业的计算机预订系统（CRS）和全球分销系统（GDS）时，早期的澳洲旅行社却主要服务于澳大利亚本国的游客，这是由于当时的国际交通并没有很发达，因此澳洲的国际旅游对电子商务并没有很大需求。而对于国内的游客，电子商务也没能大力发展起来，只有部分酒店、饭店或旅行社由于与航空公司，铁路公司合作分销，在预订酒店方面使用了电子商务技术。

由于澳洲天然的丰富旅游资源，随着信息技术的发展的交通工具的变革，来到澳洲进行旅游活动的国际游客逐渐增多，因此澳洲的国际旅游电子商务迅速发展起来，针对国内旅游的电子商务也快速发展。而澳洲的信息技术，网络技术，交通技术的快速发展又促进了旅游需求多样化、旅游管理信息化、旅游装备科技化。在线旅游预订业务、电子旅游信息、电子签证和电子商务等改变了澳洲旅游业的市场环境。

1. 发展概况

（1）新西兰旅游电子商务的现状

①网站建设情况

a. 政府官方网站

游客可能会用到的政府网站包括新西兰旅游局、交通管理局、各地信息中心的网站等。其中，新西兰旅游局网站是最为权威的官方网站。根据游客前往新西兰的目的，网站分为前往新西兰旅游、经商、学习、工作四个入口。以旅游为例，游客可以在这个网站上完成与行程相关的全部资讯的获取和预订，涵盖目的地和景点介绍、签证、入境、机票、酒店、租车、线路策划、旅游活动等，方方面面，无所不包。

新西兰交通管理局的网站则是一个专业的交通信息网站。新西兰被称为自驾天堂，自驾游是体验新西兰的最好方法，许多游客会选择租车自驾。由于交通规则的不同，交通管理局的网站上为游客提供了如何获得在新西兰驾驶的资格、如何找到认可的驾照翻译机构等资讯，并提供了交通规则的下载。

b. 企业网站

与定位于网上信息中心的政府部门网站相比，企业网站更重视的是实用的信息，尤其是有助于潜在顾客做出预订决策、达成交易的信息。

例如新西兰汽车协会的预订网站：AAtravel（www.aatravel.co.nz）。首先具有极强的本土化特色。即使是非热门乡镇甚至是村庄，如南岛相对偏僻的奥瓦卡（Owaka）布拉夫（Bluff）等在 Agoda 这些全球性平台上找不到的目的地，也能在 Aatravel 上找到。其次是极致的细节处理。酒店，公寓，汽车旅馆，背包客旅馆，房车营地，沙发床，高低床，是否有毛巾，是否有咖啡，是否有茶都可以由顾客自己选择。最后是实时的数据更新。AAtravel 的网站上，每一个住宿都会用表格列出每一天每一种房型的预订数据，一旦游客完成了某一种房型的预订，表格中的数据就会立即随之减少。

②网络推广

新西兰旅游业对网络推广十分重视：搜索引擎，邮件列表，预订平台，团购平台，社交网络，网络广告等网络推广途径。

以针对中国游客的推广为例，新西兰旅游局的官方网站（www.newzealand.com）有专门的中文版本，并且该网站也购买了以“百度推广”为主的付费搜索引擎广告。新西兰旅游局驻上海办事处也在 2015 年 7 月完成了微信公众号“新西兰旅游局”的认证。通过微博、微信等移动应用，充分利用了我国游客常用的工具作为推广平台，顺应了顾客获取信息的习惯，可谓与时俱进。

（2）澳大利亚旅游电子商务的现状

①网络建设情况

澳大利亚旅游局官方网站在多个国家建立，内含丰富的澳大利亚旅游资讯，比如在中国的澳大利亚旅游局官方网站：http：//www.australia.com/

②网络推广

几乎在各个大型的旅游平台上都能找到澳大利亚旅游信息，比如在 Booking.com，Agoda，Airbnb 以及中国的携程网，艺龙旅行网等酒店预订平台上都能找到大量的澳大利亚酒店信息或者旅行攻略。

澳大利亚对自己国家旅游产品的推广也是非常的重视，比如在中国，微博上除了有澳大利亚旅游局的官方微博，甚至还有南澳大利亚旅游，西澳大利亚旅游，昆士兰旅游等各个州的官方微博，每天以文字、图片、视频等多种方式更新资讯；同样的还有微信各个公众号的推送。

（3）澳大利亚旅游电子商务发展的特点

①政府主导干预：政府在澳大利亚旅游电商的过程中起到了非常大的作用，出台政策或法律引导旅游电商发展。

②在线网站居多：旅游电商平台当中，旅游在线网站数量多。

③开发者多样化：个人、区域、国家都是澳大利亚旅游电商的开发者。

2. 案例介绍

（1）i-SITE

①市场化改革塑造的服务理念

i-SITE 前身是 20 世纪 90 年代成立的游客信息网络。2002 年，新西兰旅游局推出了 i-SITE 这一品牌。新西兰旅游的战略规划从公共事业的角度转向市场化、产业化。在此背景下推出的 i-SITE，目标就是要“运营为一个创新的商业”。

利用地理位置、空间规划、交通规划、导视设计来解决。聚集人流的 i-SITE 是旅游小镇最重要的公共空间之一。他们通常位于城市中心干道，兼任旅游巴士站点。风格明晰、执行统一的视觉形象系统，这有助于游客定位并找到它。

i-SITE 与新西兰旅游官方广告语“百分百纯净新西兰”和新西兰旅游产品官方质量认证标志一起出现，让游客感到明晰、统一、放心。

②一站式整合的服务模式

不仅增强了旅行者的愉悦感，同时也降低了游客的时间成本，由此可能节省了游客的旅游支出。通过优化的触点体验，卖出了更多的旅游产品。促使游客在当地逗留更多时间，参与更多项目，支出更多开销。由此获得的经济收益，一方面可以抑制或减少政府部分承办该网络所需的开支，另一方面促进了当地经济与公共事业的发展。

优质的服务体验促成了游客、政府、旅游产品供应商、社区、居民等相关利益者之间的正向循环。

（2）Hotel Club（好客邦）

Hotel Club（好客邦）是世界领先的会员制在线住宿预订平台，是全球最受旅客喜爱的线上旅行俱乐部之一，拥有超过 2 000 000 名会员，住宿网络覆盖全球 141 个国家、7400 座城市的数万间星级酒店和精品旅舍，充分满足各国旅客的不同需求。

Hotel Club 针对“线上搜索，线下预订”发展了线下的代理商联盟计划来满足市场需求，通过其代理商预订平台，Hotel Club 向中国旅行代理商联盟网络提供产品库存和会员权益。

与国际知名酒店集团和连锁旅社建立合作伙伴关系，包括：法国雅高酒店集团、洲际酒店集团、希尔顿酒店及度假村、万豪国际集团及喜达屋酒店与度假村国际集团等。会员入住合作酒店，即可获得专享优惠，享受额外礼遇。

Hotel Club 好客邦亦可共享其母公司 Orbitz World wide 业内领先的运营系统和技术支持，为会员提供更加精准、高效、便捷的服务，并保证其个人隐私和信息安全。

第二章
旅游电子商务企业案例

本章主要以案例的形式介绍旅游电商企业及其运行的网站，从不同的角度对企业或网站进行分类介绍。

第一节　按照企业经营主要产品分类

一、细分产品网站：Booking 和秘境天空

（一）专注酒店预订：Booking.com（缤客）

1. 公司简介

Booking.com 中文名：缤客，隶属于 Priceline Group 集团（纳斯达克上市公司：PCLN），拥有并经营 Booking.com 品牌，是全世界最大的网上住宿预订公司。Booking.com 的日均客房预订间夜数超过 650 000。公司成立于 1996 年，向用户提供各种类型住宿最优惠的价格，其中既有小型的家庭经营旅馆，也有五星级豪华酒店。Booking.com 网站以及 App 吸引了来自世界各地的休闲旅游和商务差旅用户。由 Booking.com 运营的姐妹网站 Villas.com 于 2014 年 5 月上线，致力于为客人提供自助式住宿。Booking.com 秉承国际化理念，支持 40 多种语言，共有 508 263 多家住所，遍布全球 205 个国家。2018 年 2 月，Priceline 集团更名为 Booking Holdings，因为 Booking.com 的酒店预订业务是整个集团最大的收入来源。

2. 现有盈利模式分析

Booking 主要是基于代理的佣金模式。Booking 免费收录酒店，从每间夜的预订中

向酒店收取佣金。流程就是：客人在 Booking 预订，客人到店支付，酒店和 Booking 结算佣金。

Booking 从酒店收取佣金获得利润：客栈式旅馆 18%，一星级二星级 15%。Booking 为荷兰注册公司，起初荷兰对电商网站的征税只是象征性地收 2%~5%，近几年荷兰政府改变政策税收为近 20%。于是 Booking 网站的佣金从 15 个点提升至 18 个点。但是为了获得更好的排名，某些酒店愿意支付的佣金甚至会高于 20%。Booking 有一个可视化工具，注册时就可以预览你的排名，提高排名最简单的办法就是提高佣金。Booking 还有一个计划，这个计划和保留房、佣金率等因素有关，可以保证 Booking 的利润最大化。Booking 是 Google 最大的广告主之一，但这只能说 Priceline 利润以及现金流不错。上升到整个行业层面的角度来看，OTA 是个竞争力很强的行业。

3. 网站页面设计

（1）选用引人注目的大图

在 Booking.com 上打开任何一个酒店详情页面，一幅巨大而醒目的酒店照片便会立刻映入眼帘。大幅的酒店照片、便捷的导航按钮以及能够展示酒店的各式图片能吸引用户进行预订，为用户带来更丰富和更具感情色彩的体验。

（2）突出重点板块

访问酒店页面时，总能找到有关该酒店的简介，这个板块能让你立刻掌握有价值并且具备说服力的相关信息。这些信息包含酒店有哪些热门设施、酒店哪方面的服务更受好评，以及酒店附近有什么有趣的景点。并且，其网站在用户最常访问的三至五个登录页面或网站的顶部区域总结出该页面的内容重点以及提供哪些优惠项目。

（3）图文并茂的点评页面

当然，消费者评分和点评的作用不可小觑，它们也是所有商业引导策略的重要组成部分。让用户查看酒店评分并提供查看点评的链接是非常有必要的。

Booking.com 采用的是 10 分制，其页面上关于评分等级的描述（比如极好、良好、优秀等）、该酒店获得的点评数量以及一小段旅行者点评等内容都集中在一个板块里。

将点评信息配以淡化的背景显示在图片顶部的方法也是可取的，其他网站上比较少的有类似的处理方式。同时，其还提供点评人的姓名和位置信息，让用户能够查看类似人群做出的点评。Booking.com 将点评信息按照旅行者的类型进行了分组，其中包括家庭、情侣、单人等类别，并提供点评人的姓名和位置，向用户展示了更为透明的参考信息。

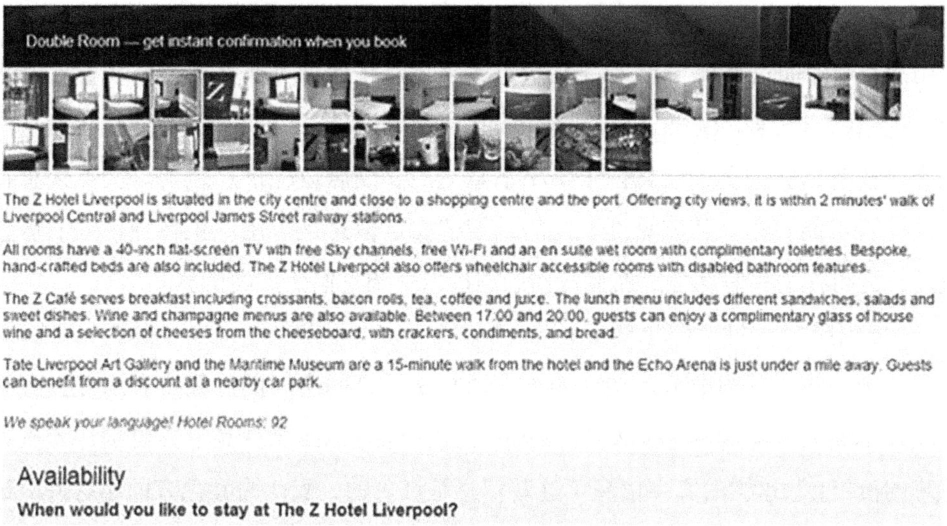

图 2-1　Booking 的点评页面

资料来源：https: //www.booking.com/hotel/gb

（4）展示酒店及整体体验

该网站在酒店详情页面展示的图片不仅尺寸大，类型和内容也非常丰富和全面。这些图集不光为酒店本身打了广告，也对入住体验和某些当地特色进行了宣传。如果在图片方面下足功夫，为用户带来更加丰富的浏览体验，就一定可以提升网站的转化率，尤其是那些能够提供大量图片的酒店。在一项对某家多渠道零售网站进行的用户研究，发现这样一个规律："你需要在自己的网站上尽可能多地提供产品图片，这样能够让用户对你的产品产生好感，让他们感觉自己就像在商店里挑选实际的产品一样。"

（5）简化图片切换方式

像上文提到的那样，Booking.com 意识到了鼓励用户浏览酒店图片的重要性，并确保用户在刚开始查看酒店详情页面的时候就能够迅速掌握切换图片的方法。这一点看似微不足道，实际上却十分重要。当光标从页面中的大图上划过时（这样的可能性很大，因为如果用户想要查看页面下方内容的话，光标就会不可避免地划过图片），图片的右下角就会出现向左和向右的翻页箭头。在用户行为测试中常有网站使用这种巧妙的动作功能，并屡试不爽，因为用户往往会好奇刚才一闪而过的是什么，从而进行查看。此外，很多网站都不再使用小圆点来切换图片，尤其是主页上轮播的幻灯片。

（6）重复关键的卖点信息

用户在哪个页面看到酒店的独特卖点或被导航去何处其实并不重要，重要的是你要保证它们的能见度。Booking.com 就很好地把握住了在酒店详情页反复显示卖点信息的机会。注意，这些卖点信息位于价格信息之后，酒店设施信息之前。卖点信息在页面上的位置可能会影响其能见度。同时，某些卖点信息是与用户正在预订的酒店直接相关的，记得在这些信息之前加上打钩的图标以强调它们是正面信息。

（7）给用户打一针“催化剂”

另一个非常关键的细节隐藏在用户选择想要预订的房间的过程中。当光标移动到预订按钮上时，按钮的颜色会发生小小的变化，同时你还会在其下方看到“您获得了最优惠的价格！”这样的文字信息（这些信息是红色的，我认为颜色方面还有待测试）。除此之外，该处还会进一步提供预订优惠信息。正是这些看似微不足道的小细节驱使用户完成预订，并认为自己获得了优惠的价格，如他们在网站上开始搜索酒店时所期望的那样。

（8）推荐用户浏览相关内容

零售业最常使用的社会认同策略之一就是推荐用户浏览过的其他产品。Booking.com 在酒店详情页面底部也提供了这样一个版块，利用小小的空间来插入一些特别的、具有说服力的内容。试想，你可以根据用户的选择提供星级、酒店简介、最近预订信息、点评分数、点评数量和总价格等信息，这样的内容无疑对用户有着巨大的吸引力，一切都像为用户量身定制一样。

4. BOOKING.com（缤客）进入中国市场

比起携程、去哪儿、途牛等，Booking（中文名缤客）这个全球最大的酒店住宿预订平台，对于中国消费者而言，存在感并不高。Booking 真正进入中国市场是在 2010 年，但在广告营销上一直比较低调，这也是其认知度低的原因之一。不过从 2015 年开始，它在营销上越来越主动了，包括和中国移动、华为、招商银行等的合作。

身为洋品牌，在中国市场的拓展中或多或少会遇到一些水土不服的情况，那么缤客成功的立足与其战略的成功是密不可分的。缤客的策略就是持续地本地化。本地化是缤客赖以生存的核心经营理念之一。进入中国市场以来，缤客在上海、北京、广州、成都、海口、青岛、西安 7 地均设立了办公室，并聘请了经验丰富的本地团队及员工，以与中国用户建立更好的关系，提供更符合用户需求的使用及旅行体验。缤客还在上海设立了中国的客户服务中心，致力于以 7 天 24 小时的全天候贴心服务，为用户提供包括中文在内的多语言支持和专业的客户服务。帮助用户解决语言障碍是缤客本地化的重中之重。在缤客的网站和 App 上，大部分的住宿都提供中文介绍。同时，平台会向中国用户优先显示中文的住宿点评，以便于用户在挑选住宿时能够更直观地从其他中国用户的旅行和住宿经历中，获得更为实际有用的参考。2016 年 5 月，缤客还推出全新的 Booking Messages（“消息中心”）功能，致力于帮助游客克服在海外语言沟通上的障碍，在为游客和住宿方打造更为轻松顺畅的交流体验。此外，缤客也坚持推进“OTA+”的在华发展战略，积极与中国移动、中国东方航空、招商银行等行业巨头展开深入的跨界战略合作，为中国用户提供“一站式”的全方位旅行产品和服务。2016 年 1 月，缤客特别发布了“Booking 每日特惠”微信小程序，精选出全球各地优惠力度最大的住宿，帮助习惯使用微信的用户获取性价比最高的住宿预订选择。

同时，为了满足中国用户的预订海外房源“独特需求”缤客除了为平台上世界各地的绝大部分住宿配备了中文简介外，还重点标注出拥有中国员工或有可以说中文的员工与屋主的信息，方便中国用户最快速和准确地获取参考信息。针对许多中国游客在出境游中习惯饮用热水的需求，缤客还特地在住宿搜索条件一栏的客房设施中增加了“电热水壶”的搜索项。如今，几乎所有人都期待能够获得更加个性化的用户体验，中国游客也不例外。针对游客对个性化和定制化的产品与服务的需求渐涨，缤客在去年 3 月发布了“旅行关键词”搜索平台，跳出了只能选择特定城市或酒店进行搜索的旅行搜索的现状，游客只需根据个人兴趣，在全新平台上输入“旅行关键词”，就可以收获与关键词相匹配的目的地和住宿推荐。缤客还与多个提供个性化旅游方案的内容网站进行战略合作，包括 Lonely Planet、穷游、马蜂窝等，使得缤客能根据用户的自身行为，做出最精准的住宿推荐。例如游客在以上网站浏览日本大阪的游记和攻略，或者看到一些热门住宿推荐时，便可以点击导向缤客网站的住宿推荐链接，进行快捷的住宿预订。缤客的上海客户服务中心拥有 450 名客服员工，每天处理约 2000 封邮件和 4300 次电话，尽可能地为用户提供更多的优质服务。这些中国特色的服务都使缤客可以更好地为中国用户提供全方位的旅行产品和服务。

5. 透过 Booking.com，略看国内外产品差距

（1）预订搜索主页面

出行类别分为商务和休闲，根据出行类别为你精准推荐相应的酒店。这个功能国内的几家酒店预订的网站貌似都没有。另外，住客选择也有快捷菜单，1 位成人和 2 位成人，估计这两个选项就已经满足了 80% 的用户。

图 2–2　Booking 预订搜索主页面

资料来源：https: //www.booking.com

（2）页面右上角随机弹出温馨提示

当你进入搜索结果页面的时候，右上角会显示一些重要数据，比如多少人订了这些房间，这些房间的价格是否便宜，你可以免费取消订单或者享用早餐，等等。很多温馨提示在右上角一闪而过，这种交互不仅不占据页面大量的空间，而且还会起到足够的提示作用。

（3）搜索结果列表

其实，如果为了更好地突出差距应该放上一张对比图，那么就一目了然了。除此之外，再看这个页面的色彩。虽然用了至少 4 种颜色，但并不显得混乱。绿色是提示，红色是警示，深蓝和浅蓝也分布得很合理。这样的搜索结果列表，一目了然。

图 2–3　Booking 搜索结果页面

资料来源：https: //www.booking.com

（4）酒店简介

客房类型	最多人数	4晚的房价	相关条款	床位/客房数量	预订客房
▸ 双床间 - 带阳台 观景阳台 花园景阳台 平面电视 空调 免费WiFi 价格是按每间客房每4 晚计算的。 房价包括：12%服务费，2%城市税，10%税费	2	~~US$72~~ US$60	• 2015年3月19日前可免费取消 • 包括早餐	0 仅剩2间客房！	现在就预订 立即确认
▸ 豪华双人间 - 带阳台 观景阳台 花园景阳台 平面电视 空调 免费WiFi 价格是按每间客房每4 晚计算的。 房价包括：12%服务费，2%城市税，10%税费	2	~~US$80~~ US$72	• 2015年3月19日前可免费取消 • 包括早餐	0 仅剩2间客房！	
▸ 豪华双床间 观景阳台 花园景阳台 平面电视 空调 免费WiFi 价格是按每间客房每4 晚计算的。 房价包括：12%服务费，2%城市税，10%税费	2	~~US$80~~ US$72	• 2015年3月19日前可免费取消 • 包括早餐	0 仅剩2间客房！	
▸ 家庭间 - 带阳台 30 平方米 观景阳台 花园景阳台 平面电视 空调 免费WiFi 价格是按每间客房每4 晚计算的。 房价包括：12%服务费，2%城市税，10%税费	4	~~US$100~~ US$80	• 2015年3月19日前可免费取消 • 包括早餐	0 最后的机会！仅剩1间客房！	
▸ 高级特大号床间 花园景 平面电视 空调 免费WiFi 价格是按每间客房每4 晚计算的。 房价包括：12%服务费，2%城市税，10%税费	2	~~US$100~~ US$80	• 2015年3月19日前可免费取消 • 包括早餐	0 仅剩2间客房！	

图 2–4 Booking 酒店列表

绽放隆朵旅舍的设施 设施上佳！评分：8

卧室	衣柜/衣橱
户外	烧烤设施，花园，阳光露台，户外家具
客房设施	晾衣架
活动设施	高尔夫球场（3公里内），垂钓，台球，飞镖游戏，徒步活动，自行车，骑马，按摩，自行车租赁，自行车（免费），游戏室，图书室，夜间娱乐
媒体/科技	有线频道，平面电视
餐饮服务	餐厅，酒吧，在客房内享用早餐，单点餐厅，小吃吧
网络连接	免费！ 住宿方于各处提供WiFi（免费）。
停车场	免费！ 无需预订：住宿内部可提供私人停车设施（免费）。
服务项目	客房服务，自动售货机（饮品），租车服务，班车服务（免费），班车服务（收费），机场班车（免费），24小时前台，快速办理入住/退房手续，外币兑换，旅游咨询台，票务服务，行李寄存，储物柜，共用休息室/电视区，洗衣，熨衣服务，每日清洁服务，商务中心，传真/复印，理发/美容中心，唤醒服务
综合设施	报纸，保险箱，礼拜堂/神殿，商店（酒店内部），内部小超市，禁烟客房，适合残疾人士的设施，吸烟区，瓷砖/大理石地板
使用的语言	中文，泰语，日语，英语

图 2–5 Booking 酒店介绍页面

上面这两幅图也是如此，多种颜色在一起，页面却很清晰，该重点突出的全部有突出，很醒目，基本上一目了然，且页面不混乱。

页面中文案每一个字都是清晰的。价格包括什么？价格是几晚的？是否包括早餐？预订后可否取消？什么时间可以免费取消？包括房间剩余数量和房间图片，也都很清晰。

（5）评价列表

评价是另一个值得说道的地方。Booking.com上面对每家酒店的评分都有多个维度，包括清洁、舒适、地理位置、设施、员工、性价比、Wi-Fi这几项，在你评价的时候可以针对不同维度打分，这有一些像taobao的评价，但比taobao的商品评价还要具体。

另一点，评价人都会被几个标签标识出来，包括旅行类型、住客类型、房间、居住时间，这里你可以类比taobao服饰类评价的身高体重，当然这要比那个更科学。同一个酒店，不同房型评价肯定不同。面对同一间房，情侣和孤客评价也会不同，就更不必说抱着休闲还是商务的态度了。就像taobao里同一件商品，屌丝和高富帅对它的评价肯定是不同的。

除此之外，这个页面还有一个体验很好的地方，就是会优先把与你同国籍的评价列在前面。

（6）预订确认

最后，再看看预订确认的页面。黑色的悬浮窗是鼠标移动到确定按钮上自动跟随显示的，“还差一步就能完成此次预订。”“明智的选择！享受您的住宿吧。”这两个文案和出现的交互方式都值得国内网站学习。还有提交按钮的文案“以60美元预订此客房”，清晰明了。

（二）西域深度游：秘境天空

1. 产品关键词

线上线下结合，西域深度游，深度垂直，注重落地体验感。

自我定制秘境导师，管家文创旅行，让旅行简单有趣。

2. 品牌简介

诞生于2014年6月的“秘境天空”，由一群在路上追寻梦想的年轻人共同创办，是目前国内第一个线上和线下结合的西部深度游平台。它与其他以境外定制游或走奢华路线的旅行机构不同之处在于，将主要目的地锁定在敦煌、甘南、西藏、云南——这几个中国西部最广阔而神秘的地方，以人文为主题，深度挖掘这些区域里的自然、历史、文化、民俗、艺术、生活，为渴望专属旅行体验的人们打造不一样的西部定制之旅。

3. 目标市场

秘境天空的用户主要集中在25~45岁的人群，虽然年龄幅度大，但这些人都有同一个特点——对自己的旅行需求很明确，也就是所谓的“态度”。有态度，不是说要多有钱，而是对自己想玩什么，体验到什么都很清晰，并愿意为自己的旅行支付合理的费用。对于热爱西部的人来说，敦煌、甘南、西藏、云南这些旅行目的地，每一个都得去上好多次，不同的季节、不同的主题和不同的伙伴，有太多的动人心魄值得反复去探索、感知、回忆。

4. 产品吸引物

（1）“主题线路 + 私人定制 + 个性模块”

目前，秘境天空提供从线下到线上“主题线路 + 私人定制 + 个性模块”的产品和服务，以满足不同客人的需求。无论是摄影之旅、净心之旅、转山徒步之旅、手工之旅、深度游学、亲子夏令营，还是蜜月旅行、全家出行、朋友结伴、公司团队活动，秘境天空经验丰富的私人旅行顾问都能根据旅行者的时间、人数、预算、兴趣等需求为他们量身定制最合适的旅行方案。

当你需要一次更自由、更不被时间线路所约束的旅行时，便可以选择秘境所提供的“模块定制”，根据自己的预算和需求在其他渠道上预订好最基本的机票和住宿后，在“秘境魔方”选择你想要的旅行模块，它可以是一场敦煌最传统的曲子戏表演，是香格里拉尼西村的一次黑陶手工课，是丽江玉龙雪山上的一餐定制家宴……秘境的在线旅行顾问会为你提供专业而可靠的信息。你一定会发现，做旅行计划变成了一件简单而有趣的事情，更重要的是，你在当地获得的旅行体验是超乎你的想象！而秘境天空所要提倡的定制理念，也正是这种从“我们为你定制”到“自我定制”的“大定制”，让每一位跟随秘境的朋友，都能亲身体验到定制旅行的真正乐趣！

参加过秘境天空敦煌定制游的朋友曾说过：“人生最好的旅行，就是在陌生的地方，遇到久违的感动。”我们相信，一条好的定制线路设计，并非只是简单的风光堆砌，而是充分了解旅行者的需求，从本心出发，与旅行者真实地在一起，体验旅行的意义，感受一路上的美好与温暖，创造一份专属的、触动灵魂的旅行回忆。

（2）从文化 + 兴趣切入旅游寻找更多当地人和新玩法

秘境之旅既不是穷游，也不是以“劳其筋骨”为主旨的苦旅，它就是一次以“文化 + 兴趣 + 体验”为主题，深度挖掘这些目的地的自然、历史、文化、民俗、艺术、生活体验，并为渴望专属旅行体验的人群，所打造的“不一样的”“有态度的”朝圣之旅。

与很多定制游平台不同的是，秘境天空并非只为客户提供线路策划后直接转交当地旅行社进行地接。作为一家深度垂直类定制旅行服务商，秘境非常注重落地后的体验感，几乎所有的目的地资源都是由团队深入当地一点一滴开发和整合起来。秘境团队为此去了四十次敦煌，一年里跑了十四次丽江，他们相信，在目的地的深度挖掘上，如果没有准确实时的信息，没有对目的地熟悉的“当地人”，定制就可能是“不靠谱的”。

跟随秘境旅行，你会接触到两种很特别的角色——一是无所不能的秘境导师，他们可以是供职于《国家地理》的专职摄影师，或是精通四国语言的越野摩托车玩家、也可以是一位深居敦煌的剪纸艺术大师，他们就是你在旅行中的伙伴，带你深入目的地，体验最不一样的当地人文和生活状态。另一种，是无处不在的秘境管家，他们会负责您旅行中的各种细节，让你在探索旅行趣味的同时又能享受舒适无忧的沟通与服务，实现真正有态度、有内涵、有质感的旅行梦想！

5. 商业模式及市场细分

（1）旅行定制的背景

旅游业正在经历一个颠覆的时代。对大多数注重旅行品质和个性需求的人而言，传统旅行社的跟团游早已不能满足他们，他们通常会自由行，层出不穷的各类在线旅游网站和手机应用为他们提供了丰富的选择。找攻略、约旅伴，预订机票、酒店、景点门票，甚至预订当地司机、导游，一切都可以通过网络在移动设备上方便实现。不过，每一个经历过以上过程的旅行者，可能都会告诉你，要找到那些自己满意的产品，并将它们组合起来实现一段完美的旅行，实在是太难太费时间了！过量的信息、产品服务的同质化以及愈演愈烈的价格战，令消费者在选择旅游产品时变得越来越纠结，或者即使在出行前做足了各种计划，真正出发后也难保万无一失。

所以，你究竟需要什么样的旅行？怎样的旅行才完美？我们认为，旅行的核心，说到底还是体验。这包括旅行前的体验——对目的地的预先认知、预订过程是否顺畅；旅行过程中的体验——吃住行玩的各种细节及所感所知；归来后的体验——美好的回忆及对下一次旅行的期待。出于这种对体验的极致追求，一种新的旅行方式开始迅速火热起来——定制“体验旅行”。

比较市场上的定制旅行服务商，从内容上看，无非可以归类为以下几种：一类是顶级奢华游，从全球最奢华的酒店别墅甚至皇室城堡，到私人飞机游艇豪车接送，再附加各种普通人无法企及的猎奇体验，这种只服务于极少数人的定制旅行用一个字概括就是“贵”；另一种这两年非常火爆的定制旅行方式是被赋予某种特别目的的主题游，例如海外医疗、游学、艺术品收藏、观看赛事、亲子等，针对有特定需求的人群展开；此外，近年间在线旅游的爆发式增长，出现了一拨针对更广泛人群的定制旅行平台，有主打境外游达人定制“世界帮”“途尔旅行”，也有以定制年轻人轻奢行的“指南猫旅行”“高梵旅行”，等等。以上这些定制旅行品牌，几乎都有一个共同点，就是选择了大热的境外旅行、以一对一顾问为客人定制线路。

2016 年年初，多家国内旅游互联网平台在其发布的行业预测报告中提及，随着大众旅行需求和习惯的升级，私人定制正在逐渐成为主流，而目的地主题游将更受青睐。从 2016 年上半年的数据来看，目前活跃在市场上被大家熟知的定制旅游公司，大都现金流和盈利能力不错，而且用户黏性高，且大多数是深耕境外定制旅行的公司。

纵观目前市场上的定制旅游公司，有偏向旅行顾问的价值，有偏向后台技术导向，还有偏向落地资源整合；不同切入点、不同定位、不同背景，也必然引导出不同的“定制”玩法。那么究竟什么样的人能把定制旅行做好，做得更好玩？正如鸿鹄逸游 COO 郭明提到的“旅游行业人士做定制可能更加专业，但不同行业的人则有另外的视野和对产品的诠释，未来跨界的资源整合能力就将为定制旅游产品的价值背书”。“在产品资源之外，‘人’的因素也很重要，比如博物馆之旅，请到一个研究历史的学者进行讲解，可能会比一个资深导游能够创造的用户体验更好”。

纵观定制旅游板块，可能最有潜力的就是具有完整标签、体验碎片化、可深度挖掘的目的地资源，而这也成为诸如秘境天空等国内定制旅行品牌的核心竞争力。与其他海外定制游或者走奢华路线的旅行机构不同，秘境天空将主要目的地锁定在——敦煌、甘南、西藏、云南——以丝绸之路、茶马古道上和青藏高原为线索的中国西部最广阔最神秘最具文化探索意义的旅行目的地。

（2）选择细分领域

秘境天空创始人杨婕在接受采访时坦言，尝试国内文化定制旅行，这是一个很艰难的决定。到底是做文化还是做旅游，如何在国内游市场的“价格战”中独辟蹊径，找到那些对定制旅行和文化体验产品情有独钟的秘境粉丝，这是品牌被认可的首要命题。“品牌的价值，不是我们赋予的，而是来自用户赋予。旅行也是如此。”杨婕反复提到这句话。从最初的敦煌深度看窟之旅，到 2016 年陆续推出的“舌尖上的丽香”“向古老茶山致敬”“纸的回忆—手作寻访”等，都是秘境和粉丝们共同打磨出来的产品。经过两年的探索和实践，秘境天空最终选择了“文‘创’旅行”作为核心动力。在杨婕看来，定制旅行一定会越来越被需要，而产品的突破口也毫无疑问在于目的地体验，未来旅游路线的概念将会被弱化，产品的价值以文化切入，最终形成以体验为主、碎片化整合、可重复消费的标准化模块，加上秘境天空的非标化极致服务体系——这其实也是定制化旅游产品的个性价值。

旅游的需求层次是多元化的，大而全的策略并不能满足所有的需求，因此如何深耕垂直细分市场，如何探索更多旅游玩法，如何让用户享受极致旅行体验是初创企业应该真正考虑的问题。目前，秘境天空的产品形态主要提供从线下到线上“整团定制 + 主题线路 + 模块定制”的产品和服务，以满足不同客人的需求。其中，主题线路和模块定制是秘境天空根据目的地的一些资源整合定制的线路组合定制产品，而整团定制或者私人定制则是根据旅行者的需求由秘境天空的私人旅行顾问为他们量身定制、最适合的旅行方案。

2016 年下半年，秘境天空的路线策划团队还针对敦煌、怒江沿线、拉萨及其周边等几个主要目的地，推出不同的特色“兴趣 + 体验”主题产品，并且希望通过爆款效应不断增加品牌的知名度。旅行也需要态度，即使旅行归来回到日常环境中，也不妨碍我们用探索和热爱的态度去生活。杨婕带着她的团队还会投入到一个新项目中，通过一系列“童画敦煌”的线下活动，普及少儿对敦煌美学的启蒙认知，类似的体验不仅在敦煌，还会在北京、上海、苏州、杭州和成都等城市推进。这些看似与旅行并不相关的事情，却让秘境天空积累了对味的密友群和找到一些新的灵感。

（3）文创旅行，也许是中国旅行业转型和突破的最大机会

中国旅行行业在线化发展已有十余年，同质化竞争的 OTA 已进入寡头垄断阶段，重视差异化、品质化发展的 OTS 模式逐步受重视。身处这个创业热潮和互联网思维巨浪冲击下的时代，秘境天空能否在保持特有模式的情况下持续发展？

杨婕坦言，尽管面向的是相对小众的高净值用户，但秘境天空的业务规模、用户增长都很快，而她一直对这类群体的数量和消费能力抱有信心。以敦煌旅行为例，从官方数据统计看，2015 年之前大多数游客停留在敦煌的平均天数约为 1.75 天，除住行和门票支出外，人均当地平均消费仅两三百元。而秘境天空的敦煌文化定制旅行大多在五天四晚或更长时间，除去大交通外，根据定制行程的不同，人均费用大约在五千元至八千元不等。在旅行社普遍认为的敦煌淡季里，秘境天空的深度看窟行深受追捧，在其实并不冷的敦煌冬天，有太多不一样的玩法值得体验。

而之所以能够在大部分地接团都以赚取很少团费，然后通过购物来贴补的行业大背景下，获得高价值回报和良好口碑，正是取决于秘境天空对于敦煌旅游价值的深度挖掘和打造。在“像个专家一样看窟”的产品核心基础上，融入丝路古道探险、寻访非物质文化遗产、走入敦煌人家等碎片化体验，让旅行者可以亲身参与，并深入感知这个丝路小城的韵味，这种“不把自己当外人”的玩法，才是文创旅行的关键所在。

在杨婕看来，作为专注于中国西部，通过文化切入，深度挖掘西部定制旅行的品

牌，秘境天空其实是一个平台——通过这个平台可以生产很多有意思的内容，比如推出“童画敦煌”系列活动；比如围绕目的地文化衍生设计的特色文创产品、秘境行礼；秘境出版物和展览；在目的地打造“秘境驿站”等。

最终，秘境天空将成为中国西部文创旅行的综合服务商，通过深挖、整合目的地上游资源，带给旅行者的不仅仅是旅行本身，更是一种全新的体验，为深度人文定制旅行的未来提供有持续发展的商业模式。

二、综合产品网站：途牛

让旅游更简单：途牛

1. 概况

途牛旅游网创立于2006年10月，以“让旅游更简单”为使命，为消费者提供由北京、上海、广州、深圳等超过200个城市出发的旅游产品预订服务，产品全面，价格透明，全年365天24小时400电话预订，并提供丰富的后续服务和保障，竭力为每位用户提供最佳品质的出游体验。

途牛的定位是主打旅游线路预订，利用互联网优势，整合旅游产业链，通过呼叫中心与业务运营系统服务客户，开辟了创新的在线旅游预订模式。它的口号是：要旅游，找途牛；愿景是：旅游入口世界级公司；核心是：诚信、简单、极致、分享和客户第一。经过7年努力，途牛于2014年5月9日成功登陆美国纳斯达克，正式挂牌上市，成为美股市场上第一家专注于在线休闲旅游的中国公司。

2. 发展历程

- 2006年，于敦德和严海峰两人创办了途牛旅游网。
- 2007年，途牛开始为旅行社提供在线旅游产品预订平台。
- 2008年，途牛网开始设立旅行社，尝试建立“网站+呼叫中心+落地”的模式，获得戈壁200万美元风险投资。
- 2009年，获得DCM领头的B轮投资近千万美元。
- 2010年，网站结合销售团队和预订系统的两方面优势，销售额快速增长，销售额4亿元。
- 2011年，获得红杉资本、乐天集团、DCM、高原资本等C轮联合投资5000万美元。
- 2012年，网站注册用户达120万人，销售额达到12亿元。
- 2013年9月4日，途牛旅游网宣布完成D轮由Temasek淡马锡投资公司、DCM

公司等联合投资的约6000万美元融资。

● 2014年4月4日，向美国证券交易委员会（SEC）提交了招股说明书，拟融资1.2亿美元。

● 2015年5月，途牛获得由京东领投的5亿美元投资，并获得京东旅行－度假频道网站和移动端的5年免佣金独家经营权。

● 2015年8月，收购中国最大的中东非旅游产品批发商五州行旅行社。

● 2015年11月，途牛获得海航旅游5亿美元战略投资。

● 2015年，通过在品牌、服务网络、产业链及金融等领域的长期投资和创新，途牛交易规模持续高速增长，已跃居在线休闲旅游市场第一名。

● 2016年1月和2月，汽车票频道和租车频道相继上线，至年底完成大交通“最后一公里”布局，实现了机票、火车票、汽车票和租车的全覆盖。

● 2016年1月7日，由途牛影视、云南卫视联袂打造的全国首档90后环球旅游真人秀节目《出发吧我们》在云南卫视首播。

● 2016年2月，途牛获批成为业内首个开展导游薪酬奖励试点工作企业，是唯一一家给金牌导游发放奖励的OTA企业。在薪酬激励的基础上，途牛深入探索导游服务管理长效机制，启动业内首个“导游管理系统”，将导游信息库与金牌导游评选、黑名单等融为一体进行系统化管理，全面提升导游管理水平。

● 2016年11月15日，途牛“2016年远征南极点14日游”产品发团，12月2日晚10点，途牛首批远征南极点的10名游客顺利抵达北京，为进入高端旅游市场完成了一次完美的奠基。

表2–1　途牛网发展阶段

阶段	时间	特点	业务重心
1	2006—2008	垂直社区到预订平台	目的地景点解说及攻略到预订平台
2	2009—2012	自营模式	互联网＋呼叫中心＋落地服务
2	2013—至今	发展移动端	产品选择、采购、技术研发创新、品牌建设

2006年是途牛的起步年。当时行业的大环境是机票、酒店的预订已经在携程、艺龙的带动下完成从线下到线上的转移，商务旅游占比多，个人游占比较少。途牛创始人于敦德认为随着中国的消费升级，个人休闲旅游会成为发展趋势。于是在创建初期，于敦德带领团队建立了一个共有4万个景点的国内最全面的景点库，之后又开发了两个十分有特色的旅游产品——“路线图”和“拼盘”，致力于为广大的“驴友”打造

一个公共交流的旅游社区。所以途牛一开始是主攻社区旅游。如果途牛没有做出改变，按最开始的发展方向便会与和马蜂窝、穷游撞型。

之后，创始人于敦德考虑到旅游社区流量变现存在较大难度，便寻求转型成为现金流较好的旅游产品预订平台——将旅行社的线路产品直接搬到网上销售。“流量为王”是互联网诞生以来的不二法则。途牛所充当的角色便是旅行社的流量入口，所有服务由旅行社承担。途牛通过 SEO、论坛、社区的推广等渠道获取用户和流量，刚转型不到一年的途牛网已经能为旅行社带来 1000 万元左右的预订额。然而随着订单量的增长，平台模式开始暴露出无法掌控产品品质的缺陷。比如在旅游旺季，旅行社更偏向于服务自己的客户而忽略了途牛网的客户，使得途牛网的用户体验很糟糕。于敦德意识到：用户体验差，再好的互联网技术也等于零。

2008 年，途牛花完了 100 万启动资金。这时网站急需升级，员工工资尚未发放，网站营销还需要大量资金。途牛最早期连呼叫中心都没有，客服部门的桌位上摆着 10 个电话两边各安排 5 个人接听。后来才花了几万块钱搞了一套简陋的呼叫中心——系统、硬件都不稳定，有回音，容易断线。雪上加霜的是这一年国际金融危机爆发，要获得投资很难。COO 严海峰连续拜访了近 50 位投资人。如果当时拉不到投资，途牛一定无法存活下去。幸运的是，途牛争取到 200 万美元的风险投资。在得到投资之后，途牛便开始升级呼叫中心，随之而来的是订单转换率明显提升。这使得于敦德意识到服务的重要性。

2009 年途牛成立了自己的旅行社，这意味着途牛可以直接和用户签订合同。其实 2007 年，途牛就规划好了一定要搞线下旅行社的路线，只是当时具体什么时间节点搞还没有考虑清楚。因为开旅行社要花钱，当时携程和艺龙做的在线预订机票、酒店已经相当成熟，也没有搞服务中心，开旅行社被认为是一件烧钱的事，而且也无法预测收购旅行社之后能带来多大的业务流量。迫于竞争压力，途牛不得不寻求更大的差异化发展。当第一家旅行社正式落成之后，订单转化率提高了 30%，这让途牛高层感到十分惊喜。途牛网开始从平台模式转型为自营模式，尝试“互联网 + 呼叫中心 + 落地”的业务模式。除了给旅行社导流，途牛开始采购旅行社产品，卖给消费者，消费者和途牛签合同，在游前、游中和游后的整个过程均由途牛提供服务；同时还设置线下服务中心，采取 7×24 小时客户服务。途牛网慢慢成为一家在线旅行社，开始打造自己的品牌，消费者找途牛直接签单，途牛给予消费者产品和服务质量保证。

首次尝试成功之后，途牛又开设了出境旅行社。除了自建之外还通过收购旅行社扩大规模。不过途牛并不是在每个城市都开设旅行社，而是选择建立服务中心。于敦德认为传统旅行社设置在路边的门店主要承担营销职能，即吸引客户到来然后推销产品。而途牛根本没有必要设置成本昂贵的门店，只需要设置服务中心——承担服务职能，负责客户签约、当地采购和供应商维护。那么服务中心便不需要设置在街边，可以选择租金较为便宜的写字楼。在交通便利、靠近地铁的地方租上一间一两百平方米的写字楼，再免费提供茶水饮料、上网，每个城市一个据点便足够。

途牛逐渐形成商业闭环，业务开始出现突破。这时于敦德体会到：比流量入口更重要的是在用户的大脑中形成品牌和服务认知度，途牛需要加大品牌投入。早期途牛主要投放效果广告，后来才开始重视品牌广告投放。2009 年，途牛在完成戈壁的 A 轮投资后开始在地铁投放第一个品牌广告，片尾响亮地喊出“要旅游，找途牛”的广告语。途牛应该是最早在地铁里投放广告的在线旅游公司。虽然广告效果深入人心，但是于敦德却认为当时品牌形象塑造得并不是很好，广告画面质量比较差无法高清投放，内容也不够精致。从 2014 年开始，途牛和综艺品牌合作，2015 年继续加大品牌建设的投入，继续与综艺品牌合作，其广告全国认知率近 65%。在品牌广告投放的同时，途牛也没有放弃效果广告。除此之外还深化了品牌的层次，从单一的“途牛”品牌，到面向细分客户群的“牛人专线”“瓜果亲子游”等细分产品品牌的建设，将品牌优势纵向扩大。

2015 年，途牛还重点发力互联网金融业务，借助于旅游服务经验与场景，在消费信贷、理财与供应链金融等领域重点布局。推出了自营旅游信贷产品“首付出发”。

2016 年，途牛在“途牛·首航战略合作暨途牛春季产品发布会上”推出与首都航空合作的“首航牛假期”联合品牌，并发布“乐开花爸妈游”产品品牌，“途致”会员服务品牌、企业频道和向导在线平台。12 月，途牛在业内首推途致会员“全球旅游购物 30 天无理由退货”服务，全面提升用户体验。2016 年途牛还有一个重大的改变是在构建线下自营网络方面，途牛将以写字楼为主的门市结构转变为临街、超市为主的门市结构。同时，门市职能也进一步扩大，从原先单一的服务属性，拓展到预订、售后等一站式服务。至 2017 年 12 月，途牛拥有超过 220 家门市，2018 年自营门市数量增加 150 家以上。

3. 合作伙伴

与国内、境外众多旅游局建立合作关系：澳大利亚旅游局、柏林旅游局、加拿大大不列颠哥伦比亚省旅游局、加拿大安大略省旅游局、安尔兰旅游局、韩国旅游发展局、布里斯班推广局、德国国家旅游局、马里亚纳观光局、加拿大旅游局、加拿大艾比塔省旅游局、加拿大魁北克省旅游局、中国香港旅游发展局、澳大利亚北昆士兰旅游局、昆士兰旅游局、汉堡旅游局、菲律宾旅游局，等等。

2014 年 3 月，林志颖和 Kimi 父子成为途牛旅游网形象代言人，开启温馨的途牛阳光之旅新篇章。2014—2015 年，通过在《非诚勿扰》《最强大脑》《花儿与少年》等国内知名强档电视节目的强势推广，途牛品牌在全国的认知度迅速达到了 18%。2015 年 10 月 13 日宣布亚洲音乐天王周杰伦正式成为品牌代言人，首创国内在线旅游行业双代言人模式，并启用新 Logo，完成品牌全新升级。

2014 年综艺品牌合作

《非诚勿扰》独家冠名商;《囍从天降》独家冠名商。

2015 年综艺品牌合作

《百里挑一》独家冠名商;《爱情保卫战》特约旅游伙伴;《最美和声》特约旅游伙伴;《花儿与少年》指定旅游合作伙伴;《非诚勿扰》独家特约旅游伙伴;《最强大脑》互动合作伙伴;《花样姐姐》指定旅游合作伙伴。

最新综艺品牌合作

东方卫视《百里挑一》；江苏卫视《非诚勿扰》；湖南卫视《花儿与少年》；江苏卫视《最强大脑》；北京卫视《最美和声》；东方卫视《花样姐姐》。

途牛品牌营销端花销十分庞大，在国内和多个热门综艺合作，投入大量的广告费，其中光《奔跑吧，兄弟》第四季的特约赞助，途牛就花费 1.485 亿元。然而大量的广告费支出并没有在实质上解决其流量获取问题，反而加重亏损。因此途牛这样的营销方式饱受诟病。在 2017 年，途牛开始试图扭转亏损的局面，并有意识地减少品牌营销的费用。以途牛 2017 年第二季度为例，其运营费为 5.292 亿元，较 2016 年同期下降 41.1%；销售与市场营销费用为 2.219 亿元，同比下降 64.3%。

途牛旅游网副总裁、营销负责人王树柏解释，途牛在 2014 年到 2016 年上半年广告投入很大是基于战略考虑。当时途牛很多营销内容都是围绕移动端在做，是为了提升途牛旅游 App 的下载量。因为途牛在移动互联网起步比别人更晚，只能用钱来换时间。现在途牛旅游 App 累计下载量已经达到 11 亿（截至 2017 年 9 月），整个公司的业务中无线订单占比大概 90% 来自移动端。

4. 企业特色

（1）销售特色

途牛网具有独特的销售方案，将“网站 + 呼叫中心 + 旅游线路”发展成一条独特的流水线工程，打造“牛人专线”。从近千家旅行社，精心挑选出性价比高的旅行路线，再组成丰富的产品线，满足消费者的个性化需求。消费者只需点击鼠标或打个电话，专业资深旅行顾问团将提供最贴心的服务。

途牛网创立于2006年10月，彼时携程、艺龙已经是行业内的佼佼者，想要通过复制它们的模式获得胜利的可能性已经微乎其微。“在线旅游市场里，相比酒店机票的预订服务，专做旅游线路预订的很少，玩的人少就意味着机遇”。专家以为，尽管携程、艺龙等在渠道、产品资源等方面的优势为后来者建立了竞争壁垒，但途牛网只做旅游路线并对这一细分市场进行深耕细作，可以应用互联网优势整合旅游产业链，通过呼叫中心与业务运营体系服务客户。

上线“特卖”模式是途牛上市后“第一枪”，并宣称要打造在线旅游领域的“唯品会”。这是途牛网通过互联网形式销售旅游产品后的又一次延伸。于敦德表示，现在整个行业的规模越来越大，出现了大量的库存尾货，以前可能通过亲朋好友去库存，但现在显然难以支撑。他表示，库存对于旅行社来说是实打实的成本，和唯品会主营的服装品类不同，旅游产品有时间限制，在发团之前如果销售不完，旅行社要承担所有成本。按照途牛网特卖的规则，旅行社一般在临近报名截止时间前上线库存产品，价格由旅行社自定，途牛作为平台收取一定比例的费用。跟团游包括周边短线游、国内长线游、出境游等，种类多，质量可靠。在跟团游方面，途牛网主要提供了国内长短线、出境游等产品，这些产品的价格比较透明，且质量得到了有效的保证。

（2）产品类型及特色

①产品类型

自助游：港澳、海南、丽江、九寨沟等知名景区的产品套餐销售量较大，客户能够通过途牛网将不同的景点组合打包交易。在预订模式上，途牛网的客户能够通过机票加酒店，也可以通过机票加酒店加包机，还可以通过机票加酒店加门票等方式自行采购自助游商品。由于这类商品是打包出售的，因此，与客户自行购买相比，价格较为便宜。

定制游：可以针对用户个性化需求为用户量身定制个性化的旅游产品。与携程网等竞争对手不同的是，途牛网所推广的网站服务是以私人定制的形式开展的，也就是说让客户在其网站页面上或者是通过移动终端App在相应的旅游产品和旅游线路中进行选择和拼盘，确定最适合客户需要的旅游线路和产品。这种方式能够更好地满足不同客户的旅游需求，尤其是在目前旅游碎片化的大背景下，客户的旅游时间安排和旅游目的地选择往往不希望受到旅行团的过多约束，特别是游客在旅游线路上不一定会只关注一些重点的知名景点，还可能会对一些非知名的景点有兴趣，因此，个性化的私人定制服务对增强客户的体验至关重要。

品质游：包括牛人专线，瓜果亲子游，乐开花爸妈游等高品质旅游推荐，其中

"牛人专线"是途牛网倾心打造的独家品牌。"牛人专线"服务涵盖了"牛人精选""牛人出境游""牛人国内游"等众多服务板块。牛人专线服务的最大特色就是能够让用户独立成团，不用再受到组团人数的限制，这种独立成团的服务能够让途牛网的用户感受到更加专业化的服务。

②产品特色

基于景点库，途牛网做了两款具有特色的产品，一个是"路线图"，一个是"拼盘"。"路线图"是一个用来做游记的工具，可以让网友们按照天数把行程很直观地进行组织，途经的景点都可以利用景点库的资源选择出来，每天包含几个景点，一个行程包含几天，这样一个完整的游记就出来了。"拼盘"是根据一个主题，把一些景点给组合出来，添加非常方便，只要把文章贴上，然后利用景点选择器选一下景点就可完成，例如"世界上八大令人惊讶的岩石美景""国内旅游的十座顶级小城古镇"等，不但可以看到文字，还可以看到景点库里丰富的图片，很好玩。

有系列特色"牛"服务：业界首屈一指的 CEO"老于推荐"，结合拳头"牛人专线"全程"牛人顾问"打造"途牛风向标"，更有"途牛特卖"连连。

1）牛人专线。它是途牛网 2009 年推出的独立产品品牌，致力于旅游产品的标准化，实现高品质，高满意度。其价位面向大众，安排高于常规产品的餐标，入住指定酒店，选取的景点优中选优，配备的导游司机专业可靠，整个行程自主合理，做到细节 100% 透明，同时配备全程旅游顾问和 App 同团聊贴心服务，为消费者带来更牛的旅行体验。它性价比高，且无强制消费。2015 年 10 月，"牛人专线"从 1.0 进入 2.0 时代，全面升级交通、上网、导游服务等。"牛人专线"客户满意度高达 96% 以上，"高品质跟团游"的品牌形象深入人心。

2）途牛特卖。特卖频道是途牛在 2014 年推出的服务，它能够有效地帮助途牛网消化产品的库存。全品类上千条线路可选，有限时秒杀和尾货特价，可低至 5 折，产品一上线便遭到客户疯抢，十分有效地帮助途牛网清理库存。特卖频道不仅使得旅游产品的曝光率大幅度提升，销量大幅增长，还扩大了网站的知名度并制造了一定的品牌效应。值得一提的是在频道中的"老于推荐"产品。它是途牛 CEO 于敦德化身旅游设计师，通过自己亲自踩线，让经过精选的旅游产品以全新的形式，多角度、全方位地呈现给用户，为途牛用户推荐高性价比的旅游产品。

3）途牛风向标。途牛风向标为广大游客提供排行榜、出游趋势、主题推荐、精彩游记等丰富有趣的出游信息。

图 2-6　途牛风向标页面

资料来源：www.top.tuniu.com

另外，途牛还有自主研发的 N-Booking 系统。它以“数据分析”为基础，旨在为供应商提供强大的业务数据支持，全面提升供应商体验度，加速实现“增销量、提效率”的共同目标。目前，它已经升级至“订单、产品双核心”的 V2.0 版，包含业务确认、询位咨询、退团 / 改期核损、财务结算、合作管理等一系列信息流转功能。

5. 核心竞争力

（1）采取差异化竞争策略，深耕休闲旅游市场

相比于携程“大而全”的特点，途牛则是纵向发展，专注精细化运营，市场细分更明确，目标用户定位更鲜明。与国内大部分 OTA 相比，途牛从根本来说更倾向于传统意义的旅行社性质，并非借助互联网简单地做线下供应商的线上供应。途牛售卖的产品是旅游线路、产品，而不是单项的酒店、机票等旅行关联产品，相比而言更注重线上的旅游网站与线下的旅游线路的紧密关系，而非仅限于做代理赚取佣金。

（2）拥有丰富的直采供应商资源

途牛的“机票 + 酒店（+ 门票、接机）”等服务是直接从下游供应商获得的产品进行综合研发，因此途牛网的售价与游客自己分头购买相比较具有很强的吸引力和竞争力。而对于有特别要求的团体游客，途牛网通过自己的旅游顾问提前与游客进行沟通与协商，再调用途牛的资源，为游客规划合理的出行路线，实现个性化的出游需求。

（3）除了线上销售也注重线下布局

至 2016 年年底，途牛线下服务网络的布局范围拓展至全国 150 个市，总共创办区域服务中心数目为 180 个。而且，途牛还在其他国家和地区创办了许多服务中心。通过现有出发地服务中心竞争力，也同样加深了区域化的服务，把区域服务中心建设成

为一个营销、服务、采购一体化的本地综合性机构。

（4）对于产品和服务质量的把控很严格

在直采产品的付款环节，如果供应商没有按照相应的标准或协议提供服务，对游客体验造成了负面影响，途牛网会按照之前的协议扣款。为了提高订单效率并增强游客的满意度，途牛网将一个订单的流程拆分为一个个精简的流程，从游客咨询到旅游顾问的接待到游客订单，以及接下来的游客回访的流程，都设置了专门的岗位跟踪。

（5）品牌形象深入人心

途牛网从竞价排名到公共交通以及电视传媒的全面铺盖，通过与各大综艺节目合作，并开启双代言人模式，大大提高了途牛的知名度，并树立了良好的、记忆点的形象。现在提到途牛，大众便能想到“要旅游，找途牛！”的广告词。

6. 商业模式分析

（1）战略目标

途牛已经在以下五个领域建立起了纵深壁垒，不担心任何局部竞争，将坚决把局部同质化战争打到底。

①目的地。排名第一的欧洲和排名第二的马尔代夫都是出境长线目的地，中高端目的地是纵深。

②出发地。自开始的 15 个区域服务中心，到后来的 60 个，再到现在的超 100 个，二三线城市是广阔的纵深。

③产品系列。中高端的牛人专线产品系列，未来还会有更高端的产品系列品牌，中高端的产品系列是纵深。

④客户。中高端 VIP 客户有着理性的消费理念，青睐中高端产品，中高端的客户是纵深。

⑤品牌。途牛是定位清晰的专注休闲旅游的大众消费品牌，而非无品牌的低端恶性竞争挑起者形象，清晰可信的品牌是纵深。

（2）运营模式分析

途牛网建立初期，于敦德将途牛网定位在社区站点，带领为数不多的团队花费半年时间建立了一个国内最全面的景点库，涵盖 4 万多个景点。还有网友参与，是一个景点一个景点完善起来的。该景点库同时也是全球最大的中文景点库，这为产品的开发奠定了基础。紧接着又做了两个颇有意思的产品“路线图”和“拼盘”，致力于打造国内“驴友”交流的一个公共社区。而随着聚集的人群越来越多，于敦德和他的同伴也在途牛网成立半年后找到了明确的运营模式：国内有众多的旅行社，将这些旅行社的旅游线路集中在一起并且分类管理，游客通过访问途牛网了解感兴趣的旅游线路，也可以向途牛网的客服咨询，最后在途牛网完成预订。途牛旅游网近百位资深旅游专家从众旅游产品中挑选出性价比极高的精品线路，为游客打造并优化了景点安排和服务标准，提供高品质的产品。

（3）管理模式分析

途牛网主要的经营团队以及所分配的任务；网站部主要负责建立庞大的产品信息、旅游资讯、旅游者互动社区以及在线咨询与网上预订；客服部主要是整理最新旅游资讯邮件列表服务以及回访服务、追踪服务；产品部主要是负责全国旅游产品采集、筛选以及服务质检；技术部主要负责为途牛其他部门提供强有力的技术支撑以及公司业务快捷化、自动化运行；呼叫中心部主要负责全天候呼叫中心客户的预订、咨询。

（4）技术模式分析

途牛网主要通过互联网进行推广和预订，通过网站直观地将旅游产品，特别是旅游路线罗列出来，无论是行程、价格以及路线等都很清晰地展现给客户。

途牛网开展了很好的用户互动平台——论坛、微信、微博、征文等互动系统，用户可以在这些平台交流，发表个人观点并获取有效的旅游经验等，达到资源共享。这一开展收到广大用户的一致好评。此外，在如今这个信息时代，手机是一种很好的信息接收平台，并且是很多广大人群上网的主要途径，途牛网在2011年11月推出iPhone、Android手机客户端，客户可通过手机客户端挑选中意的商品以及旅游套餐，还可以及时与客服联系相关问题，享受一条龙服务。

（5）盈利模式分析

国内有众多的旅行社，途牛网将这些旅行社的旅游线路集中在一起并且分类管理，游客通过访问途牛网了解感兴趣的旅游线路，也可以向途牛网的客服咨询，最后在途牛网完成预订。当游客与旅行社签订合同时，途牛网可以获得旅行社反馈的3%~7%的佣金。同时，途牛根据其专家团队的研究结果，结合各大旅行社开发出市场上没有的旅游路线，这一块的获利比利相对较高。同时，海内外邮轮票务销售、景点门票销售酒店预订等也是主要盈利来源之一。

途牛网将目标市场定位于大众休闲旅游消费群体，专注打造旅游度假产品，主推组团游、自助游和旅游线路预订。这样避开竞争及激烈的订机票酒店的商旅模式。并且相比于传统B2C模式的企业，途牛网更像是扮演着网络零售商的角色——从上游供应商处购买旅游产品，通过平台整合再出售给终端客户，为消费者和线下旅行社提供对接的端口。途牛除了整合各家旅行社的精品旅游路线，供顾客在线轻松订购之外，还通过批量采购众多旅行社的路线产品，从而获得较低批发价，提高了利润空间。

途牛最主要营收来源是组团游，虽然销售总额很高，但其业务成本中绝大部分用于采购组团游产品，导致它的毛利率极低。从途牛每年的财报可以看出，它的投入与产出严重失衡。一直处于亏损状态。上市前每年的亏损额都在 1 亿元左右，上市之后，2014 年和 2015 年亏损值分别达到了 2.3 亿元和 5 亿元人民币。而 2016 年亏损高达 14 亿多。2017 年第三季度终于实现了盈利，但是其续航能力还有待观察。

7. 评价

途牛一开始便是寻求差异化战略，避开类似携程、艺龙“机票 + 酒店”的业务，更专注提供旅游路线。相比于携程“大而全”的特点，途牛体现出“小而精”的特色，深耕休闲度假旅游市场。

途牛不是单纯的线下旅行社产品的线上销售代理商，而是自身也扮演着旅行社的角色，即拥有实体旅行社，也积极布局全国甚至全世界的线下服务中心。它对于线下的布局要比其他 OTA 更早。早期线下服务中心设置于写字楼中，负责客户签约、当地采购和供应商维护。从 2016 年开始，途牛将服务中心转型为临街、商业中心的门店形式，把区域服务中心建设成为一个营销、服务、采购一体化的本地综合性机构。

途牛有自营产品，对旅游产品和服务有着严格的把控。专门推出“牛人专线”这样的品质游品牌。途牛从2013年开始就注重品牌的建设。“牛人专线”“途牛特卖频道”都是为大众所周知的，“要旅游，找途牛！”的广告语更是深入人心，聘请明星代言人，开启双明星代言模式，与各大热门综艺节目合作，大力投放线下广告，各种措施大幅提高途牛的知名度和体现了它休闲旅游的特色。

途牛十分注重服务，致力于提高产品的性价比和服务流程的精细化。途牛通过升级途致贵宾会员服务在内的多层次会员专属体系，来提高用户黏性，从而提高复购率。

之前途牛的战略很明显是单纯地追求规模扩张与品牌认知，在疯狂烧钱之下取得了显著的成效，但是也给财务带来沉重的负担。2017 年可以看到途牛逐渐过渡到精细化运营。在经历多年长期亏损之后终于在 2017 年第三季度首次盈利，但能否保持稳定的盈利还有待观察。

途牛最大的竞争优势是拥有自营产品，并且质量高且稳定，而且比其他 OTA 更早地布局线下门店。在旅游新零售的浪潮下，线上线下的融合已经是一个大的趋势。所以途牛一定要稳固自己的优势，利用好先机，在如何适应旅游新零售方面做更多的思考。

尽管据艾瑞统计的2016年在线度假旅游的市场份额中可以看出，途牛位列第一，但是与第二位的携程仅仅相差0.2百分点。度假旅游市场是大旅游的概念，依然包含旅游六要素。目前，住和行两大细分市场携程已经占领绝对领导地位。在分析各自市场份额，途牛大部分在跟团游（28.3%），而携程则以18.8%的份额占据自由行市场首位，而自由行的增长已是不可逆转的趋势。因此，途牛还是需要具有很强的危机感，未来依旧困难重重。

三、信息分享网站：Trip Advisor和马蜂窝

（一）最大的UGC旅行平台：Trip Advisor（猫途鹰）

1. Trip Advisor简介

（1）简介

Trip Advisor（猫途鹰）是全球领先的旅游网站，官方中文名为“猫途鹰”，旨在帮助旅行者发现每次旅行中的更多精彩。Trip Advisor提供来自全球上亿旅行者的建议，包括5亿条点评和意见，覆盖700万个住宿、餐厅和景点，以及丰富的旅行选择和规划功能，搜索超过200家网站，帮助旅行者找到当日最优惠的酒店价格并预订。Trip Advisor（猫途鹰）及旗下网站构成了全球领先的旅行社区，在全球49个市场月均独立访问量达3.9亿。Trip Advisor（猫途鹰）：懂得更多，订得更好，玩得更棒。

Trip Advisor成立于2000年，隶属于世界知名的旅游运营公司Expedia旗下，如今已是全球最大的UGC（用户生成内容）旅行平台，秉承着“Bythepeople，forthepeople”（来自旅人，帮助旅人）的宗旨，为全世界的旅人分享旅行的经验，提供专业靠谱的游玩建议。

Trip Advisor作为一种不同于其他旅游电商的模式，开辟了一种动态的O2O模式，既为旅行者提供了旅游经历分享的平台，同时基于海量的用户评价而提供给待出游的旅行者们可靠的建议，迅速获得了强大的游客市场。在eBizMBA排行统计网站2016年公布的全球最受欢迎的十五个旅游网站（图2–7）中，Trip Advisor排名第二；2013年手机独立用户访问统计表（表2–2）中也可以看出，Trip Advisor网站的手机用户访问量高达9 185 000，仅次于Expedia，可见Trip Advisor在全球范围内的影响力。

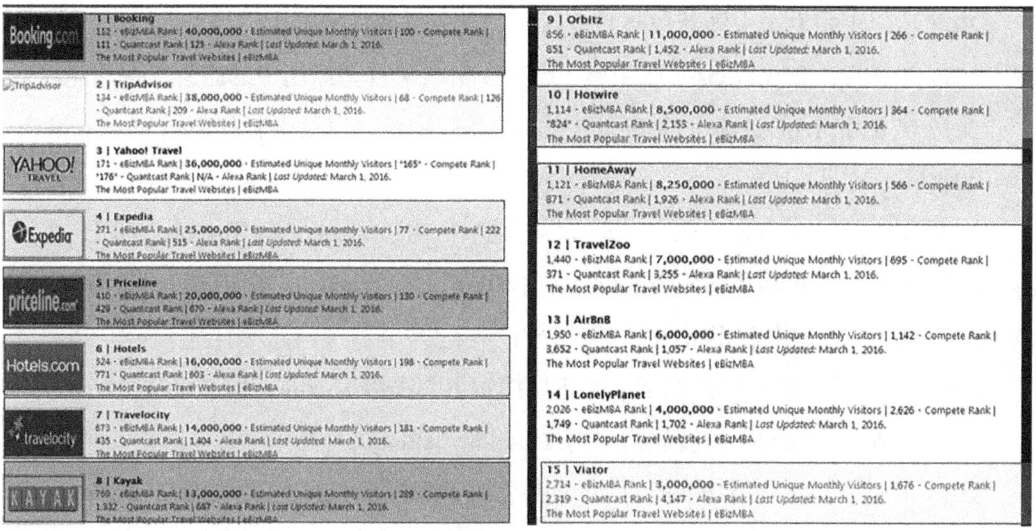

图 2-7　2016 年最受全球欢迎的十五大旅游网站

资料来源：www.ebizmba.com/articles/travel-websites

表 2-2　2013 年 2 月手机独立访问用户数

网站	独立访问用户数
Expedia Inc.	9 900 000
Trip Advisor	9 185 000
Priceline Inc	7 608 000
Orbitz Worldwide	3 623 000
Kayak	3 230 000
Travelocity	2 389 000

资料来源：comScore

（2）发展大事记

①发展事件概览

2000 年 2 月成立，早期投资来自于 Flagship Ventures，the Bollard Group 等；

2004 年，被 IAC/Inter Active Corp 收购，后整合到 Expedia 旗下；

2009 年，Trip Advisor 进入中国市场，成立中国官方站点，设立到到网；

2011 年 2 月，从 Expedia 拆分出来独立上市，纳斯达克股票代码 TRIP；

2012 年 4 月，与 Facebook 达成合作，用户可选择查看 Facebook 好友的点评；

2013 年，正式上线酒店元搜索服务；

2015 年，正式发布中国新战略和全新的官方中文名猫途鹰；

2017 年 4 月，Trip Advisor 已积累了超过 5 亿条来自全球用户的旅游点评和建议；

2017 年 6 月，Trip Advisor 全球推出全新的品牌绿色，以及全新的网站和 App 设计。

②收购

2007 年 5 月，收购 Smarter Travel 媒体集团和 The Independent Traveler 集团；

2008 年 2 月，收购英国旅行 UGC 网站 Holiday Watchdog，同年 7 月，收购 Virtual Tourist，One Time 和度假租赁网站 Flip Key；

2009 年 10 月，收购中国的酒店和机票搜索引擎酷讯 Kuxun，后酷讯被美团收购；

2010 年 6 月，收购英国度假租赁网站 holiday lettings；

2013 年 4 月，收购 Jetsetter，同年 6 月，收购机场和航班信息软件 Gate Guru，同年 10 月，收购酒店点评网站 Oyster；

2014 年 5 月，收购 Vacation Home Rentals 和 Tripod，同年 7 月，以 1.4 亿美元收购欧洲餐厅预订网站 La Four chette，布局欧洲餐厅预订市场；

2014 年 8 月，2 亿美元收购目的地景点及一日游预订网站 Viator，布局当地玩乐预订市场；

2015 年，相继收购荷兰餐厅点评和预订网站 Iens，Seat Me，葡萄牙餐厅预订网站 Best Tables，以及澳大利亚餐厅预订网站 Dimmi。

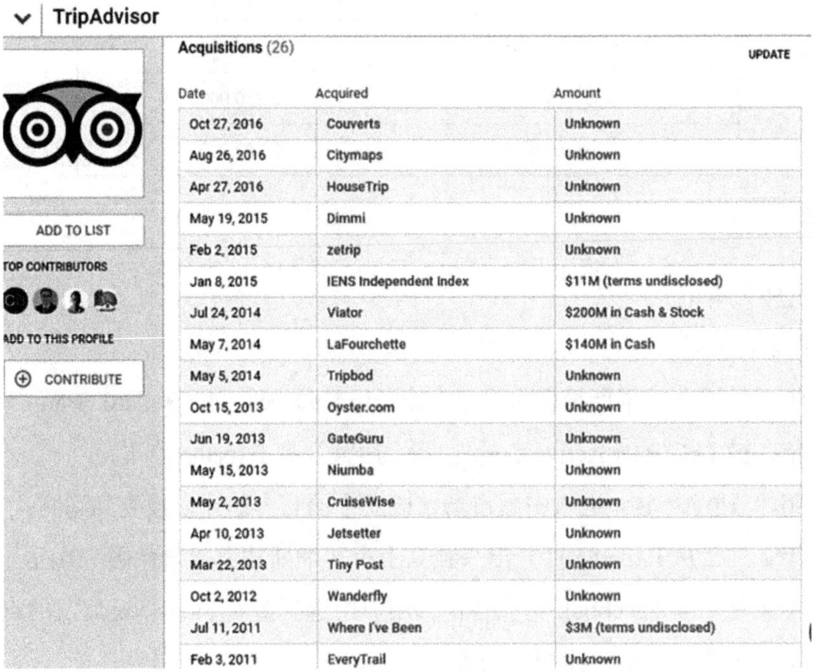

Date	Acquired	Amount
Oct 27, 2016	Couverts	Unknown
Aug 26, 2016	Citymaps	Unknown
Apr 27, 2016	HouseTrip	Unknown
May 19, 2015	Dimmi	Unknown
Feb 2, 2015	zetrip	Unknown
Jan 8, 2015	IENS Independent Index	$11M (terms undisclosed)
Jul 24, 2014	Viator	$200M in Cash & Stock
May 7, 2014	LaFourchette	$140M in Cash
May 5, 2014	Tripbod	Unknown
Oct 15, 2013	Oyster.com	Unknown
Jun 19, 2013	GateGuru	Unknown
May 15, 2013	Niumba	Unknown
May 2, 2013	CruiseWise	Unknown
Apr 10, 2013	Jetsetter	Unknown
Mar 22, 2013	Tiny Post	Unknown
Oct 2, 2012	Wanderfly	Unknown
Jul 11, 2011	Where I've Been	$3M (terms undisclosed)
Feb 3, 2011	EveryTrail	Unknown

图 2–8　Trip Advisor 收购一览表

Trip Advisor 旗下有众多旅游品牌，并且仍在不断的收购中。

图 2–9　Trip Advisor 旗下旅游品牌

2. 组织与文化

（1）创意起源

同大多数创业者的故事类似，生活中的麻烦催生出奇妙的想法。Trip Advisor 的创始人 Steve Kaufer 来自于哈佛大学计算机系，在想要寻找旅行目的地相关信息时，苦于无合适的工具，于是与 Tom Palka、Langley Steinert 和 Nick Shanny 一起创立了 Trip Advisor 网站，最初该网站设立评论区，用户可以上传照片进行分享，现在用户不仅可以分享自己的旅游经历，还可以在网站上快速获取旅游资讯、酒店信息等各种旅游相关资料，最初思想的火花成就了如今的 Trip Advisor；最初分享的内容，随着时间的积累，直至拥有如今近 5 亿条评论，带给旅游者无限的可能，也为这个世界开辟了一个不一样的新时代。

（2）品牌文化

Trip Advisor 的 Logo 是一只猫头鹰的形象。在美国，猫头鹰是智慧的象征。猫头鹰 Logo 的绿色和红色眼睛则分别代表了“推荐”与“不推荐”，旅行者通过参考其他游客的点评，包括好的和不好的旅行体验，可以更好地分辨某个地点是否真正值得前往。如今，猫头鹰的 Logo 遍布全世界的大街小巷，包括书店、咖啡馆、文创礼品店等，其品牌早已深入人心。

3. 核心产品

图 2-10 Trip Advisor 官网首页

资料来源：https：//www.Trip Advisor.cn

（1）基础功能模块

旅游信息、评价、攻略、指南

Trip Advisor 作为一个大型的在线旅行数据平台，收录了全世界各地的海量旅行信息，包括逾 5.35 亿条旅游点评及建议、100 多万张用户照片、覆盖全球 190 多个国家超过 700 万处酒店、景点和餐厅，帮助用户轻松找到旅途中的好去处。这也是 Trip Advisor 贯穿于所有版块的核心产品，海量的评价信息为游客提供出行指南，包括目的地景点介绍、交通指南、餐厅推荐、酒店评价等。

旅行者之选

Trip Advisor 根据过去 12 个月内全球千万旅行者分享的评分、点评内容和数量综合计算得出“旅行者之选”年度榜单。评选范围覆盖全世界的酒店、各类景点及餐厅。获奖的景点和商户在其页面上会有“旅行者之选”徽章，帮助用户识别全球最受旅行者欢迎的地方。这种方式一方面为游客推荐了优质高端可信赖的旅游目的地，一方面也激励着入驻 Trip Advisor 的商家不断进行产品的升级和服务品质的改进，促进了双边的共赢，这是 Trip Advisor 产品中的一大亮点。

（2）商业功能模块

Trip Advisor 不同于传统的 OTA，不直接像其他的 OTA 作为旅游产品的预订渠道，而是通过与 OTA 合作来实现酒店、餐厅以及景点门票的预订，这也是 Trip Advisor 获利的主要渠道。

面向游客：Trip Advisor 与国内外的酒店集团、OTA 合作，提供酒店比价和跳转预订功能。用户可根据位置、酒店星级、价格等条件搜索酒店，然后可参考其他旅行者的点评、评分及照片挑选酒店；Trip Advisor 联合旗下的目的地景点及活动预订网站 Viator 推出了当地景点门票、一日游活动预订功能。这些预订选项会直接显示在景点详情页面，方便游客进行选择景点后进行预订。

面向企业：提供业主中心，允许企业免费注册，并且直接与全球用户进行交流沟通，并且与企业进行内容合作以及广告投放业务。

图 2-11 Trip Advisor 酒店预订平台

资料来源：https：//www.Trip Advisor.cn/Hotels-g298184-Tokyo_Tokyo_Prefecture_Kanto-Hotels.html

4. 商业模式

（1）市场定位

全球领先的旅游社区网站，用更符合用户需求的方式带来全球旅游爱好者所贡献的最具参考价值的评价和建议，帮助所有用户计划并实现完美旅行。

SLOGAN：Trip Advisor，不同视野看世界。

（2）产品特色

①网站产品打磨精细，确保了网站信息量的实用性和网站的公正性

一般来说，对于用户生成的内容网站，可信度是极其重要的，信任因素是促使客户在点评类网站提供积极评价的首要因素，这可有效为网站点评增加可信度和影响力。Trip Advisor 网站上提供的信息不仅数量多而且质量高，利用一系列战略措施来维护信息的可信度，产品打磨较为精细，赢得了海量用户的信任。

②利用创新技术手段，完善旅行者体验

Trip Advisor 在手机和 iPad 应用中添加应用实景功能。2011 年 4 月，Trip Advisor 推出了现有智能手机和 iPad 应用程序的升级版，让用户有机会体验利用这些设备上的

摄像头和GPS导航技术来记录兴趣点和Trip Advisor系统中其他的标记。无限接近最新科技一直是Trip Advisor的一大产品特色，随着科技的发展，AR、VR的应用也将为Trip Advisor应用带来全新的变革。

Trip Advisor推出了“feesestimator”（费用估计工具）作为主要卖点。这个方便易用的工具，使得用户可以轻松计算一次旅程的全部费用，甚至包括行李托运费以及预估在飞机上的消费。

另一项功能是，Trip Advisor可以通过点击“可用座位”来显示飞机的座位分布情况，点击之后将会跳转到新的窗口，及Expedia航空公司的预订和选座系统。

③对用户来说价值高

Trip Advisor在游客的游前、游中、游后的每一个阶段都有较大的渗透，从而成功打造了旅游O2O的闭环，用户进入Trip Advisor能快速便捷达成目标。

④评选范围广，与不同的网站产生正向跨边网络效应

不同网站的加入是为了接触到Trip Advisor平台中每月3.4亿的访问者，并借此找到获利渠道，Trip Advisor覆盖了全球范围内的大量餐厅、酒店、景点等，一方面为这些目的地带来了销售，同时也增加了用户对本网站的体验与黏度。

⑤平等竞争机制

旅游业主可以免费注册Trip Advisor的业主中心工具并认领企业、回复用户评价等，业主中心是业者与旅游行者沟通的桥梁，帮助所有的旅游企业，直接接触到全球范围内的用户。

（3）获客渠道与用户特征

目标客户：全球所有旅行者、酒店集团、旅游局、航空公司、消费者品牌公司、旅游景点经营者。

用户特征：爱好旅行，喜欢分享，群体多偏重于自助游。

（4）盈利模式

主要包括按按点击计费的广告收入（Click-Based Advertisingrevenue），按展示计费的广告收入（Display-Based Advertisingrevenue），以及预订、交易及其他收入（Subscription Transaction and other revenue）。如图，展示了全球范围内几种不同的获利模式的典型企业，可见Trip Advisor作为全球最大的UGC平台，主要的收入构成为：点击付费广告、展示付费广告、订阅和其他收入。通过向酒店、餐厅灯旅游产品提供商传送有效的链接来获取收入分成。

Category	Description	计费方式	代表网站
Click-Based Advertising Revenue	Click-based Advertising	CPC	Tripadvisor
Display-Based Advertising Revenue	Display-Based Advertising	CPM	Tripadvisor
Subscription-Based and others	Business Listing	Subscription model	Tripadvisor
Subscription-Based and others	Vacation Rental	Subscription model	Holiday Lettings
Subscription-Based and others	Vacation Rental	Subscription model	FlipKey
Subscription-Based and others	Selling room nights	Upon delivery	SniqueAway
Subscription-Based and others	Selling room nights	Upon delivery	Tingo

图 2-12　Tripadvisor 收入类别

资料来源：www.xueqiu.com

下图为整个网站的构成，可以看到，整个网站主要分为消费者信息获取及商业推广，消费者点击预订即可通过路口链接与之合作的旅游网站进行旅行产品的购买。

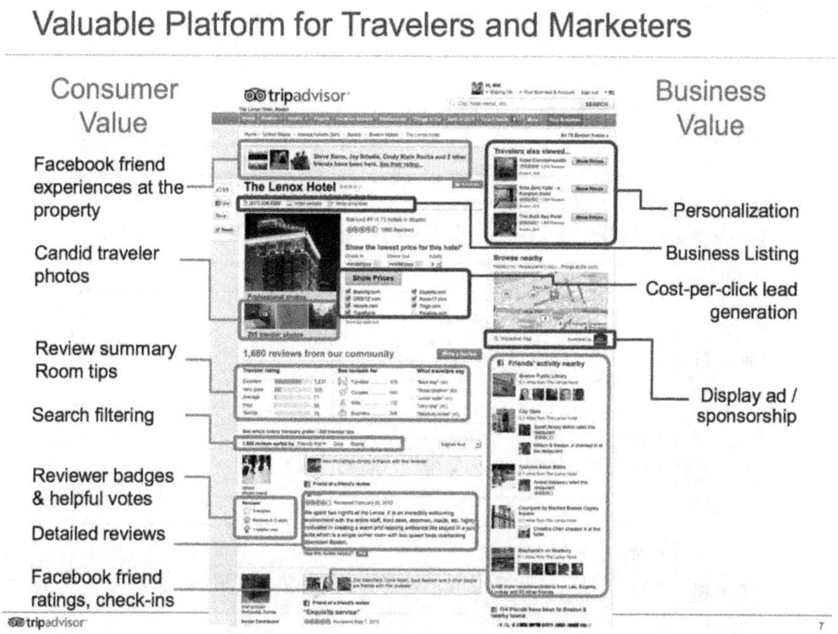

图 2-13　Tripadvisor 网站构成

资料来源：www.xueqiu.com

（5）运营模式：基于“旅游社区”的旅游 O2O 生态系统

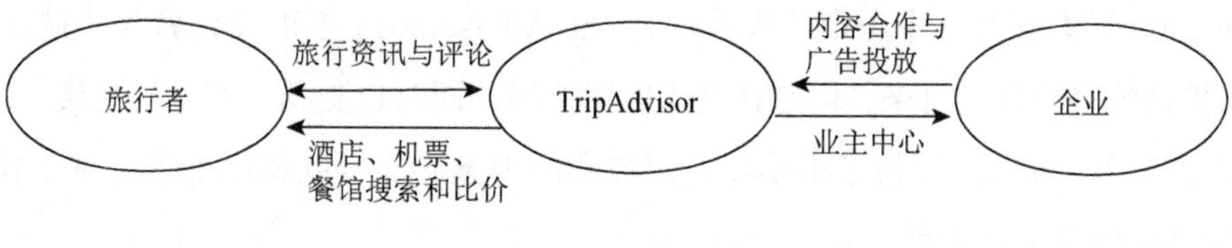

图 2-14　旅游社区系统

Trip Advisor 是全球最大最受欢迎的旅游社区，以为旅行者提供酒店评论、酒店受欢迎程度索引、高级酒店选择工具、酒店房价比价搜索以及社会化的旅途图片分享和在线驴友交流等服务为核心内容。Trip Advisor 免费向用户提供大部分旅游内容，围绕内容建立用户社区，鼓励用户分享、创造内容，逐步形成以内容和用户为核心的旅游社区。

Trip Advisor 还运营其独立的商务部门（Trip Advisor for Business），专注于帮助旅行有关机构接触 Trip Advisor 的百万用户。此部门涵盖了酒店全球通业务（Business Listing），旨在帮助酒店获得直客订单，以及度假租屋业务（Vacation Rentals），旨在帮助业主将度假租屋收录在 Trip Advisor 中，向用户提供除了酒店之外的其他选择。

5. Trip Advisor 的中国化之路

（1）中国化历程

图 2–15 Trip Advisor 中国化历程

（2）中国化面临的挑战

在 2009 年尝试进入中国市场失败后，Trip Advisor2015 年正式更名为“猫途鹰”，以不可抵挡的趋势卷土重来，但是在进入中国市场的同时也受到了不少的挑战。

①该旅游市场已经深耕了很多年，用户和品牌基础非常扎实的品牌，本土化旅游 UGC 网站竞争力十分强大。

②以前常用的、较为常规的营销方式，虽然能够比较广地捕捉到受众，也能比较快速地去打造知名度，但是对 Trip Advisor 来讲，出境游客群场景十分的分散，出行时

间难以捉摸，目的地十分广泛，因此不够精准。

③全新的中文网站翻译遇到了语言障碍。

（3）中国化的运营策略

①专门针对中国市场的精细化、个性化产品打磨

2015 年 7 月 Trip Advisor 猫途鹰针对中国市场单独开发了移动端应用。Trip Advisor 目前在全球只有两个版本，除了面向全球的统一 Trip Advisor 版本，中国在世界范围内是唯一一个针对本土市场的版本。

针对中国消费者在出境游中重决策的用户特征，更加精细地优化“旅游精选”版块，为中国游客推荐个性化的出境游目的地。

图 2–16　Trip Advisor 中国移动端 App 页面

②在新时代背景下，进行精准的品牌营销，打造知名度

2015 年，伴随着新名字的面世，Trip Advisor 猫途鹰展开“Bring review to life 点评照进现实”营销战役，这也是品牌首次在中国展开面向大众、覆盖范围较大的传播。

1）线下宣传推广

斥巨资进行品牌广告投放。例如在北京五道口的公交站牌广告上的文案是：“终于到了五道口，传说中宇宙的中心。”；广州塔：“低头叉烧包，抬头小蛮腰”……虽然是一个针对出境游的旅行 App，这波营销战役反倒和中国的旅行景点关联性更大，这种本土化的营销方式反而更能引发中国游客的广泛关注。

2017 年十一国庆期间，Trip Advisor 猫途鹰的代理商环时互动和品牌一同在北京 798 的包豪斯广场打造了五十扇现实版的任意门，开展“世界的任意门”旅行主题创意艺术展。在猫途鹰的线下展览中也把世界各地旅游景点的风光、旅游目的地在猫途鹰平台上的评分和用户的评论呈现在这些任意门中，紧紧围绕“点评”展开。

2）线上宣传推广

品牌通过真实用户点评的旅行故事，以“寻觅海外美食”为主线，用“定格瞬间”的拍摄手法，结合“朗读者”的方式，找了歌手张韶涵、配音演员叶清以及电台主持人喻舟去朗读平台上其他用户真实的点评故事，推出了三支“点评故事馆”系列视频。

Trip Advisor 在微信朋友圈广告掀起一轮又一轮广告推广。前期以“爱旅游”“自由行”“地道餐厅”等内容为关键词推广图文信息引导用户下载 App，后期广告内容形式多为视频广告。

2017 年 5 月作为首批用户尝试腾讯社交广告提问式朋友圈广告，根据数据，这次提问式广告投放比猫途鹰此前投放的朋友圈广告互动率高出 10 倍，比朋友圈广告整体平均互动率也高出近 7 倍，同时也取到了较大的成功。腾讯社交广告（TSA）通过创新的双维逻辑和品效双擎策略，帮助猫途鹰在短短两年时间内，实现品牌指数增长 300%，App 月活量激增 10 倍以上的营销目标。

6. Trip Advisor 的启示与思考

总体来看，Trip Advisor 在全球的影响力是显而易见的，它逐渐成为每位旅行者甚至潜在旅行者的必备出行工具，为我们的生活提供了极大的便利。

对旅游行业来说，Trip Advisor 开创了一种不同于其他旅游电商企业运营的全新模式，Trip Advisor 通过鼓励用户提供真实点评信息，在旅游消费场景链条上打造了旅游 O2O 生态系统，依托用户生成内容提供用户海量真实可靠的信息，颠覆了传统电商行业的运营模式，是旅游产业中的一大壮举。

此外，Trip Advisor 对于全球经济的贡献也是十分可观的。2016 年，牛津大学经济研究院（Oxford Economics）的团队对 Trip Advisor 对于全球经济的贡献进行了量化研究。研究表明：①在计划和预订旅行时，旅行者依靠 Trip Advisor 上数百万条点评和建议来自信地做出决定，Trip Advisor 的内容影响了全球 13% 的境外游和近 8% 的境内游游客，也就是说，仅在 2014 年，Trip Advisor 的内容催生的旅行人次就达 3.5 亿人次，住宿天数达 18 亿天；② 2014 年，Trip Advisor 的网站内容直接带来了全球 4780 亿美元的旅行消费，其中包括由该网站内容和功能直接催生的 640 亿美元的额外旅行消费；③ Trip Advisor 推动产生的旅行活动增多，为全世界提供了 190 万个就业岗位，其中包括 Trip Advisor 为旅游业直接创造的 90 万个工作岗位。

由此可见，Trip Advisor 的诞生，不仅仅改变了人们出行的传统思维模式，而且在其不断地发展进程中，催生了更多的潜在旅行者开始旅行，大大提高了目的地酒店、住宿、餐饮业等相关产业的发展，进而增加了就业，带动了区域经济的发展，促进人们生活水平的提高。

但是 Trip Advisor 在中国化的过程中，对于用户群体的精准分析、产品的个性化、精细化还需要进一步的提升，以满足中国游客日益增长的旅游体验需求。

（1）提升品牌体验度和社会责任感。Trip Advisor 在建立中国网站时，几百万的翻译工作大多是由翻译志愿者完成，Trip Advisor 将通过自己品牌的传播来帮助更多的中国年轻人，去发现世界，欣赏世界。

（2）开展 O2O 和 in-destination 的尝试，让中国用户享受更加便捷的服务，把中国一些 O2O 在移动变现、移动支付、到店服务中的实践扩展到全球，实现 O2O 服务平台。

（二）新型自由行服务网站：马蜂窝旅游网（原蚂蜂窝旅行网）

1. 简介

马蜂窝旅游网是中国领先的自由行服务平台，由陈罡和吕刚创立于 2006 年，从 2010 年正式开始公司化运营。马蜂窝的景点、餐饮、酒店等点评信息均来自上亿用户的真实分享，每年帮助过亿的旅行者制订自由行方案。

马蜂窝旅游网是广受中国年轻一代追捧的旅行网站，被誉为中国的旅行圣经。2015 年初，该公司发布自由行战略以来，逐渐探索出一条与传统 OTA（在线旅行社）截然不同的营运模式——基于个性化旅游攻略信息构建的自由行交易与服务平台。

马蜂窝以“自由行”为核心，提供全球超过 60000 个旅游目的地的旅游攻略、旅游问答、旅游点评等资讯，以及酒店、交通、当地游等自由行产品及服务。

2. 发展历程

（1）成长经历

马蜂窝的创始人是两个旅游爱好者，前新浪员工陈罡和前搜狐员工吕刚。马蜂窝最开始并不是商业项目，而纯粹是出于喜好捣鼓起来的业余平台。自 2006 年开始，用户以游记的形式，分享旅行路书、攻略、经历等。2010 年陈罡和吕刚从原公司离职，正式开始将马蜂窝作为一个商业项目来运营。

从一开始，马蜂窝就希望把最美好的留给用户。在马蜂窝网站的首页，最显著的位置永远不是广告，而是用户上传的精美图片、游记。马蜂窝通过把社区氛围、旅行文化、产品功能、社交互动、旅游决策和交易等各种用户体验系统性地融合，获得了稳定的用户流量。

为了激发用户的分享，马蜂窝推出了系列措施：进行个性化的界面创新，优化用户阅读攻略、撰写游记和行程的体验；通过旅游点评、旅游问答，马蜂窝以“所有人帮助所有人”的方式解决用户的疑问并提供决策参考；通过等级制度、虚拟货币（蜂蜜）、分舵、同城活动以及晾晒旅游资产般的“足迹”等，马蜂窝激励用户分享和互动。

马蜂窝现有的用户基本都是靠口碑宣传获得。人们在社交媒体上看到了马蜂窝的旅游内容，觉得很独特，通过人人网、微博、微信等各种社交平台口口相传。正是这种物以类聚的自然法则式用户发展，马蜂窝积累了 1 亿用户。马蜂窝多年来沉淀出的独特气质和文化氛围，也为其每年吸引来自银行、汽车、航空公司等大量的品牌广告投放。

据马蜂窝公布的数据显示，2015 年宣布自由行战略以来，马蜂窝的交易业务增长势头强劲，在目的地和供应链端快速布局，连续数年实现 GMV 翻倍增长，预计 2017 年总交易额将达到 100 亿人民币。

（2）发展路径

2006 年 1 月，网站上线；

2010 年 3 月，正式成立公司投入运营，注册用户数 15 万；

2011 年 4 月，上线首款 App 客户端，旅行翻译官；

2011 年 10 月，获得资本 500 万美元 A 轮融资和 200 万美元无息贷款；

2012 年 6 月，开始商业化尝试，半年收入超千万，主要来自广告及佣金分成；

2012 年 10 月，注册用户数超过 400 万，PC 端用户数在 3 年内增长 40 倍；攻略累计下载量 6000 万次；

2013 年 4 月，获得启明创投领投的 1500 万美元 B 轮融资；

2014 年 6 月，注册会员数突破 5000 万；

2015 年 2 月，获得高瓴资本、Coatue、Co Builder、启明创投的 C 轮融资，累计融资逾亿美元。

2015 年 9 月，用户数达 1 亿，其中 80% 的用户来自移动端（马蜂窝自由行 App）；月活跃用户数达 8000 万。

2017 年 11 月，获得 1.33 亿美元 D 轮融资，由鸥翎投资（Ocean Link）、美国泛大西洋资本集团（General Atlantic）、淡马锡（Temasek）、元钛长青基金、厚朴基金共同投资，参与前几轮投资的今日资本、启明资本、高瓴资本继续跟投。

2018 年 2 月，“蚂蜂窝旅行网”正式更名为“马蜂窝旅游网”，并启动新一轮品牌换新。

3. 商业模式

马蜂窝旅游网是基于旅游社交和旅游大数据的新型自由行服务平台，这也是马蜂窝的商业模式。

马蜂窝用户通过交互生成内容，经由数据挖掘和分析，这些内容形成结构化的旅游数据并循环流动。马蜂窝依据用户偏好及其行为习惯，对应提供个性化的旅行信息、自由行产品交易及服务；全球的 OTA、酒店、邮轮、民宿、当地旅行社等旅游产品供应商通过马蜂窝的旅游大数据与消费者精准匹配，节省营销费用，并能获得不菲的收入。

马蜂窝自由行交易平台的出现，标志着个性化旅游——自由行时代的到来。业界通常将旅游划分为三个时代：鼠标 + 水泥的时代（以携程为代表）、垂直比价时代（以去哪儿为代表）、以马蜂窝为代表的个性化旅游的自由行时代。在移动互联网语境下，“自由行”的实质是旅游社交和旅游大数据，用户通过网络获取并分享旅游信息、产品和服务。

马蜂窝旅游网站在自由行消费者的角度，帮助用户做出合理的旅游消费决策。UGC（用户创造内容）、旅游大数据、自由行交易平台是马蜂窝的三大核心竞争力，社交基因是马蜂窝区别于其他在线旅游网站的本质特征。

“实现每一个旅行梦想，是马蜂窝的使命。”两位创始人写道，“我们的愿景是，只要有旅行者能到达的目的地，就有马蜂窝提供的服务。”

4. 主要功能

据悉，2017 年 11 月马蜂窝刚刚完成 1.33 亿美元 D 轮融资，成为新旅游时代下的代表性企业。在过去两年，该公司取得快速发展，注册用户已超过 1.3 亿，提供覆盖全球 6 万多个目的地的旅游攻略及产品预订服务，探索出独有的“内容 + 交易”商业模式，2017 年整体 GMV 近百亿。

（1）酒店预订

通过马蜂窝，用户可以预订全球 140 万家国际酒店和民宿。马蜂窝站在自由行用户的角度，打破按行政区域预订酒店的传统方式，专门设计了按旅行兴趣区域划分酒店的方式，令酒店预订变得更加高效、轻松和有趣，用户在 5 分钟内即可完成全球各地的酒店和民宿预订。

（2）当地游

“当地游”（Localdeals）旨在为自由行用户找到全球各地值得体验的本地游乐项目，包括景点门票、美食特产、交通票务、演出展览、当地娱乐 1~5 日游等，为旅行者提供超值且富有当地特色的自由行产品。

通过与全球各地的合作伙伴对接，马蜂窝在当地直接采购旅游产品和服务，省去中间交易环节，让用户、马蜂窝的当地供应商都能享受到快乐。

（3）自由行交易平台

马蜂窝通过搭建专门的自由行服务平台，在移动端、PC 网站、微信、微博等社交媒体上，为自由行合作伙伴提供全方位的产品展示、引流、线上支付、大数据支持和销售服务体系等 O2O 解决方案。

马蜂窝把旅游大数据与自由行合作伙伴共享，合作伙伴能够参考自由行产品销售数据、旅游点评、旅游问答、旅游攻略、游记等数据，生产更多贴近用户需求的产品，持续提升服务和自身的品牌建设。

马蜂窝也把庞大的用户流量与线下企业共享，“无佣金”的方式使合作伙伴不用砸钱买流量，从而节省高额的推广费用，共同致力于为消费者提供高性价比的自由行产品，实现用户、线下企业、马蜂窝平台三方共赢。马蜂窝自由行交易平台上有 5000 多家全球各地的自由行产品供应商。

（4）移动应用

马蜂窝自由行 App 安装量超 5.9 亿次。马蜂窝为旅行者提供立体化、专业化的服务，覆盖旅行全程。

“马蜂窝自由行”App 长期入选移动旅行应用总榜的前五名，并获得 2015 年全球移动互联网大会 TOP50 最佳应用。

“马蜂窝自由行”App 拥有海量、实时的旅游攻略、游记、旅游点评、旅游问答等旅游资讯，用户可在旅途中轻松预订酒店、交通、当地游等自由行产品及服务，已覆盖全球热门旅游目的地。

这款超值旅行产品预订应用，汇集全球各地的自由行机票、酒店、签证、当地游、邮轮、自驾游、保险、租车等。

在移动端，“马蜂窝自由行”App 已成长为一个集合旅行信息、出行决策、自由行产品及服务交易的一站式移动平台。

（5）数据研究中心

马蜂窝有自己的数据研究中心，对注册用户的数据进行分析整理，定期发布用户行为、自由行、出境旅游数据报告。

马蜂窝打通了企业内部和外部的信息流、产品流和服务流，专门研发了自由行数据分析系统，每天系统地分析 PC 端、移动端的自由行用户行为偏好，如攻略下载、旅游搜索、旅游问答、目的地游记浏览、查看旅游点评等，得出自由行的热门目的地、关注的航班、热门酒店等聚焦性购买需求数据。根据这些数据，马蜂窝与全球供应商合作，进行自由行产品的用户反向定制和销售（也称 C2B 模式），协同供应商对自由行产品进行优化和重构。

马蜂窝发布的《十一旅游趋势报告》《中国出境游报告》系列数据报告，一方面持续总结用户习惯、满足用户需求，另一方面有助于提升整个旅游行业的服务质量。中国旅游研究院等科研机构也与马蜂窝长期合作，定期对用户数据取样分析，发布相关的旅游研究报告。

（6）未知旅行实验室

从 2016 年 9 月 27 日的“未知旅行”活动开始，未知旅行实验室正式成立，号称要“用一场未知的旅行检验一段未知的感情”并引爆了朋友圈；紧接着的 10 月，实验室发起“Tripmon Go!”，让正在途中的旅行者满世界寻找他们释放的精灵球。“旅行标签”“造梦机器”，一些精悍有趣的小实验时不时出现在朋友圈，让人们冷不丁记起它来。截至 2017 年年底，该实验室已前后发起 9 季“未知旅行”系列实验，最高曾获得超过 1 亿的关注与转发。

与 Google 的最高机密部门 GoogleX 类似，马蜂窝的未知旅行实验室承担的主要职责是“不断寻找未知”，继承了马蜂窝“Don’t feart heun known”的精神。

（7）寻找旅行家

“寻找旅行家”是马蜂窝旗下旅行家专栏的阅读分享平台，旨在分享旅行家独特视角下的旅行经验，共同领略世界各国的文化历史风俗。

专栏以纪实、趣味和实用为主，内容涵盖旅行方式、人文风俗、时尚美食、建筑设计、摄影绘画、逸闻趣事、历史故事、社会观察……

“寻找旅行家”长期招募全球各地的旅行家，开放投稿，可以自荐或推荐旅行家，分享路上的感知，重新发现和定义旅行。

（8）社区产品

数年的发展，马蜂窝的 UGC 内容（用户创造内容）形成了“足迹、点评、问答、行程、游记”的金字塔形结构，覆盖了旅游内容产生的全程。游记、问答、点评、足迹、攻略——这些优质的UGC信息基本覆盖了全球的旅行目的地，以满足用户的不同需求。

①游记

游记，一种分享自己旅行经验和经历的载体，是旅行中的一部分。马蜂窝游记独特的编写方式，能带给视觉和听觉的双重体验。当读者阅读游记时，会激发读者对这个目的地的想象和向往，从而引起读者想去这里的冲动。它不仅提供食住行等详细攻略的参考，更是承载了旅者的旅行记忆和美好。

马蜂窝首页每天都会给用户呈现一篇千挑万选的好游记，这篇游记被称为蜂首游记，其作者便是蜂首。在马蜂窝，蜂首带有特殊的身份标识，且享有各项特权和荣誉，并受到广泛关注。

马蜂窝每个目的地页面下置顶的优秀游记是宝藏游记。宝藏游记通常包含大量的实用信息，能从行程、景点、路线、交通、语言各方面为蜂蜂提供帮助，是一篇极具参考意义的游记。

②旅游问答

马蜂窝旅游问答是旅行者获取个性化旅行信息的平台，旨在“所有人帮助所有人”；旅行者不用进行大量的搜索和整理，只用提出一个问题，就能快速得到其他用户的个性化解答，就好像有几个靠谱的朋友在给旅行者出谋划策。

这些个性化的解答来自马蜂窝数百万的资深旅行者，他们拥有丰富的自由行经验，比一般的旅行者更深入，甚至在当地长期生活……马蜂窝用独特的算法和运营手段，保证这些问题能快速地被相应用户解答。不管是行前还是行中，用户可以用互联网和手机随时随地提问题，随时随地获得信息。

马蜂窝问答是更快捷、简短、个性化的旅游攻略，也是马蜂窝一贯推崇的“分享精神”的体现。

③足迹

足迹是一款马蜂窝用户记录自己旅行经历的产品。将自己的旅行一点一滴记录在旅行地图上，点亮去过的地方，并形成地点和足迹的时间轴，绘制自己独特的旅行足迹。

④点评

马蜂窝点评是马蜂窝用户分享的自己真实的旅行经历，马蜂窝已经积累了1.78亿条真实的用户点评，覆盖全球6万个目的地，包括景点、酒店、餐厅、娱乐、购物、交通六大品类，帮助更多的旅行者更好更聪明地计划旅行。

（9）社区趣味

①打卡

打卡是马蜂窝登录用户拥有的特权，可以记录在网站的打卡天数，并且能获得金币奖励。连续打卡能获得每日增长的金币，连续的打卡天数已经成了马蜂窝资深用户们互相攀比的荣誉之一，有用户连续打卡几百甚至上千天。打卡后，用户会看到“打卡推荐”按钮，获知马蜂窝的精彩活动和趣味性的社区内容。

②照片 PK

照片 PK 是在马蜂窝长期举行的主题摄影照片投票评选活动，有固定参赛页面和官方小组，每期有不同的主题，为时 2 个月。活动宗旨：记录旅行路上的真实瞬间，旨在发觉马蜂窝用户对美的纯粹感受！

照片 PK 以一种简单易参与的形式，发动用户参与到活动中。用户可以上传符合主题的原创摄影作品，也可以在随机的两张照片中投票，最终根据每张照片的投票人数和票数，综合评选冠军、亚军、季军、摄影家奖和投票参与奖。每期参与 PK 的照片达到数千张，有十几万人参与投票。

（10）线下活动

①蜂首聚乐部

马蜂窝蜂首用户线下活动组织，也是马蜂窝比较神秘的组织，是蜂首们的旅行分享聚会。在这里可以与其他蜂首亲密交谈，结交有相同兴趣爱好的朋友。并有丰厚的蜂首专属礼物不定期回馈。

②攻略全世界网红墙

圣诞前夕，马蜂窝旅游网携手时尚地标三里屯太古里，共同发起了一场“攻略全世界网红墙”活动，让人们在这个“宇宙潮流中心”一次性打卡 12 座世界知名网红墙，刷屏朋友圈。

据了解，活动从 2017 年 12 月 8 日持续至 2018 年 1 月 1 日，在位于三里屯太古里南区的橙色大厅，马蜂窝将 12 面网红墙巧妙设计成一座色彩的城堡，参与者可以在芝加哥火烈鸟墙前放飞自我，面对东伦敦人鱼墙来个少女的沉思，和闺蜜在原宿爱心墙前凹造型，和另一半在《La La land》取景地前起舞……除了与高颜值的时尚潮人一起拍拍拍，还有神秘的“未知旅行”“入住宇宙中心”等丰富线上线下互动场景穿插在活动期间，更有小象馆、黄小厨等品牌加盟联合互动。

③旅行人格酒店

2017 年 11 月 27 日，马蜂窝未知旅行实验室发起“我的旅行人格”活动，发出宣言：不论你是哪一种人格，在马蜂窝都值得被尊重和满足；不论你是哪一种旅行人格，都能在马蜂窝上找到合适的攻略。

这是一次线上线下联动的大型营销活动。在线上，一款有趣的短视频刷屏朋友圈。短视频中，九种萌宠代表挑食患者、五星阿宅、野生摄影咖等九种不同的旅行人格，分别发出了自己的旅行人格宣言。

而在线下，马蜂窝未知旅行实验室联合亚朵集团推出了“旅行人格酒店”活动。从进入酒店的瞬间，你会通过人格测试来进入自己的专属领地，邂逅属于你的攻略和惊喜，免费体验一场别开生面的旅行安排，在冒险中遇见自己。

5. 盈利模式

（1）品牌广告

旅游机构直接马蜂窝平台上植入广告或链接。

（2）效果广告

撮合交易，用户在马蜂窝上寻找合适的旅游资源，马蜂窝为旅游机构介绍真实的客户，达到用户、商户、平台共赢的效果。

（3）大数据挖掘

利用马蜂窝用户邮寄内容进行大数据整合挖掘，得出线路产品与相关旅游服务商进行交易。

6. 运营评价

（1）优势

2006 年上线即获得 200 万驴友用户，定位准确；搜集，整理，组合信息内容，内容为王；与信息技术发展紧密相连，与移动技术，内容分析技术（CEO 技术出身）。

（2）劣势

用户原创内容（UGC）片面，零散，失误多；不同目的地和景点的游记数量、质量参差不齐；面临国外网站的冲击，在资金，技术，实力上还有一定差距。

（3）机遇

经济发展，政策支持；国外经验可以借鉴学习；技术进步，技术支持。

（4）挑战

国外巨头的冲击；国内竞争日趋激烈；新型休闲旅游方式的发展让人们有更多选择；媒体环境的变化。

第二节　按照产品组合分类

一、一站式旅游预订平台：同程旅游

互联网技术的飞速发展，彻底改变了社会与经济的发展方式以及人类的思维方式，“互联网+”行动计划应运而生。为进一步促进产业经济提质、增效、升级，许多企业纷纷结合互联网产业的创新成果进行融合创新，打造新的增长点。在线旅游正是旅游业在此背景下诞生的新兴服务业态。在线旅游是指以网络平台为主体，由旅游产品和服务的中间商或代理商向顾客提供旅游服务的行为。而同程旅游则是在线旅游企业之一，本文主要就以下几点简析同程旅游。

1. 发展历史

同程旅游创始人吴志祥，从苏州大学旅游专业毕业后，2002 年，在苏州大学教工宿舍的一间 10 平方米的地方开始自主创业，初期由于没有收入来源的支持，在很长一段时间里只能以替旅行社做内部网站赚钱维持。

2004 年，正式注册了公司，并且建立了一个供旅行社、酒店、交通、票务等旅游企业交流和交易的网站。同程的第一桶金是向企业用户销售诚信档案，以网上名片作为它的第一个收费产品。

2006 年，同程网参加了 CCTV“赢在中国”的创业大赛，并以吴志祥为代表。同年，同程的名片业务已达到了两三千收费用户，在当时已经是国内最好的业务成绩了。

2008 年，苏州凯风创投以 1500 万元投资同程，并正式上线了同程旅行网，开始向个人用户提供酒店预订服务。2009 年，同程以百度搜索引擎推广服务，给同程带来了立竿见影的效果。同时也把凯风创投的 1500 万资金全部投给百度，购买流量。

2010 年春节期间，同程上线了景点门票并作为其第三块业务，而且马上就有了订单，景点门票成了同程的底牌。那时候，除了驴妈妈，还没有像样的参与者。同程开始全部进入景区这个行业，并改为预订模式。网上拿订单的能力很强，线下派部队。同程网在 2010 年年底，再次融资到 2000 万元，专注于门票业务。2011 年，同程的门票营收就达到了约 100 万元，占公司总营收的 10%。2012 年，门票营收就飙升至 500 万元，占公司总营收贡献 25%；2013 年，门票使同程总营收占比提升至 30%，该业务给同程在未来进入休闲旅游市场占有一席之地。

2014 年，以腾讯、携程等机构先后投资同程旅游逾 20 亿元人民币。在 2015 年 7 月，以万达、腾讯、中信资本等机构再次以 60 亿元人民币战略投资同程旅游，并于 2014 年 3 月 21 日上午，“同程网新十年战略暨同程旅游新域名发布会”同时还宣布正式启用 LY.com 域名，公司正式更名为同程网络科技股份有限公司（简称同程旅游）现有员工 12 000 余人，注册资本 20 269 万元，目前是中国领先的休闲旅游在线服务商。

2015 年，同程旅游作为中国在线旅游行业三大企业集团之一。同时作为国家高新技术企业和商务部首批电子商务示范企业，连续四年入选“中国旅游集团 20 强”，同程旅游以景点门票预订市场和邮轮领域优势为基础，以“休闲旅游第一名”为战略目标，积极布局国内游、境外游、周边游等休闲旅游业务板块。

2016 年，同程旅游重点以手机客户端和同程旅游网（www.LY.com）作为同程旅游旗下联合运营体系，让更多人享受旅游的乐趣是同程旅游的使命。

2. 产品特色

同程旅游移动客户端的旅游产品分为两大类：一类主要提供景点门票、酒店、出境跟团、出境自由行、邮轮、机票、火车票、汽车票等产品的选择预订，另一类提供全方位旅游服务，包括用车服务、团购、攻略等。它提供在线国内打车和30余个城市、国内近 50 个核心城市的机场接送机服务，同时支持 110 000 余家酒店和客栈在线预订，其中包括国内所有航线、国内铁路线路及国际大部分主流航线，打造休闲旅游全产业链的服务生态。旺季和淡季，考虑到人流和交通的问题，旅行社、景点、吃住行等各个环节都有配套服务。

同程旅游在产品的核心部分与竞争者同质化的情况下塑造不同的产品体验以获取差别优势。以其移动客户端应用不仅能够预订旅游产品，还能订火车票、飞机票、酒店、玩乐、电影票等标准化产品，使同程旅游从经营产品到经营用户成为一体，让用户使用的频度会多一点，而频度决定了使用场景比别人丰富；再采用频度 + 满意度的打法，给用户不一样的应用端产品体验。同时，同程旅游将服务细分化、元素化，服务项目以“一元景点”“10 元度周末”这一系列极具价格诱惑力的元素集中。同时以用户使用的客观场合和主观场景，推出“二人世界”“单身贵族”以及“为人父母”三个感情状态选择，提供了诸如文艺、美食、自然风光等兴趣标签，极大地细化了提供的旅游项目，方便用户进行更具个性化的旅游产品私人定制。

3. 用户特征

同程 90% 的客户都是互联网用户，其中年轻的旅游爱好者占一半以上。作为在线旅游企业，旅游爱好者及商务旅行者是其重要的客户。客户年轻化是“同程”的重要特征。一部分原因是“同程”以发展休闲旅游为重点，且互联网用户大多为年轻人。近期网站相继推出的亲子游、出境游等，也是为年轻旅游爱好者设计的旅游产品。旅游企业也是同程的重要客户群体。同程于 2008 年跻身旅游软件行业，成功应用 Sass 平台为旅游企业提供互联网服务，目前已拥有注册企业会员十余万家。

4. 获客渠道

一直以来同程都在为客户提供特惠机票、特价门票，为客户提供价格低廉的旅游服务是其吸引顾客的主要手段。秉承价高赔付的理念，同程吸引了上千万注册用户，并努力为用户提供舒适便捷的旅游产品；它还不断推出新的旅游产品，以满足用户的个性化需求，从咨询、预约到旅游服务，为用户提供了全面周到的服务。

5. 盈利途径

同程的收入来源主要分为三部分：一是基于 B2C 的盈利方式，即通过为游客提供包括酒店、机票、门票、租车等一系列旅游产品而收取的订单服务费用；二是基于 B2B 的盈利方式，向 16 万家注册的企业会员以及 1 万多家 VIP 会员收取的会员费用；三是软件服务费用，作为国内最早做在线管理软件 Sass 平台的企业，软件服务费是其在创业初期最主要的收入来源。

6. 多元化战略

多元化战略是由著名的产品——市场战略大师安索夫提出的。而旅游企业多元化战略指的是旅游企业同时经营两种或两种以上基本经济用途不同的产品或服务的发展战略。

（1）同心多元化战略

同心多元化战略是指利用现有产品线的设备、技术等生产条件，生产与现有产品结构相似而用途不同的新产品，以吸引新的游客，满足新的需求。同程旅游创立之初是主打景区门票预订与旅游线路规划的，从而到涉足交通、住宿的安排，在积累一定的游客群体后开始逐步多元化扩张，在交通方面，开发了机票、火车票、汽车票的在线售卖，通过渠道整合、价格竞争等吸引潜在游客；在金融方面，开发“同同宝”“同程旅游卡”“程程白条”等来打造旅游理财与消费的新领域；其他还有代办签证业务等。2014 年中旬还提出“Allin 无线”战略，使得 App 排名一跃到行业前三，成功推动其完成战略转型。

（2）横向多元化战略

横向多元化战略是指旅游企业利用现有市场，根据现有游客的其他需要，采用新技术、新设备，开发生产与现有产品在技术上关系不大的新产品，以扩大业务经营范围，寻找新的增长点。同程旅游在过去景点游的基础上，多元细分周边游、国内游与出境游市场，又根据游客个性化需求，开发定制旅游。从2012年开始还横向开发邮轮游，创新提出“邮轮+”概念，一次旅游，带来多样体验，拥有良好口碑。2016年9月更是成立百旅会，从经营产品到经营用户转变，关注中老年品质旅游和幸福生活社群，以创新、多样化的服务需求，满足中老年用户在旅游休闲、社交等方面的需求。

7. 营销渠道策略

整合上下游产业链，加强渠道控制。信息的及时性和有效性是影响在线旅游企业发展的非常重要因素。对于同程旅游来说，线上渠道主要是网络平台入口，线下渠道就是对旅游资源整合配置。

（1）网络平台入口策略

对于同程旅游来说，除了自身的网络平台外，第三方平台的引流也是一个非常重要的资源。因为通过向一些平台“借力”，获得它们宝贵的流量，可以增强推广效果。对于同程旅游来说目前可以利用的第三方平台的流量入口有搜索引擎和微信入口等。

①搜索引擎

通过与百度及360等的战略性合作并利用SEO/SEM手段的投入推广，结合同程旅游的自身平台产品信息进行整合。

②微信入口

同程旅游作为连续两次获得腾讯投资的OTA，由同程旅游独家运营微信机票。腾讯作为同程旅游主要的战略投资方，其景点门票业务正式入驻手机QQ“吃喝玩乐”平台，并成为后者景点门票预订服务的独家供应商。微信方面一直致力于“连接”一切，当然也包括了时下炙手可热的在线旅游行业，基于微信平台的移动旅行预订或者旅游O2O一直是微信电商大棋局中的重要一环。在微信机票还处于测试期时，微信运营方就已经开始通过联合推广、捆绑促销等形式与同程旅游一起探索双方业务融合的其他可能。

（2）线下旅游资源整合配置策略

同程旅游借助“大数据+人”的发展战略，继续优化产业链加大产品的升级和创新，为游客的游前、游中、游后提供更加坚实的保障和服务。食、住、行、游、购、娱是旅游行业六大要素，而业务流程中最重要的当数房、餐、车、导的计划、调度，同程旅游“六合一”系统中的“资源中心”模块，囊括了旅游六要素中涉及的所有资源信息，你只要将相关基础信息资料输入系统，使用起来异常便捷。同程旅游“六合一”系统具有产品中心、销售中心、计调中心、财务中心、资源中心、客户中心、行政中心、系统中心八大功能模块，旅行社所有的业务流程操作，均可在系统中实现，同时具有的机票、酒店增值预订功能给旅行社开展单项服务提供了很大便利。同程旅游网是在致力于打造一个让所有旅行社都用得起、用得上的全方位旅行社管理解决方案。依托“六合一”系统和同程助手作为后台的同程网店和新近推出上线的网站模块，均使“六合一”客户受益匪浅。

8. 营销中存在的问题

（1）旅游商品的同质化比较集中

在今天OTA在线旅游的同质化竞争越来越激烈，已经几乎到了红海的标品竞争。旅游消费环境在整个低频中，尤其是对综合平台如果没有类似于“机+酒”市场作为支柱，难以继续保持导流和稳流的作用，旅游本就非必需消费品。

（2）核心业务景点门票盈利点过低

同程旅游于2010年，抓住景点门票预订开始了飞速发展。主做景区门票的倾销，目标用户群是追求平价的快速消费者，为要实现持续盈利及品牌溢价，相比携程这样的公司还是偏低的，这跟初期的业务形态相关，由于同程先期靠景区门票占据核心市场优势，因此在高客单产品上如出境游的发展相对较晚，在品牌形象的塑造和打造上也比较晚，因此品牌溢价不高。旅行社板块的盈利，目前旅行社板块及同程国旅板块仍处于持续投入期，还未实现盈利。

（3）缺乏专业旅游服务且用户忠诚度低

旅游的核心是客户的体验和享受，作为互联网应该是以服务为中心，通过服务提升用户忠诚度。

9. 未来的商业模式

（1）专注多元化休闲游

从产品定位的角度来说，差异化的市场定位是企业获得市场竞争优势的基础和前提。

在线旅游企业在产品定位上应当突出差异化，避免同质化，只有这样才能建立与竞争对手不同的市场竞争优势。特别是在目前我国旅游电商企业数量迅速增多、市场规模越来越大、市场竞争日渐增强的情况下，独特的产品定位能够帮助在线旅游企业获得目标客户的认可，并建立属于自己的商业模式。企业要想创新商业模式，必须建立在精准的市场定位基础上。未来，同程应当顺应旅游消费碎片化的发展趋势，专注于休闲游市场，为散客旅游提供业化服务。随着互联网技术的发展，网民覆盖范围逐渐扩大，老年人也逐渐用起了智能手机，学习使用计算机，老年人在网民群体中的比重逐渐增大。因此，网站未来可以尝试有针对性地为非年轻客户群体开发在线旅游产品，拓宽老年人休闲服务的宣传渠道，在客户端或者 App 为老年人开拓在线休闲游服务专题，推动休闲游市场的多元化发展，占领在线旅游服市场的竞争高地。专注于休闲游不仅可以在如火如荼的在线旅游市场中另辟蹊径，还可以通过集中的市场开发建立在线旅游市场中的绝对优势。

（2）建设智能化网络平台

技术创新能有效增强企业的核心竞争力。对在线旅游企业而言，技术创新是商业模式创新的基石，也是最不易被竞争对手模仿的。即便有些竞争者企图复制其技术平台，在短时间内也很难运作起来，这就是技术支持方面的独创性。独特的网站设计及后台操作程序是在线旅游企业的珍贵资源，因此，商业模式创新离不开先进技术的支撑，核心技术创新能有效推动商业模式创新。同程应加强互联网平台建设，研发和设计更加独特高效的智能化互联网平台，开发更为便捷的技术软件。

（3）提供个性化定制服务

现代市场消费逐渐走向个性化，而个性化的定制服务不仅应体现在细节处，还应体现在个性服务方面。个性化定制是未来在线旅游的主要发展方向之一，但是这种服务模式极易被其他竞争对手特别是一些旅行社开展的旅游电商业务模仿，要想建立在私人定制旅游方面的长期优势，就必须更加注重服务的细节，让客户在更省钱的前提下，感受到更加贴心的旅游服务。从客户体验的角度来说，同程的价值主张非常符合旅游的需求，因此，应当加强与消费者的互动，树立品牌形象，为消费者提供更贴心的服务，让消费者感受到其他在线旅游企业所无法提供的服务和消费体验。同时，要设立售后服务部门及时处理顾客投诉，维系好企业与每一位用户的关系，并且应当与供应商建立及时的服务反馈机制，特别是要在服务质量和服务标准上与竞争对手拉开档次。

（4）打造在线旅游生态系统

企业生态系统是以组织和个体的相互作用为基础的经济联合体，企业创新不是某个企业可以独立完成的，只有与众多伙伴协作互补，才能满足市场的多样化需求。在线旅游生态系统包含在线旅游企业、旅游资源供应商、分销商、金融机构和消费者等多个主体，每个主体都是在线旅游生态系统的重要组成部分，实现各主体间的紧密合作是在线旅游企业商业模式创新的重要目标。互联网平台企业之间的竞争已经由单一的技术、产品和服务之间的竞争转向产业链上下游生态系统之间的竞争，平台上下游企业、终端用户的多少直接反映了互联网平台的竞争力。因此，同程应该将重点放在生态系统建设上，加强与上下游企业的合作，将在线服务产品在多平台、多终端上进行设计与实现，打造在线旅游生态系统。

二、出境游综合服务企业：众信旅游

1. 公司简介

北京众信国际旅行社股份有限公司（简称“众信旅游”）是经国家旅游局、北京市工商行政管理局批准设立的具有独立法人资格的股份制企业，注册资本 5100 万元，特许经营中国公民出境、国内旅游业务。2014 年 1 月 23 日，北京众信国际旅行社股份有限公司正式在深圳证券交易所挂牌上市，众信旅游成为 A 股市场上首家民营旅行社上市公司。公司主要经营出境游批发、零售、商务会奖旅游业务，总部设在北京，并在上海、成都、沈阳、哈尔滨、西安设有五家分公司。

公司是中国旅行社协会、北京市旅游行业协会、亚太旅游协会、国际航空运输协会会员；2007 年年底通过了 ISO9001 质量管理体系认证；2010 年在国家旅游局公布的全国旅行社利税排名中，众信旅游位列第四。公司旗下的众信旅游网作为专业的旅行服务电子商务网站，为旅游者提供团队游、自由行、酒店预订、签证服务、会员服务等一站式全方位的旅游服务。2006 年众信旅游网被中国社会科学院旅游研究中心评为中国十大优秀旅行社网站。2013 年 9 月 17 日，众信旅游荣获最高“5A 级旅行社”荣誉称号。2014 年 1 月 23 日，众信旅游成为 A 股市场首家民营旅行社上市公司，股票简称众信旅游。

作为中国最大的出境游运营商之一，众信旅游坚持以产品为核心，以服务为导向，整合机票、酒店、签证、邮轮、境外交通、境外接待服务等出境游产业链各要素资源，是出境旅游产品的制造者和服务的提供者，产品涵盖欧洲、大洋洲、非洲、中东、美洲、亚洲等全球主要的目的地国家和地区。自 2005 年以来，众信旅游一直在中国出境游市场特别是长线出境游市场上占有领先地位，目前是欧洲、北欧、俄罗斯、澳新、非洲、中东、美洲、普吉岛、巴厘岛等旅游线路的全国十大批发商之一，多次荣获产品创新奖和营销创新奖等奖项。

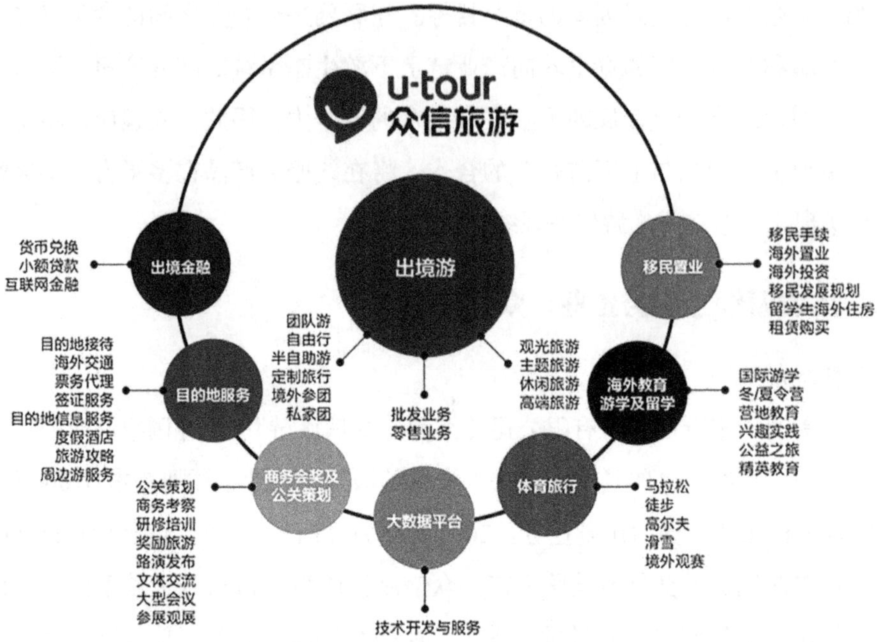

图 2–17　出境游市场细分

资料来源：http: //www.uzai.com/utour–about/

2. *发展历程*

（1）按发展方向阐述

近年来，公司坚持实施“批发零售一体、线上线下结合”的发展战略，一方面巩固扩大出境游批发业务，建立了基本覆盖全国的旅行社代理商网络，目前已拥有 2000 多家代理商；另一方面，积极拓展出境游零售业务，建立了众信旅游网站和呼叫中心，截至 2015 年年底，在北京建立了 39 家实体门店，形成了基本覆盖北京市的门店网络。同时，通过众信会员俱乐部，为会员提供差异化、贴心的服务，拥有大批忠实稳定的客户群。公司还与银行、保险公司等大客户开展了灵活多样的渠道营销合作。

公司坚持自主研发电子商务系统，以标准化服务流程为主线，以现代信息技术整合传统旅行社业务，建立了以 ERP 综合运营管理系统为核心，与众信旅游网、B2B 分销平台和呼叫中心等组成的线上电子商务平台，并初步实现了内部管理及运作的信息化，对上游资源整合、旅游产品研发、销售渠道建设和旅游团队运作等业务关键环节进行管理管控，提高了运营效率，更好地响应和满足客户个性化和多样化的需求，形成线下实体营销网络和线上电子商务相结合的业务模式。

此外，公司商务会奖业务近年来得到了快速发展，已经拥有多家世界 500 强和国内外知名企业客户及政府、机构等客户，赢得了客户的认可和信任，在业内树立了众信商务会奖（U-MICE）专业的品牌地位。

公司与各国驻华使领馆、各国旅游局、各航空公司、境外地接社、酒店均保持着良好的合作关系，在行业内享有很高的声誉，多次被中国国际航空公司、奥地利航空、海南航空、卡塔尔航空、法国航空、荷兰皇家航空、国泰航空、港龙航空等航空公司授予最佳航空旅游合作奖、最佳团队销售奖、最佳合作伙伴奖等；同时公司是为数不多的具有北京、上海、广州、沈阳、成都等多领区使领馆、特别是欧美国家使领馆送签权的旅行社之一。2007 年众信旅游独立运作了千人乘豪华邮轮游日韩的包船活动，成为国内首家独立运作境外邮轮包船的旅行社，在北京出境游市场产生了重大的反响。

（2）按时间阐述

①上市前

1995 年，“UTS 众信国旅”品牌成立。

2006 年，众信国旅首家零售门店开业正式进军出境旅游直客市场。

2007 年，众信国旅产品基本实现了覆盖全球旅游目的地的产品体系。

2008 年，众信国旅 ERP 系统第一期上线 B2B 同业分销系统上线使用。

2009 年，“UTS 众信国旅”正式更名为“Utour 众信旅游”，继上海、成都后，沈阳、哈尔滨、西安、武汉、厦门、天津、重庆、杭州、昆明、青岛分公司相继成立。

2011 年，众信旅游吉祥物环球旅行家“小游问世”。

2012 年，众信旅游发布同业子品牌“联合旅游”。

2013 年，众信旅游经北京市旅委、北京市旅行社等级评定委员会评审成为 5A 级旅行社；众信旅游成为 2014 年俄罗斯索契冬奥会中国唯一票务及接待中心。

②上市后

2014 年

1 月，众信旅游上市。

3 月，获得 2014 年韩国仁川亚运会中国票务及接待中心资格。

4 月，“旅游的未来”旅游互联网创新大赛开拓我们的视野。

9 月，与竹园国旅强强联合，增强上下游合作资源的聚拢效应，夯实出境游批发业务基础；引入外币兑换业务，开创北京市旅游行业货币兑换先河；参与复星国际要约收购 Club Med 地中海俱乐部股权事项，是公司进入境外目的地资源市场的首次尝试。

12 月，与悠哉旅游网进行全方位战略合作，发力互联网和移动互联网实现传统批发和线上零售，线下门店和线上资源的全面 O2O 资源整合。

2015年

3月，众信旅游参与复星国际要约收购 Club Med 地中海俱乐部股权事项获得成功。

4月，国家旅游局副局长吴文学、各司领导及专家一行到访众信旅游，望众信旅游能够发挥“服务深耕、规范引领、经营拓展、兼并整合”的作用。

5月，众信旅游与世界玖玖进行全面资本战略合作，对自由行产品及境外碎片化旅游资源进行整合；众信旅游全程接待的天狮集团6400余人赴法旅游团，受法国外交部长亲自接见；众信旅游首家旅行生活概念咖啡店“U Coffee 悠咖啡”开业，是旅游行业从业者自主经营的开放、专业、休闲的沟通平台。

6月，众信旅游董事长冯滨受邀参加比利时国王及王后私人商务答谢午宴。

7月，众信旅游“收购＋增资”德国开元全资控股股东北京周游天下国际旅行社有限公司51%股权，成为搭建海外目的地生活平台重要举措；众信旅游与华谊兄弟达成战略合作，共同深耕“影视旅游”跨界战略发展策略；由艾威联合、华泰证券、众信旅游编订的“中国首个出境游价格指数”（简称 OPI）发布，是首个且唯一一个定量研究中国出境旅游消费价格波动情况的指标体系。

8月，众信旅游联合专业投资基金战略投资以澳新线旅游产品批发见长的“行天下”。

9月，众信旅游与具有国内领先优势国际马拉松赛事报名权的北京来跑吧体育文化发展有限公司达成合作，成立合资公司。以马拉松旅游产品为突破口，逐步拓展体育产品范围，布局体育旅游。

3. 战略布局

在20余年的不断发展中，众信旅游集团坚持从旅游服务向旅行服务发展的战略路径，业务由出境游拓展至“旅游＋”出境服务，实现了各类业务间“用户＋渠道＋资源”的有效转化，初步构建了众信出境服务的大生态体系。集团业务涵盖出境游批发、零售和商务会奖，以及“旅游＋”的移民置业、游学及留学海外教育、出境金融等出境服务业务，从国内各主要出发地至全球各主要目的地，均能为消费者提供满意的全方位出境游和出境服务。

众信旅游集团坚持“一纵一横”发展战略，以出境游为核心，纵向完善出境游业务上、中、下游，横向拓展“旅游＋”出境服务业务，整体实施集团化运作，按业务板块搭建事业部，成立或整合分子公司，实行立体化网络管理，构建出境综合服务平台。集团目前拥有全资及控股子公司27家，分公司29家，参股公司10家。在核心出境游业务板块，拥有3000多家代理商，70多家实体门店，年服务人次超过150万人次；在

“旅游+”出境服务方面，逐步完善了移民置业平台、海外教育平台和出境金融平台，初步形成了出境综合服务平台的战略。

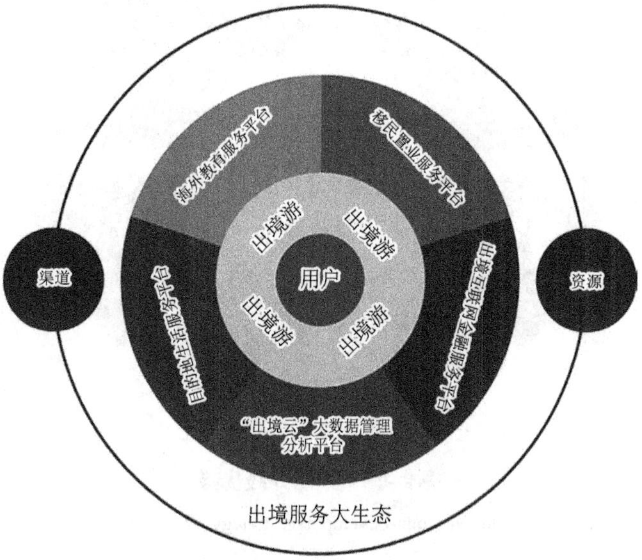

图 2-18　出境游服务生态

资料来源：http：//www.uzai.com/utour-about/

众信旅游未来三年将继续坚持实施“批发零售一体，线上线下结合”发展战略，加大投入，在全国范围内初步建立完善的实体营销网络和电子商务平台，初步形成商务会奖旅游业务的网络布局，加强品牌宣传和人力资源建设，扩大在长线出境游市场的优势，拓展短线出境游市场，进一步巩固和发展公司出境游批发业务市场份额，提升出境游零售业务市场地位，拓展商务会奖业务，基本形成出境游的批零一体化体系。

在一系列并购级业务布局基础上，众信旅游提出全新战略升级——众信旅游把握“一带一路”大战略实施的有利宏观环境，从“一带一路”中的交通（设施联通）、商旅（贸易畅通）、旅游软环境（民心相通）、签证政策（政策沟通）、货币兑换（资金融通）“五通”出发，多角度多方面延伸，拓展出境旅游、商务会奖、游学及留学教育、移民置业、医疗体检、出境及海外金融、保险等各类出境服务业务领域，加强目的地资源及客源地渠道两头布局，建设全新的“出境云”大数据管理分析平台，打造上述各类出境服务业务平台及目的地生活服务平台，不断提高公司核心竞争力，由国内领先的出境游运营商立志成为中国更具竞争力的全方位出境游综合服务平台，包括：出境游服务平台、目的地生活服务平台、海外教育服务平台、移民置业服务平台、出境互联网金融服务平台以及“出境云”大数据管理分析平台等子平台。

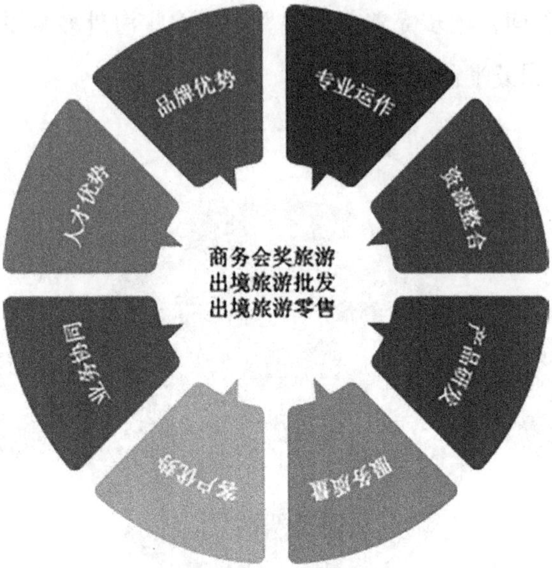

图 2-19 战略升级优势

资料来源：http：//www.uzai.com/about/utour-developmentStrategy

4. 产品特色

众信旅游在上市以后取得一系列亮眼成绩，在成功与竹园国旅重组、要约收购 Club Med、入股年假旅行，投资控股货币兑换公司、战略投资世界玖玖等一系列资本运作后，众信旅游不断加码，积极布局全产业链，目前众信旅游集团化雏形已基本形成。

图 2-20 众信旅游集团化子公司及品牌

资料来源：http：//www.uzai.com/about/utour-brand

众信旅游的产品特色不可一概而论，需要根据其子品牌具体而论，主要品牌的业务范围、细分市场和特点如表 2–3 所示。

表 2–3　众信旅游子产品市场细分

会奖旅游	奇迹旅行	众信体育	优逸文
会展及奖励旅游，关注商旅市场，众信商务会奖的客户还是集中在大中型企业和跨国企业	众信旅游的高端品牌，致力于构建高端旅行聚合平台，为追求高品质旅行生活的人群提供高端旅行服务	致力于发展体育观赛旅游产品、体育明星周边体验	主要经营公关策划、商务会奖、会展等业务

一因众信旅游分支庞大、业务复杂、子公司品牌众多，字数限制概括分析相对困难且不够深入。二因暑期实习，所以对奇迹旅行部门（最偏向定制游）及产品比较熟悉，出于上述两点原因，产品特色仅针对“奇迹旅行”进行分析。以下为针对“奇迹”产品特色的详细论述：

“奇迹旅行”是众信旅游的高端品牌，与知名旅游杂志《世界》联合打造。“奇迹”致力于构建高端旅行聚合平台，为追求高品质旅行生活的个人、家庭、企业、社会组织团体，提供高端旅行产品、目的地行程策划与执行及相应的配套服务。

奇迹旅行的主题产品共有六大系列：南极系列、美洲系列、臻品系列、体验系列、度假系列和健康系列。

旅行线路中主要涉及航空和邮轮两种交通方式，自选由部门合作的邮轮套房。行程中由自身的领队和探险家带队，是专为高端人群设计的完美探险之旅。

同趣者同聚：“奇迹”聚合了科学探险、美食、摄影、艺术、航海及企业界名家，他们在各自领域建树已成，对旅行的热爱是他们的共同特征，“传播与分享”是他们的共同爱好。这些大旅行家们将与旅行者共享经验、共铸资源、共同成长。

逐梦者逐行：奇迹旅行追求“天时”“地利”“人和”的完美旅程。助力旅行者在美丽时节与智趣相投的旅伴相聚一起，深度体验目的地的自然人文精粹，获得一生难忘的旅行体验。

5. 总体评价

作为旅游服务行业中的一员，众信旅游以“诚信、优质”为服务宗旨，坚持将客户感受和体验放在第一位，不断提高产品质量和服务水平，让旅游者真正体验到旅行的乐趣，享受公司的服务。公司目前是中国保护消费者基金会推荐的“全国市场放心消费单位”，2010 年，公司获得《法制晚报》评选的“最受读者信赖旅行社”，获得《北京娱乐信报》评选的“首届旅游行业服务评选年度服务最佳旅行社”的称号。

2009 年初，众信旅游更换了全新的企业 VI 系统，迈出了品牌化发展的重要一步。

众信旅游的VI以时尚、人文、国际化、引领潮流的视觉语言诠释着众信旅游作为“环球旅游好伙伴”这一全新品牌的内涵。与此同时，众信旅游的《游》杂志也全新改版面市，改版后的杂志为双月刊，内容更丰富新颖，制作更精良，增强了阅读性与互动性，为众信旅游与消费者之间搭建了一座崭新的沟通桥梁。

并且，悠哉网于2014年12月3日正式宣布获得众信旅游战略投资及全面线上线下O2O合作（众信旅游作为A股第一家专注出境游领域的出境旅游运营商，拥有深厚的旅游产品资源和行业运营经验）。此次战略合作，是一次强强联手，双方将各自发挥自身优势，加强出境游产品线下资源与线上渠道（包括移动端）的紧密结合，实现传统批发和线上零售，线下门店和线上资源的全面O2O资源整合。

第三节　按照经营主体分类

一、从线上开始经营的旅游企业：携程和Airbnb

（一）领导者：携程

1. 携程网简介

（1）发展概况

携程网创立于1999年，主要创始人有梁建章、季琦、沈南鹏、范敏。1999年初，携程旅行网通过吸纳海外风险投资组建成为携程计算机（上海）有限公司，成为中国最早的建立在电子商务平台之上的旅行服务公司。该年10月携程网站正式开通，此项目同年被上海市徐汇区科委定为高新科技项目予以扶持。总部设在中国上海，员工30 000余人，目前公司已在北京、广州、深圳、成都、杭州、南京、厦门、重庆、青岛、沈阳、武汉、三亚、丽江、香港、南通等17个城市均设立了分支机构，在南通设立了服务联络中心。2003年12月，携程旅行网在美国纳斯达克成功上市。2010年，携程旅行网战略投资台湾易游网和香港永安旅游，完成了两岸三地的布局。2014年，投资途风旅行网，将触角延伸及了北美洲。2014年2月，携程网已成为中国最大的旅游集团。今日的携程在在线旅行服务市场居领先地位，成为全球市值前三的在线旅行服务公司。

携程旅行网除了在自身网站上提供丰富的旅游资讯外，还委托出版了旅游丛书

《携程走中国》，并委托发行旅游月刊杂志《携程自由行》，将线上旅游的优势整合出版，获得了更大的影响力。携程网着力于自助游、自由行产品。自由行的服务内容除了包括最基本的“机票＋酒店”的传统模式，也有“机票＋酒店＋接送机＋选择性旅游内容”等不同层次、高度定制化的服务内容，主要依靠售卖酒店和机票的佣金来获得利润，维持企业正常的运转。如今，携程旅行网现已成功整合了高科技产业与传统旅游业，发展成为中国领先的综合性旅行服务公司，向超过 2.5 亿会员提供集无线应用、酒店预订、机票预订、高铁票预订、旅游度假、商旅管理及旅游资讯在内的全方位旅行服务，被誉为互联网和传统旅游无缝结合的典范。

（2）历史发展

2014 年 12 月携程成为中国最大旅游集团；

2014 年 12 月携程力推两个“放心”；

2014 年 9 月携程发布中文邮轮预订平台；

2014 年 9 月携程宣布购买精致世纪号邮轮；

2014 年 8 月 Priceline 与携程深化战略关系；

2014 年 4 月携程发布“景＋酒”套餐；

2014 年 4 月携程 2 亿美元投资同程旅游；

2014 年 1 月 HHtravel 携手奔驰进军旅游；

2013 年 10 月携程应用国庆门票订单大增 10 倍；

2013 年 9 月酒店无线订单比达 40%；

2013 年 4 月携程全球门票预订平台上线；

2012 年 8 月携程海外酒店预订新平台上线；

2012 年 7 月携程开创旅游产品“钻级标准”；

2012 年 3 月携程推出全新国际机票预订平台；

2012 年 2 月携程发布中国首个顶级旅游品牌“鸿鹄逸游”；

2011 年 12 月携程与万豪进一步加强全球伙伴合作关系；

2011 年 12 月携程发布“中国差旅市场调研报告”；

2011 年 9 月携程“惠选酒店”频道正式上线；

2011 年 8 月携程获得印尼“鹰航假期”品牌在华独家运营权；

2011 年 6 月携程组织中国游客赴夏威夷直飞首航；

2011 年 4 月携程进军中小企业商旅市场；

2011 年 2 月携程旅行网与香格里拉酒店集团签署分销合作协议；

2011 年 1 月携程南通呼叫中心升级为服务联络中心；

2010 年 12 月成立驴评网；

2010 年 10 月携程入围 2010 中国旅游集团 20 强；

2010 年 5 月携程启用新标志；

2010 年 4 月携程信息技术大楼在江苏南通正式落成；

2010 年 3 月“携程无线”手机网站正式上线；

2009 年 11 月携程会员数突破 4000 万；

2009 年 6 月携程被授予为“世博游指定旅行社”；

2009 年 2 月携程推出“自由·机＋酒”产品；

2008 年 12 月携程推出国内首个航意险保单销售网络平台；

2008 年 7 月携程南通呼叫服务中心正式启动；

2008 年 5 月商旅通智能报告发布；

2008 年 3 月携程度假体验中心登陆各大机场；

2007 年 11 月携程旅行网英文网站全新上线；

2007 年 9 月单月机票销售突破 100 万张；

2007 年 6 月携程大学成立；

2006 年 12 月携程网络技术大楼正式落成并投入使用；

2006 年 3 月度假出发地拓展至 11 个城市；

2005 年 9 月进军商旅管理市场；

2004 年 11 月注册会员数突破 1000 万人；

2004 年 10 月建成国内首个国际机票在线预订平台；

2003 年 10 月推出全新 360° 度假超市，首推休闲度假旅游概念；

2002 年 10 月机票预订网络覆盖国内 35 个城市；

2002 年 3 月当月交易额首次突破 1 亿元人民币；

1999 年 10 月酒店预订量创国内酒店分销业榜首。①

携程旅行网开通自 2010 年 3 月起，便得到了非常迅速的发展，随着手机移动端的兴起，旅游服务产业向移动端大量转移的趋势明显，而且这一趋势还将继续向前发展。

随着活跃用户量的不断增加，尤其是移动端，携程近几年已经开始大力发展其自身的移动端业务。实际上，移动端目前已经成为携程出售其产品和服务的主要平台，并且

① 资料来源：http：//sme.ctrip.com/public/aboutctrip/ac2_devProc1.html

已经成为公司最核心的业务。根据 2014 年一季度财报，携程有 70% 的交易量是通过网络和移动端实现的，而在一年前，这一数字为 55%~60%。整个一季度的移动端交易量是去年一季度的 4 倍，日交易量的峰值甚至达到了 1.5 亿人民币。在诸如租车和景点门票业务等新业务当中，移动端贡献了大约一半的预订量，而且有大约一半的评论是通过移动端提交的。而在最新的二季度财报当中，携程通过 PC 端和移动端完成的交易量比例上升到了 80%。移动端交易量同比增长了三倍，日交易量峰值达到了 2.2 亿元人民币。

移动互联网，与电脑互联网共同贡献了携程绝大部分的业务。在酒店预订方面，电脑互联网端贡献了大约 35% 的交易量，而移动端则超过了 PC 端，在一季度贡献了超过 40% 的交易量，日交易的峰值超过了 60%。在票务事务方面，PC 端贡献了 40% 的交易量，而移动端为 30%。同时，在一季度，携程的公司旅游服务也实现了 39% 的快速增长，在这一业务方面，向线上和移动端的转移再一次加速，有 40% 的公司旅游业务是通过互联网或移动端，而一年前则仅为 29%。[①]

（3）收入来源及发展优势

①收入来源

携程网的业务包括酒店预订、票务服务、打包游、商务旅行和其他五部分，其中其他包括物业管理系统销售和广告收入。

主要的利润来源包括下面几个方面：

1）酒店预订代理费，基本上是从目的地酒店的盈利折扣返还中获取的；

2）机票预订代理费，从顾客的订票费中获取的，等于顾客订票费与航空公司出票价格的差价；

3）旅游度假业务；

4）商旅管理；

5）自助游中的酒店、机票预订代理费以及保险代理费，其收入的途径也是采用了盈利折扣返还和差价两种方式；

6）在线广告。

②发展优势

携程网的核心发展优势可归结为：规模经营、技术领先、体系规范。

1）规模经营

服务规模化和资源规模化是携程旅行网的核心优势之一。携程拥有世界上最大的

① 资料来源：http：//www.dotour.cn/article/8677.html

旅游业服务联络中心，拥有 1.2 万个座席，呼叫中心员工超过 10 000 名。携程在全球 200 个国家和地区与近 80 万家酒店建立了长期稳定的合作关系，其机票预订网络已覆盖国际国内绝大多数航线。规模化的运营不仅可以为会员提供更多优质的旅行选择，还保障了服务的标准化，确保服务质量，并降低运营成本。

2）技术领先

携程一直将技术创新视为企业的活力源泉，在提升研发能力方面不遗余力。携程建立了一整套现代化服务系统，包括：海外酒店预订新平台、国际机票预订平台、客户管理系统、房量管理系统、呼叫排队系统、订单处理系统、E–Booking 机票预订系统、服务质量监控系统等。2013 年携程发布“大拇指 + 水泥”策略，构建指尖上的旅行社，提供移动人群无缝的旅行服务体验。依靠这些先进的服务和管理系统，携程为会员提供更加便捷和高效的服务。

3）体系规范

先进的管理和控制体系是携程的又一核心优势。携程将服务过程分割成多个环节，以细化的指标控制不同环节，并建立起一套精益服务体系。同时，携程还将制造业的质量管理方法——六西格玛体系成功运用于旅行业。目前，携程各项服务指标均已接近国际领先水平，服务质量和客户满意度也随之大幅提升。

2. 商业模式与特色

（1）商业模式

携程能够为消费者提供包括酒店机票预订、景点门票购买、线上旅游论坛以及餐厅预订等的一系列的旅游服务。凭借其种类广泛的旅游服务范围，携程可以为消费者提供综合性的度假套餐。

目前，携程大约占据着中国线上旅游服务行业 50% 的市场，但是，携程的最大竞争对手来自于线下，那些线下的传统旅游商占据着大量的市场份额。但在不久的将来，线上旅游服务商将会掌握主动，因为相比于线下的竞争对手，携程在价格和产品种类上优势明显。

（2）目标客户

携程旅行网的目标客户分为两类。

①最为主要的一类是需要搭乘飞机、预订酒店或度假休闲的零散客户，他们可以通过检索网站上提供的信息，选择所需的服务，方便快捷地完成飞机、酒店的预订和各种各样的度假产品。

②另外一部分主要是有长期需要商旅服务的大型企业与集团公司。携程旅行网可

以为企业提供定制性的服务产品。

携程旅行网的主营业务是“机票＋酒店”，因此其主要供应商是各大酒店及航空公司，网站只是将相关信息汇总、传递给浏览网站的客户。携程旅行网在整个交易过程中赚取佣金，携程拥有国内先进的呼叫中心，巨大的客户群体，可以得知，很多酒店、航空公司也都愿意将一部分市场营销外包给携程代理，借此来得到客流量的保证，实现共赢。

（3）区别特色

与大部分中国的旅游网站不同的是，携程为其消费者提供多种语言的服务，尤其是英语和西班牙语，这能够使携程有机会吸引到更多的国际消费者，并且能够让外国投资者更加方便地了解公司的运营。实际上，除了英语，携程还提供日语、韩语、德语、法语、西班牙语以及越南语服务。

图 2-21 携程多语言服务

资料来源：http：//www.ctrip.com/

与此同时，携程的旗下还有一家网上旅游社区网站，目前该网站已经成为了中国最好的旅游评论网站之一。在这家网站上，用户可以提交评论、旅行游记以及 Q&A，同时会员还可以享受个性化的服务，这无疑为还没有体验过携程网旅游产品的顾客提供了参考的可能，吸引了更多的潜在客源。

HHtravel（鸿鹄逸游）是携程旅游网旗下高端旅游品牌，建立于 2012 年 2 月，致力于高端定制游，为游客提供了更多选择空间。除了常规出境定制游可供选择，还有包括环游世界、极地游等极具特色的体验亮点。

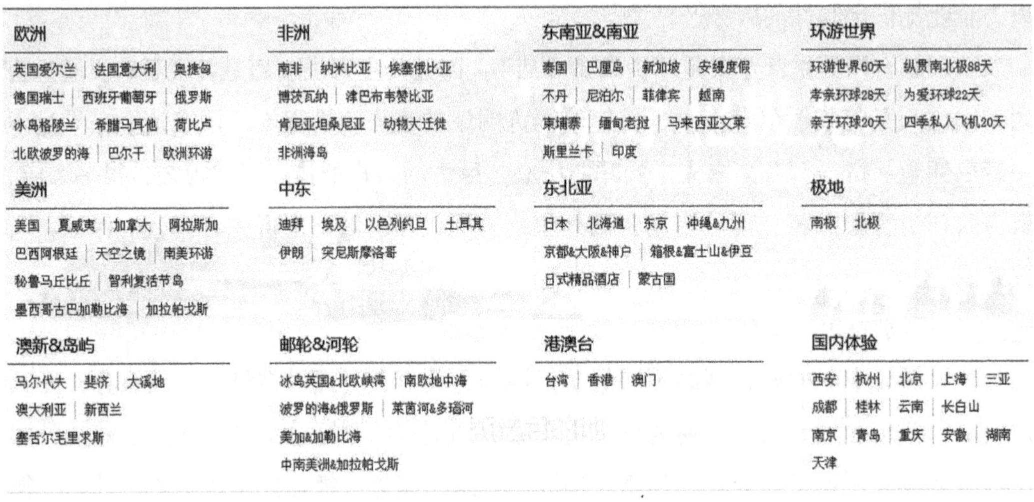

图 2–22　鸿鹄逸游目的地页面

资料来源：http：//www.hhtravel.com/

同时 HHtravel 与多个高端酒店品牌已达成深层次合作，包括：四季酒店、安缦、半岛、文华东方等多个品牌，为高端游客提供不一样的全新选择。

鸿鹄逸游无疑丰富了携程旅行网的产品覆盖度，低、中、高端均有涉猎，拥有了极大的布局。

3. 产品介绍

携程网的产品可以概括为以下六点：酒店预订、机票预订、高铁票预订、旅游度假、商旅管理及旅游资讯。

（1）酒店预订

携程旅行网拥有中国领先的酒店预订服务中心，有足够的能力为会员提供预订服务。其中酒店预订是携程运营和发展的基础。目前，网站的合作酒店超过 121 万家，遍布全球 200 多个国家和地区。而且基于庞大的用户量，携程还拥有超过 122 000 000 条真实评论，为用户提供可靠的参考。同时，不仅为会员提供优惠房价预订，并且在酒店拥有大量保留房，为会员出行提供更多保障。

（2）机票预订

携程旅行网拥有近 200 万条全球航线选择、全国联网的机票预订、配送和各大机场的现场服务系统，为会员提供国际和国内机票的查询预订服务。机票直客预订量和电子机票预订量均在同行中名列前茅，业务量连续两年保持 3 位数的增长率，成为中国领先的机票预订服务中心。

（3）高铁代购服务

携程旅行网于 2011 年 7 月 5 日推出高铁频道，为消费者提供高铁和动车的预订服务。

（4）旅游度假

携程旅行网倡导自由享受与深度体验的度假休闲方式，为会员提供自由行、团队游、半自助、巴士游、自驾游、邮轮、自由行 PASS、签证、用车等全系列度假产品服务。目前，携程旅行网已开拓 30 多个出发城市，拥有千余条度假线路，覆盖海内外 200 余个度假地，年出行人次超过百万，是中国领先的在线旅行社。

（5）商旅管理

商旅管理业务面向国内外各大企业与集团公司，以提升企业整体商旅管理水平与资源整合能力为服务宗旨。依托遍及全国范围的行业资源网络，以及与酒店、航空公司、旅行社等各大供应商建立的长期良好稳定的合作关系，携程充分利用电话呼叫中心、互联网等先进技术，通过与酒店、民航互补式合作，为公司客户全力提供商旅资源的选择、整合与优化服务。目前已与可口可乐、宝钢及海尔等多家国内外知名企业达成合作。

（6）旅游资讯

旅游资讯是为会员提供的附加服务。由线上交互式网站信息与线下旅行丛书、杂志形成立体式资讯组合。目前，携程还推出旅游书刊《携程走中国》《携程自由行》《私游天下》《中国顶级度假村指南》等。通过大量的旅游资讯、精美的文字信息、多角度的感官体验，为客户提供周到体贴的出行服务，打造独具个性的旅游方案。

4. 评价

携程旅行网是目前中国领先的电子旅游商务网站，通过互联网和全国免费客服电话提供快捷、优惠的订房、订票等旅行综合服务。建立伙伴与多赢的服务体系一直是携程的文化理念，现有的代理商与携程之间已实现了团队间的无缝合作关系。

虽然携程旅游网已经成为中国最大的旅游电子商务网站，可以说非常的成功了。但是在未来的发展过程中，携程旅游网仍然要面临许多的问题和困难。

目前携程旅游网投资的项目中，主要是 B2C 的经营模式。B2C 的电子商务系统使旅游者能够足不出户的获取信息和服务，虽然节约了人力资本，但是这种经营模式的各个项目在未来不得不面临激烈的竞争。比如说客户资源，当客户资源有限时，网络企业之间的竞争就会越来越激烈。携程网还需要进行突破创新，稳固自身地位。

（二）新型酒店：Airbnb

Airbnb 是 Air Bedand Breakfast（“Air-b-n-b”）的缩写，其中文名称为爱彼迎。爱彼迎是一家联系旅游人士和家有空房出租的房主的服务型网站，它可以为用户提供多样的住宿信息。Airbnb 成立于 2008 年 8 月，总部设在美国加州旧金山市。Airbnb 是一个旅行房屋租赁社区，用户可通过网络或手机应用程序发布、搜索度假房屋租赁信息并完成在线预订程序。据官网显示以及媒体报道，其社区平台在 191 个国家、65 000 个城市为旅行者们提供数以百万计的独特入住选择，不管是公寓、别墅、城堡还是树屋。Airbnb 被时代周刊称为“住房中的 EBay”。其官网为 https：//zh.airbnb.com/。创始人兼 CEO 为布莱恩・切斯基，另外创始人还有内森・布莱卡斯亚克和乔・杰比亚。

1. Airbnb 的国内外发展历史

（1）国外发展历史

2008 年 Airbnb 的两位创始人 Brian Chesky 和 Joe Gebbia 在旧金山因为 IDSA（美国工业设计师协会）会议期间为参会者提供短期住宿而萌生了创业想法，同年 8 月 Airbnb 正式上线。2009 年为了能给刚刚成立不久的 Airbnb 带来租住房源，Airbnb 团队开始关注房产中介这类用户。由于不同的需求，研发团队花费六个月时间为他们开发了工具。但 Chesky 的体验让他们意识到房产中介的房子很像酒店，违背了 Airbnb 从创立之初就加入社交元素，要能让顾客感受到，不在家中胜似家中，要能够切实发挥出“从有血有肉的人那里租房”的理念。由于前期的盲目和急躁，让 Airbnb 在 2009 年增长相对缓慢。2010 年 Airbnb 完成了 7 倍速度的增长，被 Board of innovation 评定为美国 2010 年十大网站商业模式之一。2010 年 Airbnb 完成 160 万晚的租赁。尤其在纽约来说，每天通过 Airbnb 租赁的房数已经超越了曼哈顿最大的宾馆入住数。2011 年，Airbnb 服务难以置信地增长了 800%。然而就在这一年，偶然的事件也为这种惊人的增长速度带来了危机。2011 年 7 月一个恶质的租户把房东的家洗劫一空，房东向 Airbnb 抗议，但 Airbnb 却没有在第一时间正面响应，反而给了一些官僚的答复。于是房东开始向媒体、部落客求救，结果当场闹成了一个公关事件。8 月 1 日晚，Airbnb 终于跳出来“无条件道歉”并且提供所有屋主“50000 美元损害保险”，这事件才可以说告了一段落。自从发生这起案件后，Airbnb 便牵手伦敦的劳埃德保险公司引入“房主保证”计划，保证房主获得最高达 100 万美元的屋内主要财产险。进一步完善了 Airbnb 的服务。2012 年初时 Airbnb 上陈列的只有 12 万间房，在一年时间里，这个数量涨至 30 万。并且这一年它们在巴黎、伦敦、新加坡等地新开了 11 个办公室。之前 Airbnb 分享数据时常用间夜数做指标，去年 7 月时全球总订单刚超过 1000 万间夜数。而这回它分享了用户数，显示已有 400 万顾客在 Airbnb 上订过房，单在 2012 这一年就增加了 300 万。2013 年，Airbnb 在这一年的战略是放慢扩张、重组资源，为前几年的急速扩张做一个调整，同时也在全球进行招聘来稳定市场。

（2）进入中国

2015 年 8 月，Airbnb 正式宣布进入中国市场，其合作伙伴包括红杉中国和宽带资本。Airbnb 目前的用户中每年有 8000 人在中国使用 Airbnb 提供的住宿产品。Airbnb 在其中通过 90% 的资金帮助用户在中国租房，并为他们提供了相应的贷款。Airbnb 在中国市场的业务发展速度非常快，与去年相比增长率达到 700%。2016 年 9 月公布了新一轮 5.5 亿美元融资后，Airbnb 才真正在本土化问题上发力。Airbnb 与国内多座城市签署了战略合作协议，又和中国旅游研究院签署战略合作备忘录，为方便中国用户使用还相继接入支付宝与微信。

2016 年 11 月初，Airbnb 在北京成立 Airbnb 中国办公室；2017 年 3 月，Airbnb CEO Brian Chesky 又亲临上海，宣布 Airbnb 在中国大陆地区更名为“爱彼迎”，意寓为“爱让彼此相迎”，向中国消费者示好。此时，Airbnb 对外公布的房源数还在 8 万左右，而到了今年年底，其中国地区活跃房源数已经增长到了 15 万。2017 年第三季度，Airbnb 共接待了超过 100 万位房客入住爱彼迎中国的房源，这个数字与 3 年前相比增长了 100 倍。2017 年中国市场的快速增长让 Airbnb 坚定了本土化的决心。

Airbnb 爱彼迎计划于 2018 年在上海、四川省和广东省三个区域开设新办公室。

2. Airbnb 的企业特色

Airbnb 公司传递着“People（人）+ Place（地点）+ Love（爱）= Airbnb”的品牌核心理念，而从公司的各处设计来看，健康活力处处制造出与人亲近、放松和关爱的氛围，周遭的环境丝毫没有陌生感，仿佛自在如家里一样。

Airbnb 提倡有创造力，亲和的企业文化，鼓励员工积极参与公司事务，与企业共同进步。Airbnb 的办公室装修精致，办公桌不算宽敞，与普通的共享办公空间差不多。不过每个团队都会挑选一个动物来代表自己；由于提倡自由平等，它并不像其他公司需要刷卡进办公室，即便是访客，进办公区域也不需要注册，只要有在 Airbnb 工作的朋友陪同就可以；最有趣的地方是，Airbnb 的每个会议室都会用 Airbnb 在全球落地的城市命名，比如巴黎、伦敦等，而每个会议室的装修则会挑选一个当地的 Airbnb 的房源，还原一个真实的 Airbnb 的房屋的样子。也就是说，如果你坐在叫“伦敦”的会议室里，你就像是坐在 Airbnb 伦敦的某个房间里。

Airbnb 提倡“每个人都是一个房东的概念”——有不少 Airbnb 的员工本身就在 Airbnb 上出租自己的房子，也是旅游爱好者。是否热爱旅游、关心旅行中的体验是这个公司衡量面试者是否对工作有兴趣的参考因素。

3. Airbnb 的经营特色

（1）产品特色

在可租用的房屋产品上，Airbnb 可算是别具一格，他能满足大多数游客在租房领域的要求，也能创造特殊的、旅客无法享受到的体验。例如租下整个村庄，甚至是一个国家。你可以以 65 000 美元一晚租下奥地利的某个村庄；可以 50 000 美元一晚租下德国某个产酒的村庄，还可以租下整个国家。通过 Airbnb 与当地公司的合作，你能享受到独特的，仿佛就是为你一个人准备的一个国度。Airbnb 不仅仅是一个可以让旅客找到最好体验的平台，也可以成为一个能让旅客体验到特殊服务的平台。

①针对其房源特色

1）与酒店相比，出游选择温馨个性化的住宅，更自由且性价比更高，并且可以选择自己烹饪菜肴，这是 Airbnb 很独特的地方。

2）就像进入了一个微缩版的世界之家。这里有着诸多以全球著名城市命名的主题房间，包括巴黎、伦敦、哥本哈根等，其内部布置细节也体现出世界各地的不同特色。从本质上说，短租服务巨头 Airbnb 就是一个连接全球的巨大网络。

3）业务覆盖了全球 4 万多个城市，有 160 万间房源储备。“如果中国用户要出境游，他们就可以通过我们的网络得到满意的服务。举例来说，法国是中国游客最热门的目的地，而我们单在巴黎就有 6 万个房源。没有其他任何竞争对手拥有这么全球化和规模数量的服务网络”。

②在安全保障方面，也有其特色服务

1）对房东的房屋保障计划：对房源规定的物件提供高达一百万美元的保险，使您免遭由 Airbnb 房客的偷窃或破坏行为造成的任何损失或损害。

2）对租客的权益保障条款：为了保护租客的权益，Airbnb 列出了房东应该满足的义务。例如 Airbnb 平台上的房源应满足安全、可用、清洁方面的最低质量标准，且应与房东提供的描述一致等一系列条款。这是在安全上为房东和租客提供的完善的服务。

③对用户服务

1）提供多种认证服务。

2）开放了社交关系链，允许用户接入他们的社交账号，如 facebook，Airbnb 还会展现其他社交关系，如校友关系等。Airbnb 利用社交筛选系统，优先给房客提供有某种社交联系的房东，使得原本陌生人的房东和房客变得互相熟悉了。

3）成立 7×24 小时全天候客户服务热线，设立授信安全部门，并且为户主提供 5 万美元的财产损失保证金。Airbnb 的客服中心和授信安全部门规模达到了 600 人，每次预订的损失保证金也提高到了 100 万美元。

④平台服务

1）C2C 的信息撮合平台模式。

2）搭建一个线上评价体系，形成一个能连接实名信息的内部信用体系，并且能够形成良好的数据闭环。

3）生产优质的内容，让平台两端的用户都能够自发地参与到这件事情中来，并且优化内容呈现。

4）基于平台培育社交关系，通过论坛、社区等形式加强平台双方的黏性，尤其是供给端的黏性。例如，Airbnb 就有一个向房东开放的论坛，让大家交流自己的经验和体验。

5）用户口碑：Airbnb 的用户喜欢上他们的服务，就会告诉自己的好友，自己也更容易变成户主出租自己的空闲房间，信任的鸿沟很自然地就越过了。

（2）用户特征

在国际市场，其用户多为：年轻穷游一族。

在国内市场，其用户多为：出境游客户，留学人士，部分有一定经济能力愿意尝试个性化服务的消费者。

（3）获客渠道

主要为线上渠道 + 网络渠道，同时还依靠用户进行口碑营销。

Airbnb 做了线上推广，举办有吸引力活动，比如说新用户有优惠额，并且在相关网站平台上植入广告。在旅游平台的游记中提到 Airbnb。线下广告和活动与传统媒体渠道的现状是类似的。

（4）盈利模式

租赁费提成：Airbnb 不仅向租客要收取 6% ~ 12% 的费用，还会收取房东 3% 的附加费用。2014 年总预订量约 40 亿美元，收入估测为 4.23 亿美元。目前 Airbnb 的估值为 255 亿美元。

（5）管理模式

简化房产管理，实行多房主管理模式。

Airbnb 在一篇名为“新进展”的博客中，宣布将测试一项名为“AdditionalHosts”的新功能。该功能将允许 Airbnb 房主对其一处房源再增加最多三个附加房主（additionalhost），这使住所管理变得更加容易。

Airbnb 在 3 月 29 日就其服务条款进行了升级，自 5 月 19 日起，所有 Airbnb 用户都必须重审并遵守新服务条款。Airbnb 在新条款中明确提出，房主不能出现任何租赁代理商的行为，不能成为第三方代理商。Airbnb 要求每位房主和附加房主都保证会严格遵照当地法律法规。

但需要提及的是，服务条款并不能阻止房主成为更多 Airbnb 房产的房主。Airbnb 上目前有很多注册为多家房产房主的用户，只不过他们现在不能指定同样的人来做房产的附加房主。Airbnb 当务之急是扭转大众对他们房主有多处房产、越来越商业化的指责。

4. 与国内同类 App 进行对比

表 2-4 Airbnb 与国内同类 App 对比

分类	创始人	成立时间	品牌	房源特色	房客	融资
Airbnb	Brian	2008	家在四方 欢迎回家	全球房源	全球化房客	D 轮 4.75 亿美元
蚂蚁短租	杨浩涌	2012	全家出游新选择	中国整租房源	中国集体出游群体，家庭为主	A 轮融资
木鸟短租	黄越	2012	一间房，一种生活	中国普遍民宿+特色民宿	多样化出游群体	A 轮 6000 万元
途家网	罗军	2011	途家在手 说走就走	标准化、旅游度假房产	度假游群体	D 轮 2.5 亿美元
游天下	张亨德	2011	房东多赚钱，房客更省钱	家庭旅馆、青年旅舍	多样化出游群体	已上市

（1）Airbnb & 途家

途家之前是做产权式公寓的，直接和开发商合作，然后他们提供软件支持（管理和运营）；Airbnb 只是平台商，他们只做租客和住客之间的对接，不对房源质量负责，只对预订流程负责。

相比较而言，途家更具备整合资源、聚拢优势的能力。途家并购了蚂蚁短租，打入民宿房源市场；并购携程与去哪儿的公寓民宿业务，获得头部流量资源。通过途家、蚂蚁短租、携程、艺龙、去哪儿、58 赶集、微信酒店和芝麻信用这八个平台入口，途家可以为消费者提供更丰富的房源，实现“8 合 1”。

业务模式上，途家主要采用分享 + 自营 + 加盟三种模式，在未来途家整体业务规模上，罗军表示，主要分为三层，最上面一层是平台层，以交易、交换为核心，类似于途家网、携程网、Airbnb。第二层是资产管理层，包括系统、SOP 等方面，第三层是实际的作业者。而与连锁酒店最大的区别，主要在于途家既给你房源，同时也提供流量配置与管理经验。

（2）总结及对未来发展的建议

短租业务困境：①信任缺失；②线下教育缺失；③中国廉价快捷酒店太发达；④房价上涨红利。

愿景：①上线目的地周边游推荐，切入更广泛意义上的“旅游发现”；②帮助用户解决旅游目的地选择和旅行计划问题。

短租市场在全球依托 Airbnb 完善的服务，基于几年积累起来的庞大的客户群体，企业一直遵守做到亲身体验的制度。都是为以后在渐渐扩大的短租市场平台打下了基础。然而 Airbnb 却要注意的是对政策法律方面的解读，因为 Airbnb 是一个全球性的服务平台，涉及的产品也处在世界各国法律的边缘，不同的国家对此项举措可能拥有不同的制度。就拿现在的美国来说，2013 年 5 月也被曝出 Airbnb 提供的短租服务违反了纽约市的私人房产出租法规违法的事情。所以 Airbnb 在以后的发展过程中不仅要做好体验、安全、服务、专注等一系列方面，也要加强政策法律方面的研究。只有在不违法的情况下，用一些附加的价值来提升产品的价值，满足人们的需求，才能得到长久的发展。品途咨询认为 Airbnb 如果能处理好法律和政策的难题，就能继续引领全球短租市场。

二、从实体开始经营的企业网站：铂涛和中青旅遨游

（一）经济型酒店的崛起：铂涛集团

1. 企业简介

铂涛集团是中国酒店业最具影响力的集团之一，以消费者独特住宿体验和价值诉求创建和运营品牌，致力于为消费者创造美好生活体验。

目前，铂涛集团旗下拥有 11 个各具鲜明主张的酒店品牌和 3 个跨界品牌，会员人数超 8000 万，门店总数近 3000 家，覆盖全国 300 个城市，并积极扩张至东南亚、欧洲等海外市场。已成为中国酒店业品牌格调最丰富、会员人数最多、门店规模最大、覆盖区域最广的集团之一。

除了创建和运营自有品牌，铂涛集团还与希尔顿全球达成战略合作，全面负责其规模最大的“欢朋”品牌在中国的市场运营。

铂涛集团在业内拥有两大战略优势：

- 拥有中国酒店业最大的会员平台，会员注册人数突破8000万；
- 业内首创酒店体验为主的品牌创建平台，打造品牌“加速器”，以多年积累的资源优势，吸引富有消费者洞察力的创业团队和职业经理人加入，跨界创新多元化品牌。

2. 企业目标

聚焦体验消费领域创新，创建具有价值共鸣的多元化品牌，为消费者创造美好的生活体验。

3. 发展历程

2005年，7天连锁酒店正式创立。

2007年，门店突破100家，开通无线及短信预订。

2009年11月20日，7天连锁酒店在美国纽约证券交易所上市。

2011年，7天门店突破1000家，会员达到3000万。

2013年7月17日，铂涛集团正式成立，同时完成对国内著名连锁酒店品牌——7天连锁酒店的私有化收购；并一举发布推出多个体验型品牌：铂涛菲诺酒店（Portofino Hotels & Resorts）、麗枫酒店（Lavande Hotels）、喆·啡酒店（James Joyce Coffetel）、ZMAX潮漫酒店（ZMAXHOTELS）。

2014年4月16日，7天推出品牌核心价值主张“年轻的选择”，并推出7天优品（7Days Premium）和7天阳光（7Days Sunshine）两大创新型酒店产品；

7月22日，发布中国首个女性视角连锁酒店品牌：希岸酒店（Xana Hotelle）；

8月8日，推出首支酒店业互联网金融产品“铂乐享”；

10月15日，铂涛集团举办战略发布会，同时推出多个体验型品牌：Maison Albar（安珀）、MORACOFFEE、漫珠沙华艺术平台（Manjusaka Art Platform）、叹客计划（TanGo）；

10月30日，铂涛集团与希尔顿全球共同举行希尔顿欢朋酒店（Hampton by Hilton）品牌发布会，正式宣布希尔顿欢朋酒店在中国落地，铂涛集团将全面负责欢朋酒店在中国的市场运营。

2015年2月10日，推出国内首个互联网概念酒店IU酒店；3月14日，在国内首创轻标准连锁酒店派酒店；4月9日，发布主打“新奢华主义”体验的H12酒店；5月12日，与中国青少年发展基金会合作推出体验式公益；5月22日，与携程旅行网共同战略投资中国领先的移动酒店预订公司艺龙旅行网；5月29日，举办国内首个体验消费领域的极客大赛，并发布旗下专注体验消费领域的垂直孵化器；9月18日，铂涛集团接受锦江国际旗下上市公司锦江股份的战略投资，这标志着国内酒店业积淀最深的锦江国际与最具创新活力的铂涛集团强强组合，成为首家跻身全球前五的中国酒店集团，并共同致力于打造全球领先的、具有国际竞争力和品牌影响力的跨国集团；9月底，依托铂涛集团“开放性”酒店品牌孵化平台，推出“城品”“品乐”“瑞辰”三大酒店品牌。

4. 发展战略

（1）“海洋创想”战略

基于对未来体验消费市场的判断，铂涛集团提出以“海洋创想”为名的战略。以“蓝海”寓意广阔的体验消费市场；以“风”寓意消费者的价值需求；以“船”比喻铂涛集团的各个体验型品牌；以“海洋创想”战略寓意铂涛集团的愿景。

战略优势：打造两大战略平台价值闭环。铂涛集团创造性地打造两大战略平台：会员平台与品牌创建平台，实现人与资源的价值转化。挖掘会员平台上细分人群的共性需求，通过品牌创建平台进行资源共享，吸引富有消费者洞察力的创业团队和职业经理人加入，从而创建多个有价值共鸣的品牌，实现两大平台的价值闭环，最终形成铂涛集团独一无二的体验生活圈。

铂涛品牌创建平台。中国首个“以出行和休闲生活体验为主的品牌梦工厂”，致力于打造品牌“加速器”。创业团队和职业经理人以独立的公司负责品牌构想、客户体验、运营，并拥有充分的创造自由；“品牌加速器”提供资金、开发资源、会员体系、供应链、融贷渠道等完善的产业链以及财务、人事体系等支持。

中国酒店业最大的会员平台。中国领先会员体系——铂涛会，8000万会员的信赖，覆盖全国300多个城市。前所未有的会员保障政策：金卡及白金卡会员可享受一次“不满意则免单”的权益，也可享受铂涛“信用住”尊贵特权，无须押金入住，无须查房离店，刷新酒店行业新标准；多重会员特权：积分永不过期、多品牌积分通用、积分加倍、积分当钱用、白金尊享85折、微信24小时在线等。

（2）“强强联合”战略

铂涛集团成为希尔顿欢朋酒店的“品牌运营商”。2014年10月，铂涛集团与希尔顿全球签署独家合作协议，引进希尔顿欢朋酒店，铂涛集团作为希尔顿欢朋酒店的“品牌运营商”，品牌、产品、会员体系、运营都是双方共同定义，由铂涛集团独立操作。谈及希尔顿欢朋酒店的发展，铂涛集团董事、首席财务官吴海兵表示，希尔顿欢朋酒店是全球规模最大的商务酒店品牌，而铂涛集团拥有8000多万会员，将来会为希尔顿欢朋酒店提供客源支持。

铂涛锦江强强组合，打造全球领先跨国集团。2015年9月18日，锦江国际与铂涛集团战略合作协议签约仪式在上海举行。铂涛集团接受锦江国际旗下上市公司锦江股份的战略投资，锦江股份将持有铂涛81%股权。此次战略合作标志着，国内酒店业积淀最深的锦江国际集团与最具创新活力的铂涛集团强强组合，一跃成为首家跻身全球前五的中国酒店集团。铂涛锦江战略合作的目标为共同打造全球领先的、具有国际竞争力和品牌影响力的跨国集团，将在市场布局、品牌覆盖、客户资源、产业平台等方面协同发展，实现共赢。

联合优势：通过此次合作，以资金为纽带将形成锦江、卢浮、铂涛三大集团强强组合，将合计拥有超过6000家酒店，拥有客房逾64万间（套），覆盖全球55个国家和地区，有力地拓展全球酒店市场的业务深度和服务广度。联合后的品牌系列将覆盖高、中、经济型等不同档次。其中，锦江拥有J.HOTEL、锦江、昆仑、岩花园、锦江都城、锦江之星等知名品牌；卢浮拥有Golden Tulip、Première Classe、Campanile等品牌；而铂涛旗下拥有Maison Albar（安珀）、H12、铂涛菲诺、麗枫、喆·啡、ZMAX潮漫、希岸、IU、7天、7天优品、派等十多个酒店品牌；品牌层次趋于多元，内涵更加丰富。在客户资源整合方面，铂涛目前拥有业内最大的会员平台，其微信服务号粉丝量已超过400万，未来将以每月百万级别的速度增长。此次强强组合后的整体会员数将超过1个亿，主要为国内外商务和休闲旅行人士，依靠会员的消费黏性可以提升直销渠道的收入占比。未来，铂涛还将联合锦江、卢浮通过统一的中央预订系统和客户关系管理系统，不断加强数据分析应用，优化渠道管理和收益管理，打通会员权益，持续提升用户体验。合作还有助于三大集团加强后台系统的整合，提高运营效率，有望充分利用境内和境外供应链资源，共享国内外供应商信息，从而联合打造更高效的产业平台。

（3）创新发展的理念

首创“品牌先导”理念，围绕消费者独特的住宿体验和价值诉求来创建和运营品牌；首创酒店品牌创建平台，以多年积累的资源系统优势，吸引更多具有创造力的创业团队和职业品牌经理人加入，跨界创新多元化品牌；首创中国酒店业最大的会员平台，注册会员人数超过8000万；首创“五位一体”中央预订系统，以官网、手机客户端、手机触屏版、微信、客服热线等无缝连接会员。

5. **主要产品介绍**

铂涛会（中国酒店业最大的会员平台）

铂涛集团会员注册人数突破8000万，会员可在多个体验消费品牌间切换流动，领先的中央预订体系提供无缝连接的体验。特色：全球领先会员体系——铂涛会；8000万会员的信赖，覆盖全国300个城市；前所未有的会员保障政策：金卡及白金卡会员可享受一次“不满意则免单”的权益，刷新酒店行业新标准；会员特权：积分当钱用、白金尊享85折、微信24小时在线、双会籍。铂涛集团拥有中国最庞大、最具黏性的会员体系，主要为国内外商务和休闲旅行人士服务。

- 金卡及白金卡会员消费占会员总消费36%。
- 接近六成的会员年龄介于18~32岁之间，随着年龄的增长，他们的消费能力将有更大的增长。

五大中央预订系统无缝连接。铂涛集团的中央预订系统包括官网、手机客户端、手机触屏版、微信、客服热线等平台，超过75%客人通过该系统进行预订入住。

- 中央预订量超过总入住量的75%；
- 移动端（手机客户端、手机触屏版、微信）预订量超过中央预订量的40%。

铂涛集团围绕消费者的情感和价值诉求，洞察消费者的潜在需求，创建多个以酒店为主的体验型品牌。

图2–23　铂涛品牌

6. **部分酒店品牌介绍**

（1）年轻的选择：7天酒店7DaysInn

7天品牌家族是铂涛集团旗下以年轻群体及保持年轻心态的人群为核心消费群的酒

店品牌，主张选择年轻的生活方式，也是国内规模最大的连锁酒店品牌。7 天品牌家族包括“7 天酒店”和“7 天优品”。

7 天酒店立足于满足大众消费人群的核心住宿需求：秉承让顾客“天天睡好觉”的愿景，致力为会员提供干净、舒适、快乐的住宿环境和氛围，并以优惠的价格实现。

（2）思享的领地，精神的港湾：铂涛菲诺酒店 Porto fino Hotels & Resorts

铂涛菲诺是致力打造城市酒店、旅游度假酒店及酒店式公寓的高端酒店品牌，专注于超级客房产品、定制式配套设施及服务，为智慧人群在旅程中提供如铂金般高贵、精致、舒适的思享专属领地。铂涛菲诺的创立，如同 Portofino 回归自我的生活态度，倾尽全力关注人们最纯粹的住宿体验及内心需求，让精神找到归宿，让每一颗高贵、自由的心得到尊重和呵护。

（3）Xana，小幸感，宠你开始：希岸酒店 Xana Hotelle

Xana Hotelle（希岸酒店）一个致力于打造女性综合旅居体验的跨界酒店品牌。首创“Hotelle”（Hotel+Elle，Elle：法文，“她”）女性视角酒店理念，尊尚“Lady First”文化，通过打造 Lady1 宠己空间和小幸感制造中心，给消费者提供多维度的跨界宠己产品及服务；并以独特的小幸感蓝结合经典与优雅的设计，让顾客体验到小小的幸福感。Xana 更倡导一种旅途中的新生活态度——Xana Life! 无论何时，出游何地，选择一个贴心、懂自己的休憩空间，享受被宠的小幸感。

7. 部分跨界品牌介绍

（1）MORACOFFEE

MORACOFFEE 是一个致力于打造“心青年聚集地”的连锁咖啡品牌，我们将联合酒店、书店、影院、展馆、活动中心等年轻人聚集的地方，和这类已付租金且有闲置空间的加盟实体，以咖啡馆为圆点，通过各种志趣相投的圈子，和年轻消费群体一起去创造和体验生活中的无限可能。

（2）漫珠沙华艺术平台 Manjusaka Art Platform

漫珠沙华是由铂涛集团发起的非营利艺术平台，旨在发现并支持有才华的青年艺术家，无偿地把艺术品带到离生活更近的地方。漫珠沙华艺术平台利用铂涛集团遍布全国的门店资源，联合有相同理念的优质艺术机构让艺术住进酒店，走进生活，创造一个“易接近、买得起、可理解”的艺术平台。

8. 集团荣誉

2013 年 11 月世界酒店・五洲钻石奖——最具发展价值品牌酒店集团（第三届世界酒店联盟大会暨第六届世界酒店论坛）。

2014 年 3 月中国最具发展潜力酒店集团（中国饭店金马奖）；中国酒店业最佳创业平台（2014 年第九届中国酒店星光奖评选活动）。

2014 年 9 月全球成长型公司［2014“世界经济论坛”（即“2014 夏季达沃斯论坛”）］。

2010—2013 年中国最佳经济型连锁酒店（亚洲酒店论坛年会暨中国酒店星光奖颁奖典礼）。

2012—2013 年度中国快捷酒店行业 C-BPI 品牌力第一名（工信部科技司、消费品司）。

2014 年 3 月第十四届中国饭店金马奖——投资方首选国际酒店管理公司（第十四届中国饭店全球论坛）。

2014 年 3 月第十四届中国饭店金马奖——中国最具投资价值酒店品牌中国酒店百强品牌（第十四届中国饭店全球论坛）。

2014 年 3 月 2014 亚洲论坛暨第九届中国酒店星光奖——中国最具发展潜力酒店品牌（亚洲酒店论坛）。

2013 年 11 月年度中国创新酒店（中国酒店创新峰会）。

2014 年 3 月中国最佳主题酒店领军品牌（第十四届中国饭店全球论坛）。

奥地利最卓越服务酒店 TOP25，奥地利最浪漫的酒店 TOP25（2014Trip Advisor 旅行者之选）。

（二）中国传统旅行社的复苏：中青旅遨游网

1. 中青旅概况

（1）中青旅发展历程

作为中国旅游行业的领先品牌和综合运营商，中青旅坚持以创新为发展的根本推动力，不断推进旅游价值链的整合与延伸，在观光旅游、度假旅游、会奖旅游、差旅管理、景区开发、酒店运营等领域具有卓越的竞争优势。中青旅旗下拥有中青旅会展、乌镇、山水酒店、遨游网、百变自由行等一系列国内知名旅游企业和产品品牌，在北京、上海、东京、温哥华等海内外三十余个核心城市设有分支机构。

（2）中青旅经营范围

中青旅控股股份有限公司从事旅游、高科技、风险投资、证券行业的投资；经营入境旅游、国内旅游、中国公民自费出境旅游业务，承办国内会议及商品展览，以及高科技产品开发和技术服务、旅游资源配套开发、互联网信息服务，广告设计、制作、代理、发布等业务。

（3）旅游主业的发展

旅游主业的发展目标是从旅游品牌、产品、销售、服务四个方面集中发力，以旅行社业务为主干，以酒店、景区业务为两翼，以连锁店、呼叫中心、遨游网为渠道，以观光旅游、休闲度假、会议奖励、商旅管理为核心商业模式，努力发展成为一个具有卓越品牌形象、拥有领先市场份额、跨地域、跨产业链运营的旅游集团企业。

（4）在线业务的发展

“遨游网”是中青旅旗下专业度假网站，依托技术手段，立足标准化产品体系，建立在线预订、在线支付平台；致力于建立以中青旅品牌为依托和保证，具备开放性、全国性的旅游度假产品预订及旅行服务网站；遨游网既是中青旅公民旅游产品的在线销售渠道，也是公民旅游业务面向“新市场、新需求、新业态”的创新业务事业部；既是现有主业的有力支撑，也是面向未来创新型组织。

中青旅入境旅游网站是公司顺应入境旅游市场商务、休闲度假散客化趋势而设立的专业 B—C 入境旅游网站，通过应用 IT 技术创新产品服务和营销渠道，借助网络平台缩短供应链距离，为来华旅行和长期在华的外国客人展开市场营销，为游客提供基于动态打包技术的个性化、定制化特色中国旅游产品和服务。

2. 遨游网概况

（1）基本概况

“遨游网”是 A 股上市公司中青旅控股股份有限公司（600138）在互联网时代打造的品质旅行生活平台，移动端品牌为遨游旅行 App、中青旅 App。

中青旅整合旗下专业旅游服务团队、优质旅游产品设计能力、旅游门店、签证、机票酒店等资源，以遨游网作为线上统一入口和整合平台，在互联网和旅游消费升级的新时代，致力于带给用户更加便捷、活力、富有创意和个性化的旅行生活方式。

依托上市公司中青旅近 40 年的专业积累和行业领先优势，遨游网拥有享誉全国的中青旅国内外旅游服务网络和旅游服务资源，提供北京、上海、广州、南京等多个出发城市、遍及全球 100 多个国家和地区的旅游产品预订及度假服务。

中青旅遨游网在出境旅游度假、国内旅游度假、海岛旅游度假、签证服务、机票服务、酒店度假服务，境外当地玩乐等领域具有丰富线路及领先水平，尤其是欧美澳非等长线出境游、海岛自由行度假、目的地深度文化旅行、个性化定制旅行、签证及透明机票、一价全包式度假村及精品酒店、邮轮等领域具有领先优势。近年来，中青旅遨游网以旅游消费升级为发力点，进一步发展国际游学、户外旅行、康养旅行、摄影旅行、蜜月旅行等旅游领域，成为中国在线旅游标杆性品牌之一。

中青旅遨游网荣获旅游行业唯一“中国质量奖提名奖”“全国旅游服务质量标杆单位”等荣誉。秉承“用心陪着你”的服务理念，中青旅遨游网向消费者提供高性价比旅游产品、旅行品质保障、透明价格体系、门店及线上旅游咨询、贴心旅行服务、完善安全保障、突发事件应急响应、目的地购物无忧退换货承诺等全方位、专业化的旅游服务体系，深受消费者信赖和市场欢迎。

中青旅遨游以匠心精神创造家庭用户、年青一代用户新旅行生活为使命，致力于满足用户对美好旅行生活的需要，遨游网主打“好旅游，上遨游”，“年轻人的家庭旅行首选”。

（2）产品服务

遨游网是中青旅控股股份有限公司旗下唯一官方网站，作为第一家旅行社 A 股上市公司和第一批 5A 级旅行社的中青旅（sh.600138）旗下的专业度假网站，遨游网主要向消费者提供高品质的旅游度假产品预订及旅游资讯服务。遨游网目前提供的旅游度假产品包括自由行和参团两大类，同时其邮轮频道也是遨游网所提供产品中的一大亮点。遨游网的微攻略频道和景区景点频道，为消费者的国内旅游、出境旅游提供了详尽的目的地资讯信息。2011 年遨游网推出了“抢游惠”频道，以“秒杀”“团购”等方式，向消费者提供超高性价比的旅游度假产品。

①跟团游

近 40 年旅游专业积淀，五零保障体系，提供高品质、高性价比的全球旅游产品和服务。为家庭用户、企事业单位团体、集团客户提供个性化、专业化的团队旅行定制服务。

②自由行

国内首家独家推出提供专业度假服务品牌——百变自由行，提供“多选的机票精选的酒店丰富的目的地服务自由行攻略服务”一站式自由行贴心服务。为家庭用户、年轻用户提供专业、安全、省心、便捷的自由行服务。

③邮轮游

遨游网精选全球航线，覆盖全球主要邮轮母港。专业邮轮团队提供高品质服务，与全球主要邮轮公司有多年战略合作关系，提供全球邮轮旅游预订及定制服务。

④签证办理

拥有业内较为全面的签证资质和领先的签证专家，专业诚信，提供实时签证进度查询、透明价格、多类型签证服务、复杂签证一对一辅导、隐私保护等专业签证服务，是国内签证服务的领军者。

⑤机票预订

遨游网提供国内、出境机票查询预订服务，并与国航、东航、南航等航空公司建立多年战略合作关系，具有价格透明、即时出票、完全真票、无捆绑服务等优势。

⑥酒店度假

遨游网提供精品度假酒店、一价全包式度假村、主题文化酒店、亲子酒店、品牌连锁酒店的查询、预订和专业整合服务。

⑦高端旅行

提供高端、私属旅行体验，超过 10 年高端从业经验的旅行专家团队，7 × 24 小时贴身服务，创造非凡旅行体验。

⑧定制旅游

针对客户的个性化需求，为政府、企业、NGO 等机构及家庭用户、团队用户量身定制丰富多样的旅游服务和专业化主题活动。

⑨当地玩乐

提供境外当地玩乐服务，包括接送机、当地门票卡券、租车导游、一日游等服务。在境外多个目的地设有分支机构。

⑩游学研学服务

围绕“研学旅行、营地教育、游学修学”的大教育领域需求，为各年龄段孩子打造高质量、个性化的游学产品，产品目的地覆盖美国、英国、加拿大、澳大利亚、新西兰、日本、欧洲、港澳台等各大主流游学地。

⑪户外旅行

遨游网旗下“如是户外”，打造“一群人和他们的生活方式”，以徒步、跑步、滑雪等大众体育赛事、轻户外、户外旅行为优势领域，为户外爱好者提供参赛、观赛、户外旅行等产品，为旅游局、景区、政府等提供体育旅游整合解决方案。

⑫康养旅行

围绕“养生、养心、养老”的大健康领域需求，以“看美丽的风景‘养’眼、呼吸新鲜的空气‘洗’肺、泡健康的温泉‘养’身、体验丰富的文化‘强’心”为理念，汇聚国内外康养热门目的地、疗养基地、体检中心、课程机构、保险机构等合作伙伴深度合作，康养产品涵盖旅居、理疗、游乐和游学等多个品类，满足不同阶段康养人群的需求。

（3）核心产品

①百变自由行

百变自由行凭借中青旅数十年的优质服务和资质，由传统的自由行形态上创新演化发展而成。在专业、安全、省心的行程推荐基础上，提供灵活自由可选的旅游组合元素，让旅行者可以根据自己的时间、出发地、目的地、行程以及预算，自由地选择符合个人需求的酒店、机票及当地地接服务，随意搭配出安全、满意、高性价比的自由行产品。

②参团产品

中青旅参团旅游旨在为游客提供高性价比的旅游产品，精心设计的参团旅游线路，集合国内及世界各国经典景点，独家旅游线路屡创先锋。并且，中青旅首开旅游业界包机旅游之先河，坚持创新，不断改进优化，已成功组织近百个旅游目的地首发团，独家品质旅游线路屡创先锋。参团产品目前已拥有邮轮旅游、文化休闲、中东观光、北极产品、欧洲精品、美国旅游、马尔代夫等强势产品。首创“慢品慢游”“环球主题乐园”“环球海岛专家”“世界遗产大使”等品牌产品。研发夕阳红老年旅游、东方学子修学游、婚庆蜜月等细分市场的精品线路。

特点有三点：1）遨游网为旅游者提供了由北京、上海、天津、南京、杭州、广州、西安等多条出发地。2）遨游网社区为旅游者搭建了一个分享游记、攻略、照片、旅游资讯的平台，便于旅游者互动寻找好友，分享旅游经验，搭建专业旅游群进行交流。3）微攻略是遨游网在业界首推的概念和系列微博互动活动，该产品摒弃以往旅游攻略的冗长烦琐，随手分享旅游者的旅途见闻和感受。

（4）服务保障及服务优势

①旅游产品资源保障

中青旅遨游网依托近40年的行业积累和团队经验，建立起完善的产业链资源直供体系和目的地旅游资源直采平台，为用户提供高性价比的全球旅游资源保障和专业服务体系。

②产品品质保障

“橙钻产品等级体系”是中青旅遨游网精心打造的“阳光产品体系”，致力于让消费者清晰透明地把握旅游产品标准等级体系，更便捷地挑选心仪的旅游服务产品。

③八大服务保障承诺

1）24小时订单取消无损退款；

2）航班延误保障；

3）酒店升级保障；

4）突发事件应急援助；

5）出境旅游购物承诺；

6）特殊原因退订保障；

7）导游领队黑红名单制；

8）旅游预警保障安全。

④网站承诺

1）遨游网承诺网上所有产品原价均为线下售卖的真实价格，绝不存在虚高原价。

2）相同产品要素前提下，遨游网承诺为客户提供全市场最高性价比的度假产品。

3）遨游网以中青旅A股上市公司50强的资金实力和金牌信誉，以及首批5A级旅行社最专业的产品服务，承诺用户网络选购百分百踏实省心，网络支付百分百安全放心。

4）遨游网承诺用户“所见即所得”，当用户选定称心如意的即时确认度假产品，在用户提交订单2日内保证日期有效、位子有效、价格不变。

（5）市场定位

遨游网作为旅游休闲度假专业网站，遨游网在市场定位上以出境旅游为主、国内旅游为重要补充；在商业模式上依托技术手段，立足标准化产品体系，建立在线预订、在线签约、在线支付平台；并致力于建立一个以中青旅品牌为依托和保证，具备开放性、全国性的旅游度假产品预订及旅行服务网站。遨游网的推广口号为“度假就上遨游网”。

（6）中青旅遨游网和中青旅旅行社区别

①前者是后者旗下专业度假网站，是开放性、全国性的旅游度假产品预订及旅行服务网站。

②后者不仅仅有旅游行业的一系列服务，还从事旅游、高科技、风险投资、证券行业的投资；经营入境旅游、国内旅游、中国公民自费出境旅游业务，以及高科技产品开发和技术服务、旅游资源配套开发、互联网信息服务，广告设计、制作、代理、发布等业务。

③前者既是后者旅游产品的在线销售渠道，也是公民旅游业务面向“新市场、新需求、新业态”的创新业务事业部；既是现有主业的有力支撑，也是面向未来创新型组织。

3. 旗下品牌

（1）遨游旅行

①基本概况

遨游旅行是中青旅遨游网的移动App名称，遨游旅行App依托技术手段，立足标准化产品体系，建立移动化预订、快捷支付平台；致力于建立以中青旅品牌为依托和保证，具备开放性、全国性的旅游度假产品预订及旅行服务 App。为游客的旅途提供强大、完整的出行前服务。

软件名称为遨游旅行，开发商为中青旅控股股份有限公司。软件大小为 17.3MB，所属类别为旅游、交通、签证、休闲等。适用平台 IOS、安卓。品牌广告：好旅行触手可及！

遨游旅行完整接入中青旅遨游网产品库，为游客提供完整的海内外产品。该 App 定期更新文章，紧跟时事热点，为客户的生活加点料。为客户提供一个交流的平台，分享旅途中的故事与美照，而作为新客户的行前大餐，而且强大的软件更新、维护、服务团队会不间断地开发新功能。

②主要功能

【出境游】分主题、分玩法的聚合产品推荐展示，让客户看到遨游网最深刻的理解和最棒的产品服务，为客户实现应季旅游。

【国内游】广袤的中国大地，遨游网将国内分为几个旅游大区，客户再也不用先想去哪里，如何组合了。

【签证办理】专注签证 15 年，遨游网将 99.9% 成功率的签证服务搬上 App，为客户打好出境第一步。

【抢游惠】谁说只有美食可以团购，快来遨游旅行抢抢抢。

【定制】客户有一直梦想的酒店和航班吗？客户想在旅途中一圆多年以前的梦想吗？来定制，写下客户想要的，30 分钟给客户答复，遨游旅行许诺客户。

【发现】遨游旅行定期发文，与客户交流时下热点与旅游，和客户分享旅游的趣事。主笔：小遨，遨游旅行等客户来。

【遨游帮】遨游旅行打造的旅游社群，实现客人对客人的分享，遨游网帮客户让好旅行触手可及。

（2）遨游客

①基本概况

遨游客是隶属于中青旅遨游网，是中青旅遨游网论坛的移动化应用名称，是专为游客提供写游记攻略、分享、查阅、晒旅图、晒美食、聊话题、旅途视频直播及旅行工具箱功能、周边服务查询、在线交友、活动报名、申请成为遨游旅行家、遨游网特惠活动等信息内容的软件。是旅途前、中、后必备软件。涵盖有国内游、出境游、海岛游、亲子游、邮轮游、港澳台游攻略。是情侣、家庭、旅游爱好者的居家必备软件。

②功能特点

【晒旅图】分享游客在旅途中拍到的美景、美食、美女，一个标题+图片即可。不想打字可以语音介绍，移动化更方便。

【晒美食】分享旅途中看到的，尝到的各种美食。

【有问有答】对于旅行中也许有太多的疑问，在这里有专业的旅行顾问帮游客解答，当然也可以帮助别人。

【工具箱】周边查询、地图导航、滴滴打车、地铁查询、预订火车票、出行提示、在线翻译、汇率换算、谷歌地图、地震预警等。

【旅游产品】百元国内游、千元出境游、私人定制游、当地玩乐、全球 Wi-Fi 租赁等，还有特价秒杀。

【小视频】旅途中看到的美好瞬间无法仅仅通过图文来介绍，可以使用小视频拍摄功能，像发微信朋友圈一样拍摄小视频分享旅途。

【旅行家】这里有专业的遨游旅行家分享专业的旅行游记攻略。

【活动推荐】在这里游客可以了解最新遨游网的特价旅游产品活动。

三、非营利性的政府旅游部门网站：澳大利亚旅游局和张家界·武陵源官网

（一）澳大利亚旅游局官方网站

澳大利亚官方旅游网站上对于澳大利亚的描述很详细，你想找什么都可以。关于澳大利亚的信息，一点就知道。

1. 网站上关于澳大利亚的介绍

不论你对澳大利亚有什么样的了解，官方网站上有对澳大利亚详细的介绍。不用怕网站上会骗人，只是介绍澳大利亚，不会骗钱的。首先是介绍了澳大利亚的独特之处，众所周知，澳大利亚的很多动植物是世界上其他地方所没有的，所以这是很独特的。其次还有澳大利亚的历史，要想走进一个国家，就必须粗略地了解一下它的历史，不需要精通，知道就好。还有澳大利亚的文化，像是传统习俗这个嘛，就得知道了，去了某个国家，可不能犯了国家的禁令呀。澳大利亚的风光也会在这里展现，不论是田园城市，还是海岸内陆，或是岛屿海滩都有相应的介绍。

2. 网站上涉及的目的地

首先是分成两部分的，州和领地、城市。澳大利亚的城市我们应该都知道的，像是悉尼、墨尔本、帕斯、凯恩斯……但是州和领地几乎就不知道了，像是新南威尔士、维多利亚、昆士兰、北领地、塔斯马尼亚……这些都是风景很好的地方。去澳大利亚之前，在官网上了解一些这些容易被忽视的地方吧。

3. 网站提供的探索之路

官方网站上提供了各大景点介绍，大堡礁、卡卡杜、费沙岛、纳玛吉国家公园……还有一些活动盛事，主要节日的活动盛宴、各类美食美酒活动、文化艺术活动……你都可以在网站上详细了解。再就是探索之旅了，海岸还是岛屿、城市还是乡村，在网站上你都可以自由选择。

4. 网站为你计划行程

去澳大利亚首先就得解决签证问题，其实只有你在官网上留下你想去的消息，保证一切不必操心。网站上有很多去澳大利亚专业的旅行社，住宿、交通都不用担心，网站上还有当地的旅行社。在官网上，你可以任意选择旅游方式，像是家庭、浪漫、姐妹、文化探索……根据这些方式，网站会为你提供线路。

5. 网站上介绍的活动

官网上会为你提供一些活动，你可以详细了解的。还有为你准备的一些去澳大利亚旅游的宣传片、各种比赛场景和活动。在官网上，你可以享受到最优惠的活动，你也能在官网上寻到“世界上最好的工作”，只要信得过官网，就可以尝试一下。

6. 网站上的旅行印记

官网上有去过澳大利亚旅游的人留下的旅游印记，你可以在官网上查看。视频、图片、日记，都是你了解澳大利亚的参考物。根据你了解的消息，在联合官网上的各类记录，相信你会全面地了解澳大利亚。

在澳大利亚官方旅游网站，你可以找到真实的澳大利亚。

（二）张家界·武陵源旅游官方网站

张家界·武陵源旅游官网（www.hnzjj.com）涵括“食住行游购娱”，立体呈现张家界景色之美，人文之美；为旅客提供最权威的张家界旅游信息。此网站归张家界市武陵源区旅游局所有。

图 2-24　张家界武陵源官网首页

资料来源：www.hnzjj.com

武陵源的旅游官网打开之后有横竖两个模块内容可供游客选择（如上图）。横标题栏分为首页、概况、动态、景点、消费等内容，偏向于网站和武陵源的信息介绍。而首页下的功能栏就更实用一些，如经典路线、门票预订、酒店客栈等旅游攻略和订票信息。

图 2-25　武陵源官网页面

资料来源：www.hnzjj.com

拉到网页最下面，会看到每个模块下面的分功能，可以看出武陵源网站建设的用心。比如武陵源概况这一栏，下面将武陵源的旅游资源进行了分类介绍，来满足不同类型游客的游览需求。

网站上也有很多来自游客的评论以及攻略，论坛内容比较丰富，不仅有攻略、还有活动通知、旅游召集以及吐槽投诉版块。

门票预订时官网会收集游客的基本信息，同时显示库存，随后在预订成功之后会以邮件形式通知到游客。在机酒预订方面，该网站更侧重于介绍，而不是直接售卖或者合作售卖。

基于我国游客现在出行还是依靠 OTA 网站居多的现状，武陵源旅游官网应该在营销上加大投入，提高网站知名度。鼓励游客更多的在官网查看旅游信息，分享自己的故事。

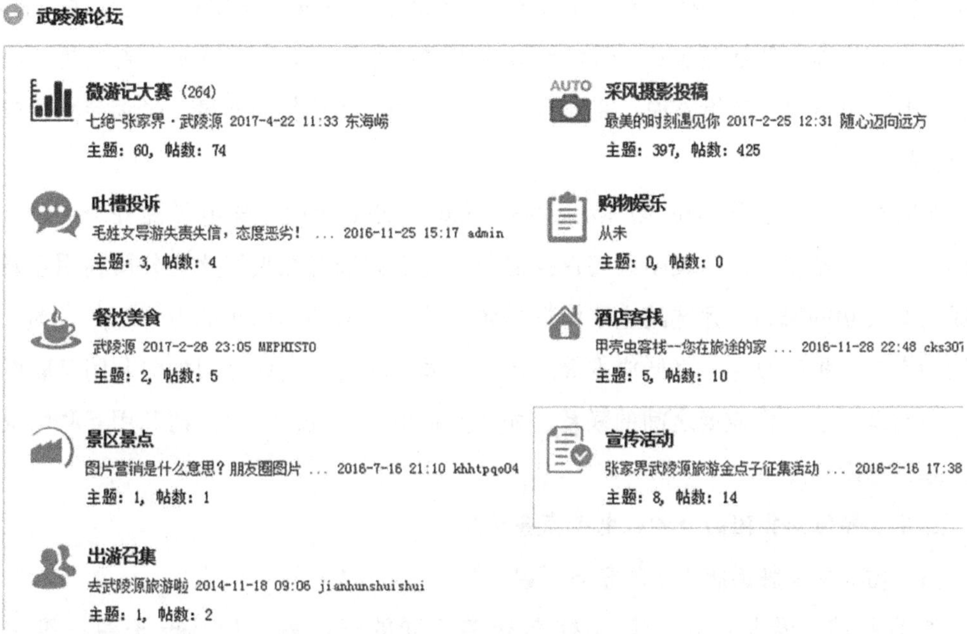

图 2-26　武陵源官网论坛页面

资料来源：www.hnzjj.com/bbs/forum.php

第四节　按照业务性质分类

一、产品和服务的直接提供商：希尔顿酒店集团

1. 背景综述

国际希尔顿（Hilton International）与希尔顿饭店集团（Hilton Hotels Gorporation）在 1997 达成合作联盟，至 2000 年止，它们在世界上 55 个国家经营着超过 2100 家连

锁饭店。这些饭店分属不同的子品牌系列——国际港丽酒店系列（Gonrad Hotels）、希尔顿大饭店系列（Hilton Hotels）、双树饭店系列（Double Tree Hotels）、大使套房酒店系列（Embassy Suites Hotels）、花园酒店（Garden Inn）、汉普敦套房旅馆系列（Hampton Inn Suites）及希尔顿度假俱乐部（Hilton Grand Vacations）。

希尔顿饭店集团积极开展电子商务，2000年，电子商务收入占净收入的9%。利用互联网，希尔顿成功地推进了客房预订业务，大幅削减成本。2000年它的所有网站客房预订收入超过3亿美元，是1999年的两倍以上。而后，希尔顿饭店集团又进行了它的第二次电子商务改革，利用电子商务增强营销能力、拓宽分销渠道、提高预订能力、购买能力和集体内部管理水平。希尔顿饭店集团致力于B2C网络业务，对实施新的多品牌战略十分重要。分析家说："我们看到，希尔顿集团正努力通过一个综合频道推销其所有品牌。"

2001年6月，美国Internet Week网站公布了2000年度全美电子商务100强企业的评选结果，希尔顿饭店集团荣膺百强之首。此次评选意在表彰这些公司利用互联网达成商业成功的努力，评选的主要依据是各家公司所取得的切实的电子商务业绩，诸如增加客户、提高收益、降低成本等。相关的调查研究了这些公司如何利用互联网增进企业与消费者及供应商之间的联系，如何开拓电子市场，以及如何利用互联网推进企业基础建设等。

2. 希尔顿饭店集团的全方位电子商务应用

（1）树立多品牌饭店集团的整体形象

如前所述，希尔顿饭店集团拥有众多不同的子品牌，如其电子商务副总裁Rosenberg所说，希尔顿现在是多饭店和多品牌公司。Bosenberg认为，"我们想确保顾客能理解希尔顿品牌群"。这目标贯彻在希尔顿饭店集团的网站设计上，希尔顿饭店集团通过其网站www.hiltonworldwide.com把饭店集团的形象和一系列饭店成员品牌公之于众。从饭店集团网站的首页可以链接到集团品牌成员各自的网站。

品牌成员饭店网站上都有统一的希尔顿饭店集团形象标志，并且拥有统一的交互设备。希尔顿集团子品牌网站的电子商务负责人Jeannie.Moran说："子品牌饭店网站应拥有一致的视觉形象、一致的感觉形象和一致的应用技术，但依然允许子品牌饭店注重他们个性化的服务功能。"例如，预订界面和饭店搜索引擎界面在各个子品牌饭店之间都应保持一致，而其他个性化服务功能，如"驾车旅游线路计划"就只由汉普敦套房旅馆系列独家提供，因为其客户大多数为自驾车旅游者。

希尔顿饭店集团的"常客积分消费计划"也在各子品牌饭店之间通行。在任何一成员品牌饭店网站上预订的旅游者都能得到积分，拥有积分的旅客在任何一成员品牌饭店网站上预订都能享受优惠。

（2）面向公众的电子预订

希尔顿的网上业务已经取得了成功，2000 年希尔顿的网上订房收入已经达到 3 亿美元，是 1999 年的 2 倍以上。希尔顿饭店集团网站的成功之处是有效地把网站访问者变成预订者。

希尔顿集团网站之所以能有效地把网站访问者变成预订者，重要的原因是合理的网站设计。希尔顿集团的电子商务研究人员通过调研，认为网站不能有效吸引预订的原因在于：网站的设计不好；导航困难；连接慢；缺乏有吸引力的优惠。同时他们了解到，只有 16% 的网站访问者会逐字逐句地阅读网页上的文字。基于这些认识，希尔顿集团网站上的设计突出了以下特点：

①将饭店和度假胜地查询功能放在显著位置；

②突出在线预订功能；

③重点介绍特别服务和优惠价格；

④重点促销周末和度假旅游、会议和团队旅游；

⑤加亮关键字；

⑥文字叙述简明，从结论开始；

⑦不大量使用图片。

这些设计强化了网站的电子商务功能，推动了网站预订的增长。

同时，希尔顿饭店集团拥有电话预订中心。由于现在许多旅游者仍然习惯用电话预订，电话预订中心与网络是互补的。而其共同之处在于，它们的后台支持是统一数据库和网络信息系统。

（3）客户关系管理

希尔顿饭店集团具有强烈的客户关系管理意识。集团常常在内部培训中强调以下的事实：获得一个新客户比维持一个老客户的成本要高出 7 倍；满意的客户买得很多并愿意支付更高的价格，使饭店获得更高的利润。而谈到客户关系管理时，他们认为，20% 客户的离开是因为价格；而 80% 客户的离开是因为服务质量低下、缺乏购买后的关系维持。

希尔顿饭店集团开发了一套名为“Hhonor”的客户管理系统。这套客户管理系统的运营目标是：借助信息技术手段，与世界范围内客户，包括旅游者、旅行社、会议组织者和旅游业协会保持联系。目前，希尔顿饭店集团通过 honor 客户关系管理系统实现的客户接触总数约为500万人次/月，6000万人次/年。

客户关系管理的基本步骤为：客户资料收集、客户细分、个性化客户服务。这4个步骤是“Hhonor”的客户关系管理系统的设计基础。

“Hhonor”的客户关系管理系统的功能包括：

①客户资料收集

——鼓励浏览者在电子商务网站上注册，提供个人信息；

——为注册的潜在客户提供个性化的服务，包括发送符合顾客兴趣的新闻、每月活动信息和特色服务信息；

——记录个人或企业客户在网站上累计预订量；

——发现有价值的客户，区分其类型和价值程度。

②客户细分

——按客户类型细分：旅游者、常客、旅游批发商、代理商、会议组织者……

③与客户接触

——在网上建立“全体代理商交流中心”，进行知识交流；

——通过经常沟通增加代理商的主动性；

——Hhonor客户服务中心：通过电话、电子邮件、信件等多种途径与客户联系，等等。

④个性化客户服务

——确认饭店的回头客；对于回头客，从客户数据库中直接调出客户基本资料，提高入住登记速度；

——对于重要客户免去订金；

——记录重要顾客的偏好和行为习惯，为他们提供更好的服务；

——为饭店集团“豪华度假（HGVC）”会员提供相互交流的机会；

——为预订饭店客房的会议组织者提供“会议策划津贴”；

——为长期合作的旅行商提供免费的“逍遥旅游”，等等。

（4）电子采购

为节省成本，希尔顿饭店集团在物质采购上采取汇聚需求，统一批量采购的模式。这一过程也是通过电子商务来实现的。

在集团内部，希尔顿采用一套物品请购系统。属下饭店只需使用简单的操作界面，便可直接向希尔顿设备公司线上请购所需的物品。

面向供应商，希尔顿饭店集团设计了用于物资采购的互联网商务平台，酒店集团设备公司或各子饭店通过这个平台和饭店用品供应商进行交易。2000 年，超过 500 家子饭店和 3500 家供应商应用着这个物资采购平台。其中，部分饭店已将其采购资金的 60% 投进了电子采购市场。

这一采购平台的优越性：一是能回击零散的采购需求，在与供应商的议价中获得优惠的价格，实现成本节约；二是提供采购管理和资产管理的功能；三是交易比较公正透明，能防止个人非法购买行为的发生。通过这一系统，希尔顿饭店集团完成了大量的全国性和全球性的采购。在统一的购买行为确定后，供应商可通过区域性配送，将货物送到各地的希尔顿子饭店。

3. 希尔顿饭店集团电子商务应用效果

（1）互联网信息发布

互联网带来了 16% 的新增客源。

95% 的成员饭店通过互联网实现了销售。

10% 的访问者在网上预订饭店客房。

（2）网上采购

33% 的饭店用品供应商在互联网上与饭店洽谈商务。

16% 的采购订单通过互联网完成。

8% 的饭店采购资金通过互联网完成。

（3）电子商务收入

7% 的饭店销售收入来自互联网。

16% 的订单通过网站电子商务获得。

1999 年饭店集团销售收入增长了 17%。

（4）成本节约

通过互联网进行物资采购可节约成本 8%。

通过互联网进行客户关系管理可节约成本 7%。

通过互联网进行信息传递与交流可节约成本 59%。

二、中介服务提供商（面向游客）：蚂蚁短租和艺龙

（一）短租民宿在线预订平台：蚂蚁短租

1. 简介

蚂蚁短租是国内领先的短租民宿在线预订平台，是赶集网试水 O2O 模式、二次创

业的一个项目。蚂蚁短租上面的房源具有高性价比和短租特点。

对于用户而言，这个网站还提供在线支付功能，无疑是一个短租公寓民宿预订平台，同时也是对业界 O2O 模式的一个实践。这是一个高性价比和特色短租房的交易平台。

注册用户可以通过蚂蚁短租频道查找并预订、租赁全国各地、不同类型、高性价比短租房，如商业核心区高品质公寓、高校周边民居或宿舍、海景楼房、花园别墅、林间小屋等。

蚂蚁短租致力打造一个本地生活的平台，为本地中小商家解决闲置资源的问题，同时会给用户带来便利。

蚂蚁短租的官方网址：http：//www.mayi.com/

2. 蚂蚁短租的发展历史

蚂蚁短租脱胎于赶集网之前的短租频道，是之前短租频道的升级版。

房产频道日租 / 短租栏目是赶集网成立之初就推出的生活服务类产品，主要是个人和经纪人发布短租房源的平台，房客浏览到信息主动跟房东联系，线下支付线下服务。

2011 年 8 月，和日租 / 短租栏目紧密结合的赶集短租上线，用户群体的导入和资源的对接体现了赶集网的各个产品的推出都是依靠赶集网这个生活服务类平台来展开。

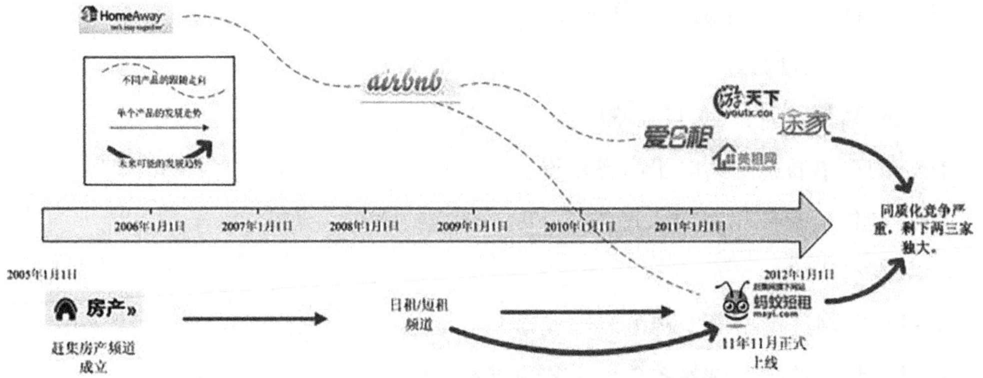

图 2-27　赶集网推出的蚂蚁短租的发展路径

资料来源：http：//blog.sina.com.cn/s/blog_651b584a01014e43.html

蚂蚁短租网站于 2011 年 11 月 8 日正式上线，并启用 mayi.com 双拼域名，蚂蚁短租成为赶集网电子商务的主力军。赶集网 CEO 杨浩涌将蚂蚁短租看作是赶集网的第二个创业项目。据悉，蚂蚁短租会投入 2000 万美元，其中 1000 万美元用于补贴租户和房东。做蚂蚁短租的项目，两年之内估计都会亏钱，产生不了盈利。

2012 年 4 月 12 日，蚂蚁短租 Android 系统客户端上线。

2012 年蚂蚁短租已占国内在线短租近四成的市场份额，领先对手 20%~30%，近 3 个月以来保持着 15%~25% 的高速增长。2012 年总体订单数已达到近 30 万间 / 夜。

2013 年蚂蚁短租获得优点资本、蓝驰创投、红杉资本近千万美元的 A 轮融资，由优点资本领投。此轮融资是目前短租行业最大金额的融资。同时，蚂蚁短租正式从赶集网分拆，已完成新公司注册及相关事宜并开始独立运营。

2015 年 Q1 在线短租市场分析报告，目前蚂蚁短租已占据最大份额，约 43.5%。

3. 蚂蚁短租的特色

（1）多样化的房源类型，满足多样化团体住宿需求

蚂蚁短租提供独栋别墅、酒店式公寓、民宿、客栈、四合院帐篷等多种房型，满足以家庭出游为核心，闺蜜游、团建等多人游群体的多样化住宿需求。

（2）高性价比商品，给用户最多的实惠

蚂蚁短租定位于中低端的消费群体，C2C 的商业模式（蚂蚁短租是试水 O2O 的产品，但目前仍是典型的 C2C 在线短租平台），房源依托社会闲置的空房资源，为用户提供灵活多样的高性价比短租服务。

（3）方便快捷的在线预订功能

专题化的房源风格，满足用户个性化的住宿需求；“一键发布”住房需求，提高住房筛选效率；多样化的在线支付方式，满足用户多样化的支付需求。

（4）接入第三方完善的信用体系，保障供给端和用户端的权益

推出房客安全保障计划，保证房客的人身安全，同时房客的预订款将首先进入平台方账户，待正常入住后，才会按天支付给房东，保障房客的经济权益。另一方面，接入第三方芝麻信用体系，并入房客的个人评价体系，保障房东的权益。

4. 蚂蚁短租的商业模式

（1）目标用户

①自由行的休闲游客。

②度假类型中的中低端市场，以及有中长期逗留需求的商务客人。

③意识比较领先、寻求不一样的住宿体验的背包旅行群体。

（2）市场份额

①截至 2015 年 12 月，蚂蚁短租注册用户达到 3000 万，房源量达到 30 多万套，覆盖 300 多个城市和地区。

②作为专业在线休闲租赁平台，蚂蚁短租的品牌认知度在 40% 以上，名列第二。

③蚂蚁短租的订单量以移动端预订为主，占总体订单量的 75%。

④ 2015 年，蚂蚁短租占据在线短租市场 43.5% 的市场份额，超过第二、第三名的总和。

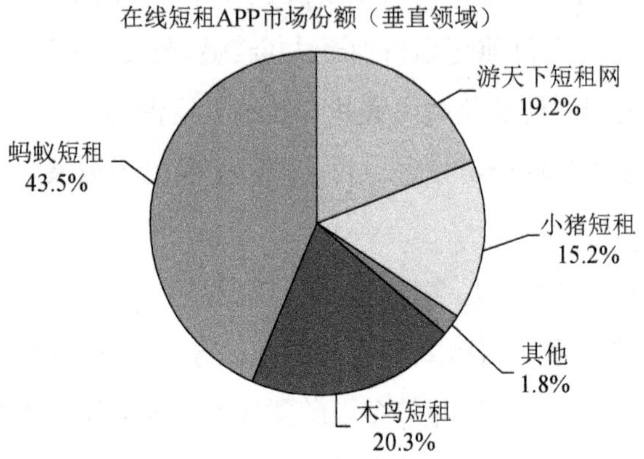

图 2–28　2015 年在线短租 App 市场份额

资料来源：2015 年 Q1 在线短租市场分析报告 http：//www.sootoo.com/content/649964.shtml

	厂商创新能力						厂商执行能力		
指标	营销推广	内容/产品	媒介合作	商业模式	配套服务	总评	用户流量	房源份额	总评
权重	30%	15%	25%	20%	10%		40%	60%	
游天下	8.2	8.8	8.1	7.8	7.1	8.075	9.5	9.6	9.56
蚂蚁短租	9.1	8.2	9.2	6.2	7.4	8.24	7.6	8.8	8.32
美租网	3.2	6.6	2.3	7.4	6.6	4.665	5.5	7.5	6.7
爱日租	7.9	7.0	8.6	6.6	7.2	7.61	8.4	6.7	7.38
58短租	6.8	1.7	6.1	4.1	3.2	4.96	6.2	6.1	6.14
途家网	4.4	6.8	7.3	8.7	8.5	6.755	6.9	3.4	4.8
搜短租	5.1	7.4	3.9	8.1	4.7	5.705	4.3	7.2	6.04
住我那	3.6	5.8	4.7	5.8	5.1	4.795	3.1	4.5	3.94
乐日租	1.3	2.4	3.3	4.9	4.3	2.985	1.2	4.1	2.94

图 2–29　在线短租平台厂商能力分析

资料来源：http：//www.traveldaily.cn/article/66948

以上数据表明，蚂蚁短租一直处于在线短租行业的领先地位。2016 年 6 月 22 日，途家并购蚂蚁短租，交易完成后双方保持各自品牌及运营的独立性，核心团队架构保持不变，可谓是强强联合。

（3）盈利模式

目前：交易佣金。

未来：同时向房东和租客收费，广告费、第三方合作分成以及搜索结果排名的收入。

（4）运营模式

房屋类型：公寓、高校周边民居或宿舍、海景楼房、花园别墅、林间小屋等。

房屋来源：个人为主，部分为酒店式服务公寓、旅馆、客栈。

盈利模式：交易佣金。

收费对象：房东。

收费方式：收取成交额的 10%。

（5）资本模式

①蚂蚁短租刚成立不久，未曾上市。附属于赶集网时，其资本主要是赶集网 CEO 杨浩涌最初拿出的 2000 万美元。

② 58 集团是蚂蚁短租最大的投资方，在途家收购了蚂蚁短租 100% 的股权后成为途家的股东。除了蚂蚁短租的资源入股外，58 集团还对蚂蚁短租增持了现金和其他资源。

③国内的短租市场曾在 2012—2013 年间迎来一个短租创业和投资热潮。2013 年 1 月，“蚂蚁短租”和“小猪短租”在同一天宣布获得千万美元融资。

（6）技术模式

国内首个基于 O2O 的产品。O2O 是英文 online to offline 的缩写。也就是线上线下相结合的经营活动，它将线上与线下形成一个闭环，并且使用线上的信息将线下的闲置资源给利用起来。

5. 蚂蚁短租的产品

（1）手机应用

蚂蚁短租 Android 应用，支持手机上找房，随时随地线上下单，手机支付。

①产品功能特色

【城市玩法】

老北京的胡同游、醉成都的小酒馆、青海环湖骑行、探秘黔东南苗寨，不管你是计划一天还是多天，这一次拒绝当“游客”，我们用当地人的方式来感受。

【房东体验】

阳澄湖钓螃蟹、探寻龙井茶文化、造访名人故居，当地房东做向导为你规划旅游行程，让旅途来点不一样的新鲜感觉。

【智慧住宿】

智能门锁系统，通过人脸识别验证房客身份信息、获取门锁密码，实现“刷脸入住”，智慧生活开启智慧旅行。

【蚂蚁保洁】

全新推出蚂蚁保洁服务，以四星级及以上酒店卫生标准，对平台房源进行深度保洁，从床上用品到洗漱用品严苛做到一客一换、房屋一客一扫，让每位房客体验到回家的感觉。

2016 年蚂蚁短租向“品质安心”发力：2 月蚂蚁短租推出“优质住宿计划”，从房源品质、房屋设施、房东服务 3 大维度细致拆分，涉及 9 大标准，27 个细节。蚂蚁短租将“品质高”“设施全”“服务佳”的优质房源标记为“蚂蚁优选”，方便房客快速找到优质且满意的房子。10 月蚂蚁短租又推出“房客安心计划”，该计划包括预订、入住、客服 3 大环节，涉及 9 个标准、16 条细则，旨在国内建立短租行业服务保障新标准。“房客安心计划”是继“优质住宿计划”后，蚂蚁短租为进一步给用户提供全方位服务保障的又一次行业首创。为了让用户更放心预订短租房，“房客安心计划”制定了一套极为严格的服务保障体系，其中理赔标准甚至高于酒店业。

图 2-30　蚂蚁短租手机应用屏幕截图

资料来源：https://itunes.apple.com/cn/app/ma-yi-duan-zu-jia-ting-chu/id494520120?mt=8

②产品用法

1）房客用户

房客保障：

蚂蚁短租——寻找旅行中的家。

蚂蚁短租——专人验证房源、预付保证留房、蚂蚁担保交易。

房客操作指南：

a. 下载蚂蚁短租 App、电脑登录蚂蚁短租网页版、手机登录蚂蚁短租 wap 网站。

b. 搜索城市、景点等目的地，挑选心仪房源。

c. 通过手机号和验证码直接登录，使用蚂蚁短租在线沟通系统与房东沟通，提交预订请求，等待房东确认。

d. 房东确认后，选择方便的支付方式，在线支付订金或其他款项至蚂蚁短租平台。

e. 入住完毕，离开房源之后对房东的服务和房间整体情况等入住体验进行评价。

流程：注册登录——搜索房源——房东在线沟通——提交订单等待房东确认——支付款项——房客入住——提交点评。

2）房东用户

房东扶持：

a. 搜索您想去的目的地，挑选适合您的房间，同时可以多比较几家。

b. 注册登录之后，通过蚂蚁短租在线沟通系统同房东进行沟通，确定好您想住的房间。

c. 提交预订请求，等待房东确认。

d. 房东确认之后，选择适合您的支付方式支付订金或其他款项至蚂蚁短租平台。若只支付部分款项，待入住之日交付余款至房东。

e. 入住离开之后给予房东服务和房间的评价。

流程：搜索房间——沟通房东——提交请求——房东确认——支付款项——入住评价。

房东操作指南：

a. 通过手机号和验证码直接登录。

b. 点击“免费发布房源”按钮，提交房源基本信息、标注价格、上传照片等房源信息。

c. 通过蚂蚁短租在线留言系统与有意向的房客沟通交流，等待房客提交预订请求。

d. 确认房客预订订单，平台会为您收取定金并发送双方详细的联系方式，方便交流。

e. 房客成功入住后，若房客只在平台提前支付了定金，余款由房客直接线下支付。

f. 回复评价。房客也会对入住体验进行评价，评价越高，房间在蚂蚁短租的排名越高。

（2）“未来民宿”

2017 年 5 月 25 日，蚂蚁短租宣布推出四大产品建设短租民宿生态圈，包括房东成长体系、房东圈、房东微店和智能民宿；接下来还将依托流量聚合平台，开拓乡村民宿市场。

此次发布的新产品主要从三个层面入手，包括核心纵深（房东成长体系、房东微店、房东圈）、延伸拓展（蚂蚁民宿村、蚂蚁小镇、海外民宿）以及体验升级（达人体验、玩法、智能民宿）。其中，房东成长体系、房东圈、房东微店和智能民宿是四大主要产品。

房东成长体系主要由“房东课堂”“小任务”和“蚂蚁分”三部分构成。“房东课堂”是指蚂蚁短租将发布一系列线上课程，教授房东进行云运营，蚂蚁短租还建立了一套类似“芝麻信用分”的“蚂蚁分”体系，“蚂蚁分”越高的房东能够获得越多来自平台的奖励，例如房源排名靠前，“蚂蚁优选”认证等。

房东圈是一个类似社交圈的房东交流平台，蚂蚁短租将在30~40个城市，选择300~400位优秀房东率先入驻房东圈，成为首批服务供应商。房东圈的理想状态是蚂蚁短租的房东们可以在房东圈这一平台上相互交流，购买彼此的房客接待、布草洗涤和保洁服务，最终形成互助型的房东经营圈。

房东微店是蚂蚁短租依托微信小程序为房东开发的信息整合系统，主要整合了包括房源预订、价格调整、房东与房客沟通系统等。房东通过房东微店招揽而来的房客，平台将免收10%佣金。

关于“智能民宿”，蚂蚁短租推出的第一款产品是“刷脸入住”。房客通过扫小程序二维码刷脸身份验证后，即可获得智能门锁密码，实现全程自助式入住。

（3）“智能入住”

2017年9月26日，蚂蚁短租新版的App“刷脸识别”入住功能上线。用户只需要通过人脸识别来验证真实身份即可办理入住。与之前仅支持安装智能门锁的房源相比，“刷脸入住”最大的变化是为蚂蚁短租平台全部订单提供智能入住服务，覆盖预订平台上的所有房东。这种功能有利于提升非标住宿安全、规范化程度。

“智能入住”功能目前能够满足蚂蚁短租平台上所有房东对房客的扫脸识别身份认证，而不久的将来，针对蚂蚁房东从其他平台获得的订单，“智能入住”也能帮助房东实现房客身份验证。另外，房东的身份验证过去是靠身份证、房产证等证件审核，接下来也会增加刷脸验证。

6. 蚂蚁短租的评价

（1）蚂蚁短租脱胎于分类信息网站赶集网，所以产品上也有一些分类信息网站的特色，同时也保留了许多赶集网的产品上的坏处，例如比较复杂，界面老旧，用户体验并不是非常好。但是蚂蚁短租进入市场非常早，定位于二三线城市的低价房屋的策略在目前阶段来看颇有成效，和小猪短租同处于国内短租市场的第一阵线。2012 年，蚂蚁短租推出自己的手机客户端，初期客户端更新缓慢无序，而且较难操作，之后技术渐趋成熟，软件更新上也更加稳定。加上蚂蚁短租不断推出新的产品计划，使得 App 的用户下载量和满意度提高。

（2）短租属于非标住宿，一度因为房源品质参差不齐、无统一行业服务标准、消防安全等问题备受争议。这一点蚂蚁短租也不能避免。主要体现在以下方面：

①房客在入住短租房时遇到房东未预留房客预订的房屋的情况，房客即感受不到房东周到热情的服务，所以房东对房客的服务质量与水平有待提高。

②房客对房东的不信任主要表现在短租平台上的房间照片与房间实际状况不符，打击了房客的信心，在某种程度上使房客对在线短租行业产生不信任感。

③投诉集中在房东没有为房客预留房间；房东在房客入住后，私自提高租金价格；房间的实际状况与短租平台的描述不符；房间某些设备损坏。

但是蚂蚁短租率先采取了相应措施，如引入第三方保险机构，保障双方的财产安全；升级身份、房源认证；全程监控系统，杜绝线下交易，保障双方的人身安全；强化客服标准；推出“房客安心计划”、蚂蚁优选等；加强团队建设，拥有大量的线下运营人员和在线客服，为房东提供服务支持等。

总体上，蚂蚁短租作为国内短租行业的领头羊，一直走在短租行业发展趋势的前列，且在业内和用户群体中都评价良好，拥有很大的发展潜力和空间。

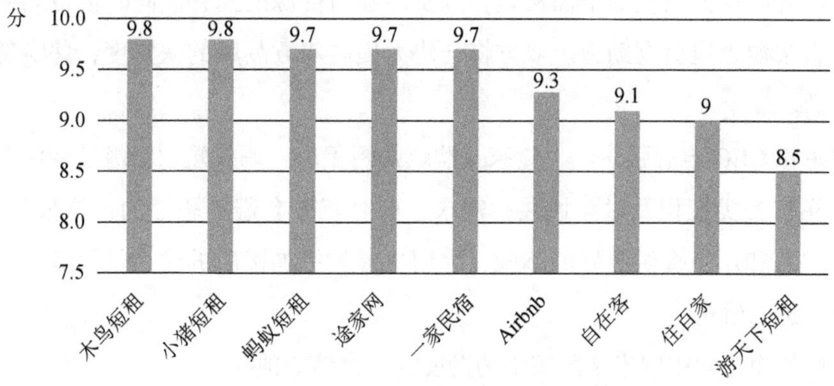

图 2-31　2017 年上半年国内短租 App 好评度排行榜

资料来源：速途研究院：2017 年上半年在线短租市场报告 http：//news.hexun.com/2017-08-08/190364636.html

样本：N=2401，艾瑞咨询于2016年11月于线上调研获得。
注释：认知率为使用过在线短租和未使用过在线短租的网民用户，对于各在线短租平台的认知。

图 2–32　2016 年中国在线短租平台品牌认知度

资料来源：艾瑞咨询 2017 年中国在线短租行业研究报告 . http：//wreport.iresearch.cn/uploadfiles/reports/636231816211662495.pdf

7. 蚂蚁短租未来的发展趋势

（1）途家并购蚂蚁短租的优势

途家并购蚂蚁短租是国内短租行业的第一个并购案例。蚂蚁短租的 C2C 经营模式不需要自身投注太多的资产成本，而是为业主和住户搭建了一个资源共享的平台，由于参与度低，所以住房产品和服务质量相对偏向于中低端层。而途家的 B2C 经营模式，自己掌控房源，并提供相应的住房服务，企业参与度大大提高，无论是房源质量还是服务质量都有更高的把控力，也方便企业提升产品与服务层次。途家并购蚂蚁短租，实现了产品的高中低层次的全面覆盖，以及内容与资源的互补。同时使得蚂蚁短租在信息和资金来源上也更有助力。双方将会协力提高双方品牌的认知度，并实现房源数据上的打通。

蚂蚁短租 CEO 申志强表示，途家并购蚂蚁短租后，蚂蚁短租会继续专注于预订服务，满足用户各类短租及过渡性住宿需求，同时双方会避免恶性的价格战和补贴战，致力于为房东和用户提供更好的体验，为用户提供更加优质的住房及服务，更丰富的房源，更优惠的价格。

（2）蚂蚁短租对中国未来民宿市场发展的三大趋势预测

蚂蚁短租 CEO 申志强指出，民宿短租市场已经正在告别“野蛮生长”阶段，正在升级为“未来民宿”。接下来的阶段，蚂蚁短租将引领全行业向三个趋势发展。

①体验智能化

随着移动互联网、AI 人工智能、大数据、物联网等多种新技术日渐成熟，蚂蚁短租已经开始在房东层面有计划地推进智能门锁、人脸识别、征信识别、个性定制服务等探索，进一步扩大房客的自由空间和使用便利，同时降低业主的运维成本。

②设施现代化

居住民宿时，房客最难以忍受的是生活设施的落后，亲近自然的同时，要隔绝蚊蝇纷扰；居住价廉的同时，还需要设施物美。因此，蚂蚁短租通过“蚂蚁优选”计划，倡导业主把服务设施向四星级酒店看齐。达到这一标准的房源，就会获得平台优先推荐，提升入住率。

③服务规范化

由于民宿的特点，是业主自主经营，所以不同的业主服务水平就会参差不齐。蚂蚁短租通过房东成长体系、房东圈和蚂蚁分，引导和帮助房东的服务形成统一水平的规范。对于卫生、安全等关键指标则采用强制标准要求，让房客住得安心、住得放心、住得舒心。①

（二）发展历程跌宕起伏：艺龙旅行网

1. 艺龙旅行网简介

（1）艺龙的背景

艺龙旅行网（NASDAQ：LONG）是中国领先的在线旅行服务提供商之一，致力于为消费者打造专注专业、物超所值、智能便捷的旅行预订平台。通过网站（eLong.com）、24 小时预订热线（4009-333-333）以及手机艺龙网（m.eLong.com），艺龙 iPhone、Android 和 windows phone 无线客户端等平台，为消费者提供酒店、机票及旅行团购产品等预订服务。艺龙旅行网通过提供强大的地图搜索、酒店 360 度全景、国内外热点目的地指南和用户真实点评等在线服务，使用户可以在获取广泛信息的基础上做出最佳的旅行决定。截至 2019 年，艺龙旅行网可提供全球 110 万家酒店的预订服务；同时通过与国内外各航空公司合作，向用户提供国内、国际绝大多数航班机票的实时查询和预订服务。艺龙旅行网排名前两位的大股东是 Expedia，Inc.（Nasdaq：EXPE）和腾讯公司（HKSE：0700）。

（2）艺龙的成长轨迹

1999 年 5 月艺龙于美国德拉华州成立，定位为城市生活资讯网站。

2000 年 4 月艺龙并购百德勤及其电子商务网站，进军旅游服务行业。

① 资料来源：艾瑞咨询 2017 年中国在线短租行业研究报告

2001 年 5 月艺龙转型并聚焦在线旅行预订服务行业。

2004 年 10 月艺龙在美国纳斯达克上市。

2004 年 12 月 Expedia 宣布行使认股权证，股权增加到 52%。

2005 年 1 月中国国际航空公司第一张 BSP 电子客票在艺龙诞生。

2008 年 1 月艺龙全面推行 7×24 小时服务，成为国内首家能够提供 24 小时服务的在线旅行服务公司。

2008 年 5 月艺龙推出代表中国在线旅游行业发展趋势的 4G 商业模式。

2010 年 5 月艺龙推出手机艺龙网，提供手机预订服务。

2011 年 3 月推出 iPhone 客户端。

2011 年 4 月推出 Android 客户端。

2011 年 5 月腾讯通过向艺龙投资约 8440 万美元购买了艺龙新发行股份后，约占艺龙总股份数的 16%，成第二大股东。

2011 年 5 月艺龙国内酒店签约率先突破 2 万家，持续保持酒店覆盖第一。

2011 年 8 月艺龙连续第 5 次获评中国呼叫中心奖项。

2012 年 3 月艺龙网第二呼叫中心落地合肥。

2012 年 10 月艺龙被评选为 2012 中国 Top10 微创新公司。

2012 年 10 月艺龙连续第六年荣获“2012 年度中国呼叫中心”奖。

2012 年 10 月艺龙荣获“2012 年度中国最佳雇主”称号。

2014 年 4 月 10 日，同程旅游与艺龙旅行网签署了战略合作协议，将独家向艺龙提供景区门票库存，同时艺龙将向同程旅游提供中国大陆的前台现付和团购酒店库存。

1999 年 5 月成立的艺龙在短短的 2 年时间里成为当时刚刚兴起的国内在线旅游预订市场的领头羊。但很快由于超高速的业务增长和管理层对于庞大业务控制能力缺乏和经验的不足，再加上在公司经验与发展战略上的不一致，艺龙陷入了发展泥潭。市场占有率很快下降，被携程等市场后起之秀迅速超越，直至今日都无法追回市场领导地位。经过几轮激烈的全国注册建筑师、建造师考试争论和管理团队的更迭，2004 年 7 月艺龙选择与全球著名旅游服务品牌 Expedia 紧密携手，通过多资源、多渠道的市场整合，将自身已有的国内旅游服务网络与 Expedia 丰富的海外旅游资源、先进的服务理念及服务技术紧密结合，为会员提供高品质的出行服务，重新开始了快速有序的发展，逐步扩大在线旅游市场上的份额。2004 年 10 月艺龙旅行网成功在美国 NASDAQ 上市，目前全球最大的在线旅行服务公司 Expedia 拥有艺龙 52% 的股权。

2. 艺龙旅行网的经营情况

艺龙旅行网通过丰富的酒店、机票以及旅行资源服务，吸引和集聚了大量的中高端商旅用户，艺龙旅行网则通过这些中文艺龙旅行网、英文艺龙旅行网、电子邮件直投，以及线下的机票封套和直邮向国内、国际的酒店，航空公司，风景区提供广告服务。艺龙旅行网具有丰富的推广经验及活动执行力，为商家提供整套推广解决方案，为商家提供渠道细分的解决方案。

经营模式是企业根据企业的经营宗旨，为实现企业所确认的价值定位所采取某一类方式方法的总称。其中包括企业为实现价值定位所规定的业务范围，企业在产业链的位置，以及在这样的定位下实现价值的方式和方法。经营模式是企业对市场作出反应的一种范式，这种范式在特定的环境下是有效的。根据经营模式的定义，企业首先有企业的价值定位。在现有的技术条件下，企业实现价值是通过直接交换，还是通过间接交易，是直接面对消费者，还是间接面对消费者。处在产业链中的不同的位置，实现价值的方式也不同。此外，艺龙旅行网还在国内首创现金账户返现功能实在回馈消费者，艺龙此次首推的“现金账户”功能是一种全新的回馈客户的方式，让消费者可以轻松得到艺龙返回的现金，返还方式自由灵活，这也相比其他网站送抵扣券更显实惠。该功能引领了行业内新的潮流，具有革命性的创新意义，为业界与消费者之间搭建了更优的沟通桥梁，对国内旅游业的发展有着极其深远的影响。

良好的企业文化成就着艺龙旅行网，而管理科学，人员高效的团队使艺龙旅行网走得更远。艺龙以打造中国最大的、最智能的旅行服务市场为远景，为公司发展的战略目标；以最低成本、最简便的交易、最智能的信息，为客户提供最好的旅行服务为使命；以员工、服务、利润为企业文化；以人为本、关注客户、诚实正直、创新、执行力、可持续发展为价值观；以让客户每一次都享受到艺龙无与伦比的服务为承诺。相信未来的艺龙旅行网在我国经济日益发展下会有更好的未来。

作为中国在线旅行服务行业的领导者，艺龙一直热情致力于以先进服务理念及服务技术，为会员提供高品质的商旅特色服务。

2008 年 9 月，艺龙旅行网率先推出全面的在线支付方法。客户可以用信用卡、借记卡、Alipay 账号在 eLong.com 实现在线支付，双方正式建立合作伙伴关系，这一举措将使艺龙网成为目前业内开通借记卡网上支付功能最全面最先进的在线旅行服务商。

艺龙旅行网为了更好地服务出行者，提高客户的满意度和市场占有率，提出了四大保障：首先保障酒店低价，当您的订单经过艺龙确认，到达酒店后却发现艺龙提供的会员价高于相同房型前台标价时，您可拨打艺龙酒店预订热线，艺龙网将赔付 3 倍差价房费；其次保障到店有房，当您的订单经过艺龙确认，在您约定最晚到店时间内到达酒店却发现没有房间时，艺龙网将及时协调、安排入住，并为您赔付首晚房费；再次保障出行赠送保险，会员在艺龙网成功订购国内酒店或机票后，将赠送7天以至全年保额为50万元的交通意外保险；最后保障7×24小时服务，艺龙旅行网的预订及客服专家将24小时不间断地为您提供机票和酒店产品预订、退改签、咨询及投诉服务，这是国内唯一一个能够提供24小时服务的在线旅行服务公司。

3. 产品和服务

（1）酒店预订

目前艺龙已经建成完善的全国酒店销售预订网络，直接可以预订国内近719个城市的近17 000家酒店及海外200多个国家和地区的50万家酒店，并建立了长期稳定的合作关系，能为消费者提供这些酒店优惠价格的预订服务。同时，艺龙海外酒店预订系统开始通过Expedia向用户提供全球720个目的地优惠的国际酒店预订服务。

（2）机票预订

艺龙公司与国内所有航空公司、国际数十家航空公司及全国各地机票服务机构建立了长期、稳定的战略合作伙伴关系，可以提供全球任意一点或多点的机票服务，为旅客量身定制飞行计划及旅行路线等。2005年1月21日，艺龙公司推出了国航第一张BSP电子客票，充分体现了艺龙公司作为中国在线旅游行业领军者的重要价值。目前，艺龙机票服务网络已覆盖北京、上海、广州、深圳等80多个主要商务旅游城市，并推出了免费为客户邮寄机票行程单的服务，使机票服务范围涵盖全国大中小城市。

（3）相关旅行业务特约折扣服务

艺龙与北京、上海、广州、深圳、南京、武汉、成都、杭州、苏州等城市的餐饮、娱乐、健身等多个消费领域的精选特约折扣商户合作，为VIP会员和龙萃会员提供特惠价格折扣服务。艺龙积分除了可兑换免费酒店与机票外，还可以在多家特约商户兑换自己喜欢的礼品或服务。

（4）旅行消费卡

除了针对初、中、高级会员的普通卡、VIP卡和龙萃卡，艺龙还与中信银行联合推出了集旅游、金融理财、日常消费于一体的中信艺龙卡，与其他金融服务机构联合推出的信用服务卡，以及与海南航空、中国联通、雅虎、摩托罗拉等合作推出了各种多功能联名卡等。这些会员卡是艺龙与消费者紧密联系的纽带，是艺龙不断将旅行服务逐一加深、拓展的见证。

（5）服务平台客户服务

艺龙旅游网拥有 800 人的艺龙电话呼叫中心是国内旅行服务行业技术最先进、规模最大的呼叫中心之一，先后通过 ISO9002、ISO9001：2000 国际标准质量体系认证，并配备了国际上最先进的第三代系统核心技术 CTI（计算机电话综合运用）。在利用高科技手段和管理方法从硬件上保证提供一流服务的同时，艺龙电话呼叫中心还注重业务流程的优化和客户群体的细分，建立了全面服务质量观念，以推进行业服务规范的建立和服务水平的提高。

4. 艺龙网经营模式

艺龙走的是薄利多销路线，降低佣金比率，尽可能签约更多的酒店，构建成酒店大市场，而吸引到大客流，并通过大客流带动市场内每个酒店的销售额。艺龙配合返现优惠、团购、模糊预订等多种价格战术打法，迅速吸引并粘住大量价格敏感的个人消费者。2014 年 4 月底国内酒店覆盖突破 10 万家，达到国内酒店覆盖量第一。

艺龙旅行网通过为广大出行者提供便捷的酒店、机票、旅游服务以及出色的线上线下推广，使艺龙旅行网已经成为国内著名的出行资讯网站，聚集了大量的网络用户，1000 万中高端、稳定的商旅用户，艺龙旅行网主要通过向酒店、航空公司、风景区提供面向这些用户的广告服务而盈利。

艺龙旅行网通过网络推广宣传与线下活动提高网站知名度，吸引用户使用，使更多的人成为艺龙旅行网的用户，用户通过网站订购机票、酒店等，通过这些，艺龙旅行网收取一定的佣金，这又是艺龙旅行网的一个盈利模式。

5. 艺龙的 SWOT 分析

Strength：作为 Expedia 旗下的企业，具有资金和资源的支持。剥离外围业务，分离出核心业务后，酒店机票预订业务的执行力得到提升。客户差旅过程的一条龙式的全程监督、管理和操作的合作节约了客户成本的同时还保证了质量。

Weakness：机票酒店产品仍然和其他供应商属于同质化竞争，并没有特别的明显的优势。主要面对商旅人士，受众面比较窄。

Opportunity：旅游预订市场上强化专业，可以探索出新的模式。依托 Expedia 的资源，可以考虑开拓海外市场。提升与搜索引擎合作进行推广。

Thread：作为上市公司持续亏损的局面不及时扭转将带来更大的资本市场的压力。商业模式雷同、产品服务相似导致来自同类公司的竞争压力仍然很大。

作为市场上的追赶者，艺龙在市场上长期与市场领先者携程处于同质化竞争状态，其市场追随者的角色形象明显。尤其在 2005 年之后，艺龙连续出现亏损局面，作为上市公司面临盈利压力。

在大多数网络旅游服务商都开始走“线上＋线下”资源整合道路时，艺龙提出了走“纯线上型轻公司”路线的战略，将和线下资源联络比较紧密的度假产品砍掉。同时艺龙还将自己严格定义在“机票酒店在线预订渠道”的角色，在其网站上只提供机票酒店预订服务，并不提供旅游资讯、论坛等相关服务。艺龙求专的战略主要目的是希望突出优势业务，能够在市场上集中力量发展预订服务。

在用户定位上，艺龙也集中目标定位于商旅人士。同时艺龙对于企业用户提供更多的优惠措施，希望可以在企业商旅市场有所斩获。应该说艺龙剥离非核心业务、集中攻线上预订市场是艺龙在盈利压力下采取的正确的措施，避免了艺龙在各条战线上都与领先者进行同质化竞争，可以集中优势资源开拓专业市场，同时使得自己的执行力更好地得到体现。

在市场推广上，艺龙采取了和多个合作伙伴进行合作推广的方式。艺龙与中国移动、联通、电信等网络运营商，国航、东航、南航、海航等航空运营商，以及中国银行、工商银行、建设银行、招商银行，中国平安、中国人寿、中国泰康等金融机构合作，为他们的会员提供旅行服务；并与遍布全国的4000多家代理商结成战略联盟，代理艺龙旅行网的各项业务。艺龙旅行网另一个特点是和网站合作来进行艺龙产品的销售。艺龙与国内著名的网站建立了排他性合作，建立了广泛的网络营销渠道。谷歌、百度、腾讯、互联星空等国内大型网站均为其战略合作伙伴。2002年艺龙旅行网隆重推出了“艺龙旅行网旅行产品在线分销联盟”，大大加深了自身营销渠道的拓展。在线联盟加盟方法简单，个人或企业均可申请。数千家网站加盟并从中获利。另外，艺龙旅行网依托Expedia的旅游资源、成熟网络及雄厚的技术支持力量，并通过elong.net英文网站平台为世界各地的旅行消费者提供全球的旅游产品预订服务。

三、中介服务提供商（面向企业）：路书和品橙旅游

（一）专业服务于旅行社和定制机构的SaaS旅游科技公司：路书

1. 简介

路书（北京）科技有限公司，简称路书，于2014年创立，是一家专业服务于旅行社和定制机构的SaaS旅游科技公司，专注于为B端定制机构提供线路设计和知识管理的操作系统。

路书创始人CEO程小雨，2017年入选福布斯中国“30under30”杰出人才榜单，

擅长以行业供求和消费趋势分析为定制游从业者提供咨询建议。是环球旅讯特约评论员，全球顶级旅游 B2B 批发商，Tourico Holidays 前中国战略顾问。

公司旗下产品路书·云 TOS（Travel Operation System）有独立定制师版、机构版、旗舰版三个版本，是一个为旅行社、定制公司研发的行程规划 SaaS。主要功能是辅助旅行定制师快速高效编辑行程、积累线路方案、创建机构定制经验知识库。具体来说，路书是为一次旅行制作的详细计划，其中包括行程安排、交通信息、住宿信息、景点和餐厅推荐、娱乐项目预订、费用支出信息等，用户可以使用路书系统里 400 万的自建 POI，并在这个基础上创建、管理仅系统用户自身可见的个性化的线路方案及内容。不同于旅游攻略，路书一般由资深的旅行达人、旅游机构或者专门做定制游的公司制作，可以说路书是国内逐渐升温的定制旅游市场的产物。

路书旗下还有路书管家 App，目前主要提供两大功能：一是用户通过登录定制师验证过的手机号，或者扫描定制师发来的路书二维码，下载并随时查看定制行程；二是按照行程导航，轻松获知当前位置以及要去的景点、酒店等位置，自助旅游。

2. 公司发展历程

2014 年，路书（北京）科技有限公司成立，据路书创始人程小雨介绍，路书团队一开始做的事情有些像定制游行业的 Evernote，让编写行程计划这件事更简单、不用受到太多无效碎片化信息的困扰。当团队开始寻找这件事的商业价值时发现：在定制游行业中，定制师会为顾客做行程方案，但比旅游攻略要详细、专业得多，一次复杂的路线往往要做一本 200 多页的路书。因此，对于专业的旅行定制师来说，急需一套知识管理的系统帮助他们提高效率。根据团队的调研，以往定制师制作路书的工具往往是 Word、Excel 等办公软件，这导致碎片化内容无法快速组合，同时排版等工作也会耗费很多时间成本。平均下来，做一个方案的周期往往在一周上下。对于相对短线的路线，一个定制师同时最多可以服务四个客人；如果是复杂的长线，服务两个客人已经是极限了。如果能够把制作路书的工作进行效率上的提升，无疑能够产生让人看得见的价值。

在 2016 年 6 月，路书团队调整了商业化战略，推出服务专业旅行定制师的线路管理 SaaS——路书·云 TOS。2016 年 12 月初试运营将近半年的路书·云 TOS 系统正式发布。

2017 年 4 月 17 日，定制游 SaaS 平台路书宣布已于 2016 年年底完成千万元级别 A 轮融资，投资方是凯思博投资。目前已有 1200 多家机构类客户、4000 多独立定制师客户。程小雨表示，路书会进一步拓展市场、扩大销售团队，在一些一线城市也会有更多的线下动向。

3. 产品介绍

（1）智能行程编辑

智能行程编辑是路书最主要也是最核心的功能，使用路书编辑器，可以制作全球任何目的地的行程方案。首先用户要编辑行程路线，确定具体目的地城市，其次编辑日程安排，添加游玩景点、住宿、餐饮、交通等信息。用户需提前跟客户沟通个人需求、偏好以及预算，然后根据其个性化信息并结合自身专业知识及对目的地的了解，有针对性地为客户推荐最合适的行程。

图 2–33　智能行程编辑器界面（路书截图）

当用户目标明确、线路构想清晰时可按照自己思路进行行程设计，但路书也为线路构想不完善的用户提供了碎片化线路模板，用户通过导入【线路模板】，可灵活组合完整行程，简单高效。

图 2–34　导入线路模板界面（路书截图）

用户可从机构内部已有线路中导出部分或者全部生成线路模板，也可自建新的线路模板，还可以使用库内提供的第三方线路模板。提高线路复用率的同时，编辑行程也更简便。

图 2-35　第三方线路模板（路书截图）

在编辑行程过程中，路书系统支持自动算出城市内两个地点的距离、交通方式和所需时间，并为用户提供智能路径指引，省心省力，同时用户也可自主选择偏爱的交通方式。

图 2-36　智能交通规划（路书截图）

（2）行程报价与费用核算

当行程大致安排好后，路书系统提供报价功能，便于向客人展示行程报价。用户可以点击行程编辑页面的右边栏中的【行程报价】模块，根据不同情况，灵活选择行程中需要展示的收费项目并填写报价，生成带报价的行程方案。

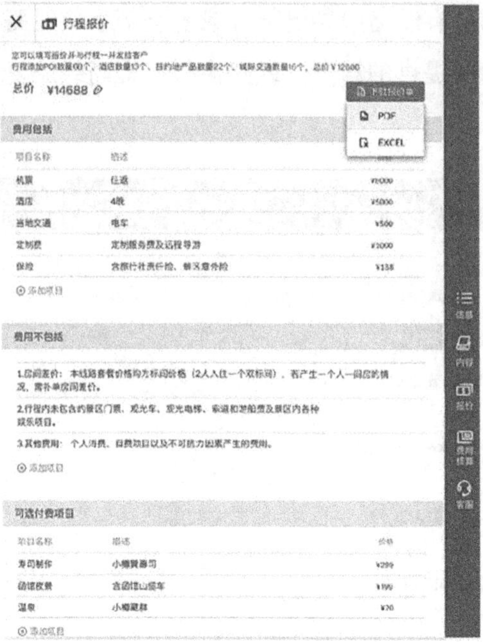

图 2–37　行程报价（路书截图）

系统还支持费用核算功能，便于机构内部人员核算成本。用户可以点击行程编辑页面的右边栏中的【费用核算】模块，查看行程中带有参考价格的项目，如城际交通、住宿、目的地产品、行程 POI。

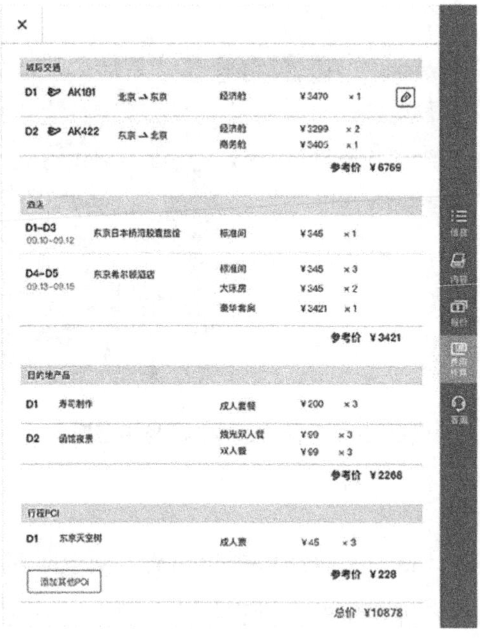

图 2–38　费用核算（路书截图）

（3）POI 库

除了系统自带的全球 450 万 POI，路书还支持自定义 POI，展示线路亮点。

图 2-39　POI——基本信息（路书截图）

用户可以在【相关素材】中查看与 POI 相关的笔记和图片。

图 2-40　POI——相关素材（路书截图）

在【展示模板】中，用户可以灵活添加【基本资料】和【相关素材】中所需要的碎片化内容，组合成极具个性化的 POI；也可根据不同客户群体需求，生成多种主题的 POI 版本。

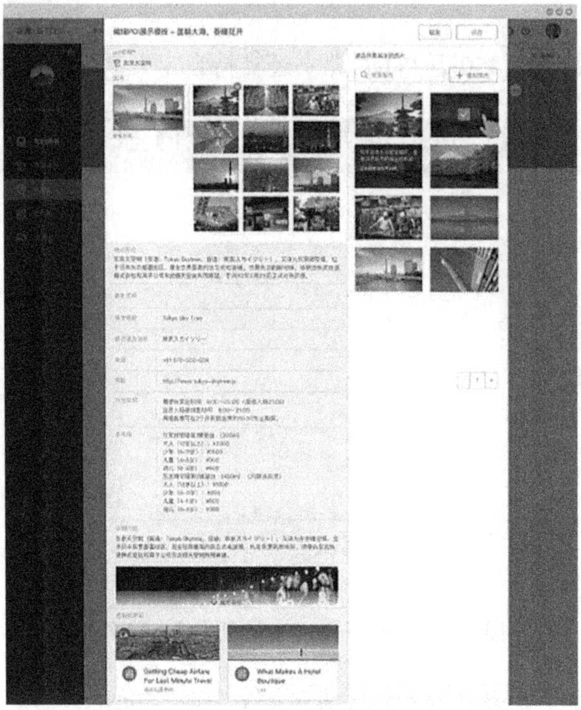

图 2-41　POI——展示模板（路书截图）

（4）素材库

【素材库】内设有【笔记】和【图片】两个模块。

用户可以在【笔记】模块内找到丰富的素材，包含出行清单、温馨提示、风俗历史、推荐体验等图文信息，同时支持自建内容，帮助用户提升专业形象，深度展示线路特色。

图 2-42　素材库——笔记（路书截图）

【图片】模块支持用户更灵活地使用和管理机构内部的图片素材。

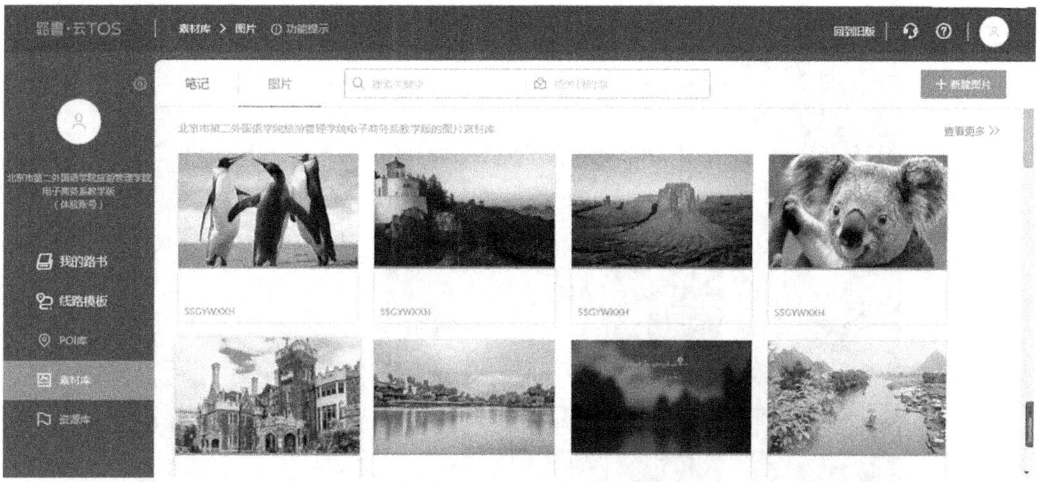

图 2-43　素材库——图片（路书截图）

此外，路书联手多家旅游局和官方机构，提供更专业的笔记内容和图片素材，用户可以在【路书云 TOS 为您提供的笔记资料频道】和【图片资料频道】中搜索并使用。

（5）资源库

【资源库】内设有【酒店】、【城际交通】和【产品】三个模块，支持自建内容，方便在制作行程方案时将酒店资源、城际交通、目的地体验等碎片化数据添加在行程中。

图 2-44　资源库——酒店（路书截图）

（6）自定义添加个性化内容

线路模板、POI、素材、资源皆支持自定义创建，支持灵活调用库内笔记和图片，用户可以轻松打造独特行程。

图 2-45　编辑笔记界面（路书截图）

（7）路书独创的知识产权保护体系

路书用户创建的全部内容，都属于机构私有知识，不对外公开。

图 2-46　知识产权保护体系（路书公众号）

其次，路书设有分级权限管理和场景化分级发布方案等设置。系统提供多版本发布方案，用户可根据不同的沟通情景，选择发布行程的详细程度，为不同客户在不同阶段提供最恰当产品信息的同时，也保护了机构内容的独家竞争力。

图 2-47　场景化分级发布（路书公众号）

（8）路书产品多样导出方式

①微信版行程

系统支持自动生成微信路书，通过微信 H5 向客户展示行程细节，快速分享行程。若需变更，用户可通过微信及时高效确认需求，从而让客户沟通更简单。

图 2-48　微信版路书（路书公众号）

② PDF 版及打印版

系统支持生成 PDF 格式，行程排版精美，阅读舒适，用户还可将其直接打印成册，成为一本真正拿在手上的"路书"，在旅行过程随时翻阅，记录点滴美好回忆。

图 2-49　PDF 及打印版路书（路书公众号）

③路书管家 App

路书服务的客户可以通过手机号登录路书管家 App，与路书系统实现智能关联，快速提取专属路书。App 中支持电子导航和图文导览，真正实现"把导游装进口袋"，带给客人有温度的行中体验。

图 2-50　路书管家 App（路书公众号）

4. 产品特点——路书与旅游攻略的区别

（1）形式不同

旅游攻略一般是由用户基于个人旅游经验做的旅游经验分享，受限于创作者本身的体验。路书一般是由旅行达人或机构针对某一主题或客户需要设计的旅游计划，具有个性化、专业化的特点。

（2）内容不同

旅游攻略含有大量个人体验方面的信息，需要通过阅读不同攻略来摘取有用的信息。路书是针对某一地区某一主题或某一用户需求设计，涵盖的内容更精准、更专业。比如书籍类的有《西藏自驾路书》，某旅行社或定制公司给客人设计的不同主题的路书等。

（3）制作者不同

旅游攻略可以说是人人都可以做，但是制作路书就需要一定的专业技能，不但要对目的地非常了解，还有根据主题或客户需求个性化的设计制作。

（4）应用对象不同

在互联网发达的当今社会，旅游攻略可以说是唾手可得，人人都可享有。但是，路书一般是由专业的旅行达人或机构制作，是为他们的客户服务的，是相对个性化的行程。

5. 盈利模式

路书主要通过向定制师或旅行社销售账号盈利，目前有独立定制师版、机构版、旗舰版三个版本，免费试用时间均为 7 天，7 天过后便需要定制师或旅行社按照需求版本付费。其中，旗舰版每年 50000 元，共 10 个账号，超出账号单价 2899 元；机构版每年 15000 元，共 5 个账号，超出账号单价 2899 元；独立定制师版每年 3339 元，共 1 个账号。

路書·云TOS

版本	旗舰版	机构版 热销	独立定制师版
套餐售价	¥50,000/年	¥15,000/年	¥3,339/年
账号数量	10个账号	5个账号	1个账号
超出账号单价	2899/账号	2899/账号	-

图 2–51　路书盈利模式（路书截图）

	旗舰版	机构版	独立定制师版
功能模块			
行程方案编辑器	✓	✓	✓
POI数据库	✓	✓	✓
线路模板库	✓	✓	✓
旅游局第三方数据库	✓	✓	✓
内部私有数据库	✓	✓	✓
机构账号分级管理	✓	✓	-
线路展示			
智能微信方案展示	✓	✓	✓
智能网页方案展示	✓	✓	✓
智能行中APP	✓	✓	✓
智能排版PDF	✓	✓	✓
定制服务			
定制方案展示模板	赠送2个模板	-	-
定制配色和样式方案	✓	-	-
误删路书找回	10次免费找回	1次免费找回	-
定制化开发需求调研	2次免费咨询	1次免费咨询	单独报价
品牌增值服务			
基础市场服务	✓	✓	-
同业推广服务	✓	-	-
线下活动VIP票	每场活动2张，限10场	每场活动1张，限5场	-
品牌咨询服务	2次免费咨询	1次免费咨询	单独报价
教育增值服务			
系统线上培训	✓	✓	✓
系统线下培训	✓	-	-
定制游线下精英课程名额	2个名额	-	-
企业内部定向培训方案	2次咨询	1次咨询	-
线下培训沙龙	全年48张赠票	全年12张赠票	-
线上课程优惠	赠送20课时/账号	赠送5课时/账号	八折

图 2-52　路书各版本服务功能（路书截图）

在 2016 年 9 月路书搭建销售团队以来，客户转化周期从 3 个月缩短到一周左右，单个合同平均额从最初的 2600 元已经提升至 1 万元。

6. 案例

中青旅耀悦是中青旅于 2014 年 3 月推出的高端旅行品牌，旨在为客户提供专业细致的私人旅行顾问服务，量身打造私人定制旅行。为了解决“行程制作效率”和“提高线路个性化”等问题，耀悦和路书达成紧密合作。一方面，全面启用路书云 TOS 系统，让所有旅行定制师使用路书，在线制作行程，提高行程制作的效率，公司内部线路可共享，建立耀悦专属的内部线路库和知识库；另一方面，品牌定制化开发，根据耀悦的品牌形象，为其开发独有的品牌微信版路书和 App 版路书。

那么，作为一家高端定制品牌，对于耀悦来说，路书到底可以给操作人员、机构品牌、服务的客人带来什么样的优质体验呢?

（1）耀悦的旅行定制师——提高效率

第一，耀悦主打高端客群，为每一位客人精心打造个性化的线路。传统的 word、excel 制作起来不但费时费力，而且不美观。用高效的工具，快速满足不同客人的个性化线路需求，这个才是个性化方案里面最重要的一点。使用路书云 TOS，交通系统会自动帮定制师来计算，定制师只需要勾选相应的 POI，一条详细的线路就生成了。

第二，所有线路都可以保存在系统中，既可以复制进行二次编辑，也可以分享给公司内的其他定制师。一条线路，多次使用，询单量大不用怕，系统中上百条线路可随时发给客人参考。

第三，路书云 TOS 支持多种导出方式，适合不同需求的客人：

沟通中——微信版路书，定制师在 web 端更改行程并发布，客人即可看到最新版的行程；

做线路——PDF 版路书，一键导出精美路书，节约人工排版时间；

出行中——App 版路书，支持行中查看行程并导航，适合自驾自由行的客人。

（2）耀悦的品牌——定制开发

耀悦作为一个高端旅游品牌，品牌形象的统一直接关乎到客户的黏性和忠诚度。在合作过程中，耀悦就提出了所有对外展示的内容必须要符合耀悦一贯的风格。路书的产品和技术团队根据这一要求，建立专项服务小组。第一时间确定了定制开发的服务流程和排期。

路书云 TOS 定制开发服务流程：

Step1 调研需求

Step2 需求确认

Step3 项目排期

Step4 设计开发

Step5 产品测试

Step6 上线发布

路书仅用了 2 个月的时间就完成了耀悦的个性化定制开发。不管是微信版路书、App 版路书，还是 PDF 打印出来的路书，都能突出展示耀悦独有的品牌 VI 和 Logo。

图 2-53　耀悦定制版微信路书示例（知乎）

（3）耀悦的客人——智能便捷

对于耀悦的高端定制客人来说，时间非常宝贵，效率就是金钱。再加上他们对于新鲜事物接受程度高，喜爱社交软件等技术产品带来的便捷体验。

路书云 TOS 为耀悦提供最好的技术支持，定制师为每一位客人设计专属的个性化线路。并且，考虑到客人的生活习惯和爱好，定制师可以导出微信版行程发给客人。相比传统用 Word、Excel、打印出来的行程手册，微信路书不但实现了及时沟通，而且使用方便、线路展示更美观。一方面，方便和客人随时随地沟通行程。客人提出要求，定制师可以在几分钟内调整好，点击发布，客人就能在微信端看到了。另一方面，也方便客人查看每日安排，或分享给家人和朋友。

图 2-54　客人在行程中使用微信版路书效果展示（知乎）

（二）专业的旅游产业链 B2B 整合平台：品橙旅游

品橙旅游（www.pinchain.com）是旅游行业垂直门户，定位于“旅游产业链的新视角”，致力于用最全面的资源、敏锐独到的视角、快速及时的响应、专业严谨的态度，服务于旅游产业链。

1. 简介

“旅游行业资讯第一平台、旅游商业咨询整合专家”。

品橙旅游强调线上线下互动的旅游产业服务，力争通过准确的新闻资讯、深度的分析点评、扎实的数据分析、精准的战略咨询、专业的会展服务、创新的营销视角，成为兼顾国际化和本土化的旅游桥梁，为产、学、研提供新的媒体平台，为海内外旅游行业搭建良好的交流环境，为中国旅游业界提供及时、同步以及精准的海内外旅游发展资讯和服务；转化品橙数据库的大数据和海量资料库为品橙智库，向旅游产业链的各环节，提供专业、翔实的旅游商业咨询服务，基于线下和线上的营销活动提供策划和执行。目前品橙旅游在北京、上海、布里斯班均设有办公场所和子公司。

2. 品橙旅游网站

旅游业是一个由诸多环节紧紧相扣的服务行业，往往牵一发而动全局。品橙旅游从与旅游业息息相关的酒店住宿、旅行社、会展节事、旅游交通、餐饮娱乐、旅游购物等环节，为旅游业内人士提供准确、专业的基于产业链的新闻资讯，以及深度的分析解读。

品橙旅游特别聚焦“智慧旅游”内容，形成及完善标签搜索体系，为旅游相关的政府、科研院所、旅游企业提供智慧旅游资讯和基于目的地的智慧旅游开发经验分享。

3. 品橙旅游团队

品橙旅游团队由一批来自旅游和 ICT 领域的国际化的专家学者、资深分析师和业界精英组成，为品橙旅游的国际视角提供坚实的保障；而包容和谐的本土化定位，以及品橙旅游汇集的国内顶级旅游专家和旅游业资深人士组成的咨询团队，为品橙旅游深耕中国旅游产业的愿景奠定了重要基石。

品橙旅游网站运营团队来自英国、美国、澳大利亚和中国，由旅游、ICT 及语言背景的博士和硕士组成。品橙团队利用国际化和本土化的特色，邀请国内外旅游专家学者、业界资深分析师，以及旅游产业管理层和企业家，共同打造及时、专业、精准、独到的旅游产业链新闻资讯与深度分析。

4. 品橙旅游会展服务

品橙旅游的核心团队有丰富的会务和会展经验，将秉承“旅游产业链的新视角”的初衷，为旅游会展和节事提供贯穿产业链的线上线下服务，为旅游行业打造高质量的高峰论坛等会展服务。品橙旅游团队早在2012年，就于中国上海举办2012首届智慧旅游产业高峰论坛，聚集海内外业者及专家，将“智慧旅游”概念从原本旅游信息化的角度提升到了产业链资源整合、政府产业行业学界机构媒体六要素各自担当的协同高度。

2013年，品橙旅游与台湾合作伙伴一道，在台北召开2013首届台湾两岸智慧旅游产业高峰论坛，这是海峡两岸旅游业者第一次在“智慧旅游”这个话题上，跨越海峡，同台论道。2014年，2014第二届台湾两岸智慧旅游产业高峰论坛的成功召开，巩固了两岸旅游业者在旅游资源与文创、科技等领域合作的基础。

2015中国酒店产业链资源整合高峰论坛的召开，是品橙旅游将“产业链资源整合”概念进一步深化到酒店行业的标志，基于品橙旅游承办的第22届全国酒店市场营销会议的基础，品橙旅游搭建的平台，为酒店在新形势下运用新科技与新渠道的营销，拓展了通路。

2014智慧旅游产业高峰论坛、2015智慧旅游产业高峰论坛展现新机遇、新伙伴、新方法的同时，逐年增强的海外资源导入，以及品橙大数据的应用，成为中国旅游业界的标志性峰会。

第三章 定制旅游专题

2009年、2011年、2013年、2019年，招商银行与贝恩咨询公司4度合作，发布《中国私人财富报告》。报告2008年、2010年、2012年、2018年中国可投资资产达1000万元以上的人群数据分别为32万、59万、70万、197万人。2017年胡润百富《中国奢华旅游市场白皮书》指出，六成高端旅游者每晚住宿预算超过3000元。奢华旅游家庭平均消费38万元，其中购物22万元。新生富豪在寻找高端消费途径，而旅游是中国富豪最青睐的休闲方式，这些都是潜在的顶级旅游客层。不仅如此，太美集团的CEO胡世辉也提道："我觉得中国人理解的旅行，与全世界很多国家理解的旅行不一样，旅行在中国已经成为人际关系交融、商业资源挖掘、商业运作很重要的手段。这个市场是非常大的。"一切数据和现象表明，中国奢华旅游市场迅速发展，未来顶级旅游的市场也将愈来愈大，而整个高端旅游市场才刚开始发展，是一座待挖掘的黄金富矿。

定制旅行不完全等于高端，核心是个性化，并不是奢华和昂贵的代名词。定制旅行是指以客户需求为中心，满足旅行者个性化体验需求的一种旅游方式。这就需要在设计定制旅行过程中遵从4个原则：第一，以客户需求为中心；第二，提高客户对产品的参与度与满意度，即增强互动性；第三，满足多变需求；第四，产品规划、服务水平、开发成本"三高"。

不难看出来，定制旅行的重点是贴心的"服务"。定制业务比较依赖个人，无法保障不同员工之间品质和业务的稳定性。这样的状况下，客人的体验可能很随机，企业的形象、服务标准和流程难以统一。而定制旅行又是一个严重依赖口碑的行业，必须确保每一单客人的满意度和体验的一致性。

私人定制旅游是一种国外非常流行的旅游方式，是根据旅游者的需求，以旅游者为主导进行旅游行动流程的设计。通俗地说就是根据自己的喜好和需求定制行程的旅行方式，从旅行准备、目的地选择到定制玩乐地图全部由游客自己说了算。这种模式在业界的特点就是弱化了或者去除了中间商，能够给旅游者带来最个性化的服务。定制旅游现已经引入中国，处于发展阶段。私人定制作为一种时尚的个性化消费方式正在世界流行。随着体验性、休闲性等现代元素渗入传统的旅游方式，私人定制旅游这样一种全新的旅游消费方式也走进了中国，国内先后出现6人游、鸿鹄逸游等定制旅游企业。

由于看准了这个市场，越来越多的私人定制游旅行公司或俱乐部相继成立，蛋糕做大的同时，会员俱乐部之间也将面临更多的挑战和竞争。在旅游市场相对成熟的广东地区，心友汇、太美等高端会员俱乐部开始异军突起，通过量身定制的个性化服务共同推进高端旅游市场发展。

第一节　中青旅耀悦

一、中青旅介绍

中青旅整合旗下专业旅游服务团队、优质旅游产品设计能力、旅游门店、签证、机票酒店等资源，以遨游网作为线上统一入口和整合平台，在互联网＋和旅游消费升级的新时代，致力于带给用户更加便捷、活力、富有创意和个性化的旅行生活方式。

中青旅遨游网在出境旅游度假、国内旅游度假、海岛旅游度假、签证服务、机票服务、酒店度假服务，境外当地玩乐等领域具有丰富线路及领先水平，尤其是欧美澳非等长线出境游、海岛自由行度假、目的地深度文化旅行、个性化定制旅行、签证及透明机票、一价全包式度假村及精品酒店、邮轮等领域具有领先优势。近年来，中青旅遨游网以旅游消费升级为发力点，进一步发展国际游学、户外旅行、康养旅行、摄影旅行、蜜月旅行等旅游＋领域，成为中国在线旅游标杆性品牌之一。

中青旅所经营的业务包括跟团游、自由行、邮轮游、签证办理、机票预订、酒店度假、高端旅游、当地玩乐、游学研学服务、户外旅行和康养旅行。

二、中青旅耀悦

中青旅耀悦是中青旅旗下的高端旅游品牌。耀悦致力于为客户提供专业细致的“私人旅行顾问”服务，量身打造“私人定制旅行”，同时依托中青旅集团三十年深耕旅游行业的丰富经验，研发深度体验类主题产品，让每一条线路都贯穿主题来匹配消费者兴趣。

耀悦目前经营的范围包括国内、入境及出境旅游业务；航空机票销售代理；广播电视节目制作。代售火车票、代售机票门票、旅游信息咨询、健康咨询（须经审批的诊疗活动除外）、会议服务、组织文化艺术交流、市场营销策划、技术推广服务、体育运动项目经营（高危险性体育项目除外）、设计、制作、代理、发布广告。作为为客户提供境内外高端旅游服务的公司，耀悦提供包括豪华汽车、私人飞机、私人游艇租赁，高级酒店预订，目的地行程安排等，提供独特服务。

耀悦在传统高端服务基础上，致力于挖掘高端旅行的思想内核，即对人文价值的思考，对自然力量的尊崇，以及对探索精神的致敬。

私人旅行顾问创造独一无二的旅行体验

“私人旅行顾问”是耀悦提出的创新性核心理念，倡导“合理规划”“理性出游”，消费者可以通过预约获得与私人旅游顾问面对面沟通的机会，耀悦的旅行专家将通过访谈，了解消费者的旅行历史、个人喜好、出行风格，并通过专业团队的探讨，为其和家人规划深度旅行产品。据了解，耀悦高端旅游团队集结了来自多个目的地的旅游专家，涉及自由行、团队游、定制游等多种旅游业态，半数人员从业时间超过 10 年，30% 具有海外留学经历。此外，耀悦还组建了顾问团队，涵盖来自摄影、探险、自驾，高尔夫等业内资深玩家，一起打造高端、深度的主题旅行产品。

三、耀悦发展历史

随着旅游业的不断发展，传统跟团游已经不能满足所有人群的需要，自由行逐渐成为国人出游的首选。旅游市场的不断细分也促使了许多新兴玩法满足人们的需求。联合国世界旅游组织数据显示，近年来，中国出境游人数和消费年增长率呈现两位数增长。从客源上看，有消费能力的中国高端旅游目标消费者数量在不断增加；从市场需求上看，游客的高端消费需求在逐渐形成，他们对旅游产品的需求日益趋于细分化。

2014 年初，中青旅控股集团成立全新的高端旅游品牌耀悦以满足特殊旅游需求的高端人士。中青旅总裁张立军对媒体表示，2013 年中国颁布《旅游法》，政府出台大力促进和规范旅游行业的政策和措施，旅游行业在法律的约束下走向成长和成熟，从无序竞争到有序竞争。耀悦的诞生将使旅行社从传统服务业“中介属性”颠覆到高端业态“会员属性”。他称大众旅游时代的到来，不仅市场容量高速扩张，也使得高端旅游的消费人群初具规模。

在耀悦发布会现场，这个高端旅游品牌就推出了“百万新娘”“百万极地”和“百万 GOLF”三个百万级系列产品，同时针对志趣相投的朋友还可以享受个性化打造的 5~15 人出行的聚会类产品——百万私游，产品覆盖欧洲、美洲、大洋洲、东南亚、南亚、中部和东部非洲、中国大陆等目的地。

2015 年初，公司出资设立中青旅耀悦（北京）旅游有限公司，公司高端旅游业务开始公司化运营，谋求独立发展以更好地开拓发展空间。

近年来，中青旅耀悦成绩不菲，连续两次荣获《世界》最佳高端旅游品牌这一殊荣。这是由中国唯一出境旅行品质读本《世界》杂志颁发的“年度高端旅游品牌”。2017 年，耀悦再次成为南非旅游局最佳旅行社合作伙伴，通过更深层次的合作，为南非旅游产品提供优质的展示平台，进一步扩宽旅游业务。

四、耀悦商业模式

会员模式打造终身旅游解决方案

耀悦品牌负责人张红介绍，“耀悦”将致力于为消费者创造顾问式的、一站式的、终身制的旅游服务解决方案。会员模式是耀悦品牌的核心商业模式之一，此次中青旅专为高端人群打造了会员俱乐部——耀悦会，共设三个会籍级别：耀白金、悦紫金及荣誉合伙人。全方位的服务是耀悦定位高端旅游市场的关键，中青旅控股总裁张立军表示，进军高端旅游市场，是中青旅在旅游业态上的又一次颠覆式创新，从传统服务业“中介属性”颠覆到高端业态的“会员属性”。

五、耀悦产品特色

“百万私旅”主张有态度、乐分享的旅程

据介绍，耀悦旅行的产品设计集合了“主题产品——研究您的兴趣”“行程留白——保留适当弹性”“深度体验——创造一点惊喜”“独享私密——考虑您的隐私”“创造价值——摆脱价格误区”这五大特点，着重打造切身体验的深度游。

在旅行社升级转型的浪潮中，大量的定制需求接入耀悦。所以急需一款高效的互联网工具辅助定制师们处理询单和个性化定制需求。

六、品牌合作

为了解决行程制作效率和提高线路个性化等问题，耀悦和路书达成紧密合作：一，全面启用路书云 TOS 系统，让所有旅行定制师使用路书，在线制作行程，提高行程制作的效率。公司内部线路可共享，建立耀悦专属的内部线路库和知识库；二，品牌定制化开发，根据耀悦的品牌形象，为其开发独有的品牌微信版路书，和 App 版路书。

与路书的合作，给耀悦这样一家高端定制品牌的操作人员、机构品牌和其服务的客人带来不同的优质体验。

对于耀悦的旅行定制师来说，可以提高工作效率。第一，耀悦主打高端客群，为每一位客人精心打造个性化的线路。用高效的工具，快速满足不同客人的个性化线路需求，这个才是个性化方案里面最重要的一点。使用路书云 TOS，小交通系统会自动帮定制师来计算，定制师只需要勾选相应的 POI，一条详细的线路就生成了！第二，所有线路都可以保存在系统中，既可以复制进行二次编辑，也可以分享给公司内的其他定制师。一条线路，多次使用，询单量大不用怕，系统中上百条线路可随时发给客人参考。第三，路书云 TOS 支持多种导出方式，适合不同需求的客人。

沟通中——微信版路书，定制师在 web 端更改行程并发布，客人即可看到最新版的行程；

做线路——PDF 版路书，一键导出精美路书，再也不用花时间排版；

出行中——App 版路书，支持行中查看行程并导航，适合自驾自由行的客人。

耀悦作为一个高端旅游品牌，品牌形象的统一直接关乎到客户的黏性和忠诚度。在合作过程中，耀悦就提出了所有对外展示的内容必须要符合耀悦一贯的风格。路书的产品和技术团队根据这一要求，建立专项服务小组。第一时间确定了定制开发的服务流程和排期。路书仅用了 2 个月的时间就完成了耀悦的个性化定制开发。不管是微信版路书、App 版路书，还是 PDF 版及打印出来的路书，都能突出展示耀悦独有的品牌 VI 和 Logo。

对于耀悦的客人来说，使用路书更加智能便捷。对于耀悦的高端定制客人来说，时间非常宝贵，效率就是金钱。再加上他们对于新鲜事物接受程度高，喜爱社交软件等技术产品带来的便捷体验。路书云 TOS 为耀悦提供最好的技术支持，定制师为每一位客人设计专属的个性化线路。并且，考虑到客人的生活习惯和爱好，定制师可以导出微信版行程发给客人。相比传统行程手册，微信路书不仅实现了及时沟通，而且使用方便、线路展示更美观。一方面，方便和客人随时随地沟通行程。客人提出要求，定制师可以在几分钟内调整好，点击发布，客人就能在微信端看到了。另一方面，也方便客人查看每日安排，或分享给家人和朋友。

定制机构擅长做个性化的线路，并提供优质的旅途体验。有更多的定制品牌像耀悦一样，希望专注于提升产品和服务，同时希望能够通过技术手段提高内部效率，提升客人体验。和路书的合作，有效降低了耀悦技术产品的研发成本。可以将更多的精力投入在创造差异化的优秀旅游产品和客户服务上。

七、耀悦近况

2017 年 2 月，中青旅公司召开第七届董事会临时会议审议通过了《关于控股子公司耀悦旅游启动增资扩股计划的议案》。公告显示："公司控股子公司中青旅耀悦（北京）旅游有限公司（下称"耀悦旅游"）拟通过北京产权交易所公开挂牌征集投资方引进战略投资者及部分原股东增资的方式进行增资扩股。其中，战略投资者溢价认购耀悦旅游800万元注册资本；同时耀悦旅游另一股东北京九方合纵公关顾问有限公司（持股 20%）以相同的价格认购耀悦旅游 200 万元注册资本。增资后耀悦旅游注册资本增加至 2000 万元，增资后股权将有所变化。"

近年来，定制游一直受到业者关注，定制似乎已成为未来发展方向，但规模化问题一直困扰着业者，更何况是高端定制，需求量进一步缩窄。

在公告中，中青旅明确表示："本次增资完成后，中青旅将不再拥有耀悦旅游的绝对控股权。""此次增资完成后耀悦旅游注册资本及资本公积均有所增加，耀悦旅游资金实力增强，将有助于其实现跨越式发展。"本次的增资很可能会对耀悦独立发展有一定的助益。

到底是剥离非主要业务，不影响公司业绩？还是做强高端定制版块，助力快速发展？现在看来略显扑朔迷离。未来，时间终会给出答案。

2016 年 11 月，耀悦发起中青旅北京 30 家门店的为期一个月的 VR 体验活动。作为行业翘楚，耀悦凭借自身强大的采购能力、高端行业的资源整合能力、优质的客户资源聚集，致力服务于追求深度旅游体验的高净值人群，打造异彩纷呈的顶级旅行体验。此次活动，耀悦更是借助爱尔兰旅游局强大的旅游科技首次进行 VR 营销，利用爱尔兰 VR 沉浸式技术为人们提供身临其境的虚拟现实体验，真实感受爱尔兰的自然景观和风土人情。

第二节　鸿鹄逸游

一、企业发展历史

市场和梦想助推“鸿鹄逸游”的诞生。

1. 市场机遇

一切数据和现象表明，中国奢华旅游市场迅速发展，未来顶级旅游的市场也将愈来愈大，而整个高端旅游市场还相对比较空白，是一座待挖掘的黄金富矿。为了印证这一市场需求预测，携程联合台湾易游网、香港永安旅游于2010年开始在两岸三地试水推出顶级旅游团“环游世界60天”旅游产品，这一产品一经推出就迅速创下环游世界行程顶级程度和销售时间的两项新纪录，随后2011年携程再次推出“环游世界66天”也十分成功，大大出乎人们的意料。携程连续几年成功推出的“环游世界”顶级旅游团印证了携程对于高端旅游市场的预测，高端消费者的热烈响应、旅行名额供不应求的现象证明在中国开发新型的高端旅游服务是可行的，一批高消费群体需要这样的服务，旅行社也开始具备这样的实力。通过2年的“环游世界”产品运作，携程积累了丰富的经验和客户群体，资源整合能力进一步提升，占据了市场先机。然而，虽然中国的富裕群体迅速壮大，但目前中国还没有专业从事顶级旅游市场开发、服务的企业和品牌，这就为“鸿鹄逸游”的出现奠定了坚实的市场基础。

2. 同一个梦想

“鸿鹄逸游”是携程旗下高端旅游品牌。携程是一家有热情和使命感的企业，而“鸿鹄逸游”的总经理和携程的总裁也拥有十足的创新和冒险精神，做顶级旅游产品一直是他们多年来共同的梦想。“鸿鹄逸游”的总经理游金章曾说：“在这个行业里，在旅游这个市场上，不是只有追随，而是要去超越。”因此，即使在国内高端旅游市场前景未卜、无人试水的条件下，他们都愿意为自己的梦想付出最大的努力。

（1）“鸿鹄逸游”的诞生

“鸿鹄逸游”就是在这两个条件下诞生的。2011年年底，携程联合香港领先的旅行社品牌“永安旅游”、台湾地区最大在线旅行社“易游网”共同成立鸿鹄逸游，并于2012年3月12日正式宣布上线运营。携程这一里程碑式的大动作在业内造成了不小的轰动，可以说从某种意义上开启了对旅游市场的一次重新定义和划分。“鸿鹄逸游”的出现填补了中国还没有专业从事顶级旅游开发、服务的企业和品牌这一市场的空白，将为富裕群体提供一个具象的选择。由携程网、永安旅游、易游网合创的旅游品牌——“鸿鹄逸游”整合了两岸三地三家领先企业各自的优势，比如携程网庞大的会员体系、遍布全球的旅游资源、强大的品牌影响力；台湾易游网在顶级旅游方面的专业人才和运作经验；香港永安旅游资深导游和领队等，三方品牌优势、研发服务能力和营销网络的整合使鸿鹄逸游在出生伊始就具有相当大的竞争力。不仅如此，“鸿鹄逸游”还因三方的合作全面覆盖两岸三地甚至世界华人在内的庞大市场，中国大陆出境游客和富豪阶层因日益壮大和强劲的消费能力备受各国重视，这些都使“鸿鹄逸游”在采购资源时更有保障且价格更优，能享受到最优质的资源，这为“鸿鹄逸游”的快速发展奠定了良好的基础。

（2）“鸿鹄逸游”的发展历程各阶段特点

①现阶段重要使命之一——卡住高端资源，开创定制新模式

2012 年 4 月，携程投资太美集团旗下的太美旅行，通过双方优势资源整合，完成对太美旅行的重组，共同运营“鸿鹄逸游”，并将“鸿鹄逸游·太美旅行”未来三五年的发展目标定位为“中国乃至世界上鼎鼎有名的高端旅游公司”。携程旅行网 CEO 范敏是这样描述“鸿鹄逸游·太美旅行”的与众不同的：第一，它不光是卖产品，而是在提供一种极致的旅游方式；第二，它不仅仅提供一个产品，而是希望去帮助客户实现他的梦想；第三，它不光是打造一家非常优秀的商业机构，而是要营造一个具有共同理想的高端圈子，一个生活旅行圈子，成为目标客户群工作、生活中不可或缺的生存方式之一。2013 年，“鸿鹄逸游”的总经理游金章表示，“鸿鹄逸游”的目标是在高端市场实现双卡位，一是卡位消费者心目中对高端旅游的认知，另外是卡住国外高端旅游供应商心目中对中国高端旅游的认知。这一阶段，“鸿鹄逸游”主要是将国外高端旅游供应商的产品进行包装之后，植入到产品中，突破初期基本以先有顾客再有产品的模式操作，采用先有产品再有顾客的模式，并开始全面布局高端邮轮市场和进军华南区高端旅游市场。2014 年 1 月，“鸿鹄逸游”携手奔驰进军旅游业，由奔驰方面负责产品设计研发以及海外当地的地接，“鸿鹄逸游”则负责组团、营销和派出领队等领域。2014 年年底，“鸿鹄逸游”宣布推出业界首个“私家定制团”平台，在其原有高端标准平台的基础上，根据高端客人的弹性需求进行私家定制。随后“鸿鹄逸游”提出了标准 + 私家团定制路线，即在标准产品的基础上进行弹性定制，为高端客群提供既高效又个性的旅行解决方案。2015 年，“鸿鹄逸游”首次发布不丹专属私人直飞团，并成为“顶级私密”著称的安缦酒店集团在中国唯一全线合作伙伴。

②不忘初心——坚定做顶级定制游产品

从 2013 年至今，“鸿鹄逸游”一直不断推陈出新，完善“顶级环游世界 80 天”产品，每年更新产品线路，探索世界极少人旅游的神秘之地，并且不断更新出游的方式，力求最大程度满足游客需求。

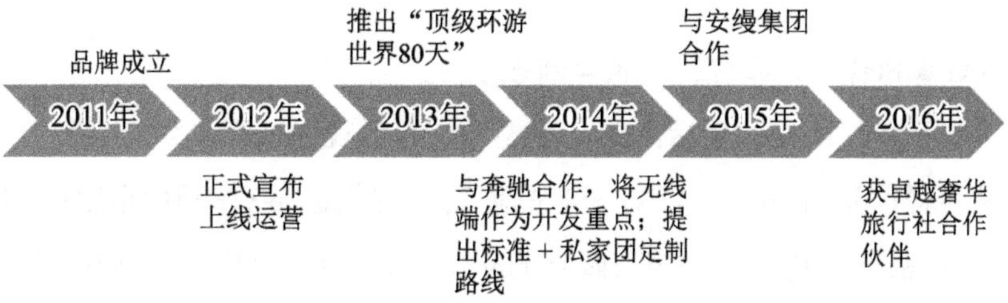

图 3-1　鸿鹄逸游发展事件

从“鸿鹄逸游”的发展历程中可以看出，“鸿鹄逸游”的创立表明了携程向高端市场进攻的野心，填补了携程对于富豪人群市场的空白。总体来说，“鸿鹄逸游”这几年的发展一直在围绕着两个核心问题：什么是高端旅游 / 定制旅游？高端旅游如何更加符合游客的需求？将高端旅游变成富豪群体生活的一部分，一直是鸿鹄逸游致力完成的一件事情。

二、品牌经营理念

鸿鹄逸游一直秉承着“创作挑战极限，服务精雕细琢”的品牌理念，让目标人群的对中高端旅行第一印象除了常见的“贵”以外，还要多个“值”，甚至“超值”。让客人觉得物超所值，不光是值还要是超值，这一直都是鸿鹄逸游追求的目标。2012 年，鸿鹄逸游 · 太美旅行 COO 郭明提出“为客户设计人生回忆”理念，将各种可用资源组合成一个高端旅游产品，从而变成一个极致的人生体验。2017 年，郭明根据鸿鹄逸游对高端旅游两个核心要素的掌握程度：对稀缺资源的掌控能力和高端旅游的鉴赏能力，进一步深化鸿鹄逸游的品牌理念，提出“地表高端旅行的定义者”这一定义。他表明，鸿鹄逸游的高端旅游可以用以下几个关键词来形容：顶级硬件标准、管家服务、高私密性、稀缺资源、高度细分。

鸿鹄逸游的品牌理念体现在它环游世界系列产品和 50 条顶级旅游常规产品当中，其设计的旅行产品会带你体验与往常不一样的人生，你能体会到在翱翔的乐趣、邮轮的慢行、游艇的激情等多样的交通形式中，进行不同的主题探索活动，观赏一生必去的世界奇景、小众目的地以及常规难抵达的地区。鸿鹄逸游强调高端旅游的高端之处不仅在于旅行目的地的奇特，更在于旅行过程中享受到的服务质量。鸿鹄逸游抓住了富豪群体的旅游需求特征——探险、新奇、放松，同时又能较好的组合搭配旅游产品，其品牌理念的背后正是鸿鹄逸游对于高端群体需求的精准把握。

三、企业特色

1. 创新思维独特，产品宣传突破口新颖

旅行现在更多的是一种生活方式，不再是纯粹的观光，而是可能会跟文化、艺术、体育等各种各样的资源相结合。对于产品创新，鸿鹄逸游有一套理论叫“日日检核，周周改进”，产品的改造不需要大刀阔斧的动作，而是要时时刻刻改进产品。鸿鹄逸游提出，定制游产品的突破口在于目的地体验，在于如何将目的地文化更自然地融入旅行当中。在行业领先的“顶级环游世界”旅游系列产品每一年的推出中，鸿鹄逸游都会根据用户需求开辟新的探索地，新的探索地的开发更加注重体验当地独特的风土人情，更加强调目的地的特殊性和鲜为人知性。产品始终围绕“极致”“梦想”两个关键词打造。同时，产品的设计也更加人性化，更加注重给予游客人生体验的“极致”感和“难以忘怀”感。例如，在“环游世界 80 天”中，游客会加入到一年一度的巴西狂欢节，在一年中观赏极光最好的时节近距离观看北极光，会安排游客前往不久后即将消失世界美景地游览……或许一两个奇特的美景大多数人能够凭借运气欣赏到，但是如果大部分一生都难以一见的美景组合到一起，即使一个人穷尽了一生的运气也难以幸运地体验到全部。鸿鹄逸游正是抓住了这一宣传卖点，“顶级环游世界”产品才会如此让人心神向往。

2. 反思总结，善于抓住行业发展方向

鸿鹄逸游的定制游流程十分值得学习。在每次“顶级环游世界 80 天”产品设计之前，鸿鹄逸游都会收集和总结近几年高端游客旅游趋势，形成不同的报告。例如 2015 年鸿鹄逸游发布的《2015 中国人南极高端旅游报告》显示近 8 成高端游客偏爱舒适度较高的高端南极路线，鸿鹄逸游便根据这一需求设计舒适的南极旅游路线，乘坐小型邮轮深入南极腹地，安排不同主题的探索活动;《2017 夏季中国高端旅游趋势报告》中分析出亲子旅游产品受到大众欢迎，鸿鹄逸游立即抓住这一趋势，在 50 条顶级旅游常规产品大力推广暑期亲子游等旅游产品。鸿鹄逸游善于总结、分析游客趋势，才使它能够长时间走在高端定制游的前列。

3. 用户需求把握准确，目标定位准确

鸿鹄逸游成立之初一直将客户定位为中国富豪，主攻华人世界特别是大陆市场顶

级旅游客户，因此，其产品一直围绕着“高端”“高品质”“个性化”“高附加值”来设计。鸿鹄逸游每年都会调查高端群体游客需求。例如《2014高端客群奢华旅游体验报告》全方位了解游客对行程时间、产品服务要求、出游方式、满意因素等，在下次产品设计的环节中便会更加注重这些部分；《环游世界80天高端旅游报告》得出游客出行模式多为夫妻或情侣的双人游，因此将下次出游时间定为5月20日的13点14分，寓意一生一世，产品经理需要根据客户在网页上的行为轨迹，分析对产品的喜好程度，设计最为符合客户需求的旅游产品。

4. 重视客户需求，价值观行为化

“创作挑战极限，服务精雕细琢”一直是鸿鹄逸游的品牌理念。服务一直是鸿鹄逸游强调的重点，服务基于用户需求，鸿鹄逸游产品设计的每个环节都会从客户角度出发。鸿鹄逸游认为，所谓的“顶级旅游”是体现在服务的品质上和游客所享受的待遇上，在服务方面鸿鹄逸游建立了一套与产品理念相匹配的服务体系，根据客户和产品类型提供能适配的满足个性化的标准服务，形成一套“标准化动作”。鸿鹄逸游将客户满意度量化为回购指标，将服务出现的问题量化为客户价值损益，用具体的数字指标和金额规范约束来为客户服务，从行前、行中、行后进行标准化的服务评价体系。尤其是在每一次“顶级环游世界”后，鸿鹄逸游都会对客户进行回访，根据用户的需求改进产品，在客户反馈基础上不断打磨产品和服务，在自身发展和客户体验上寻找平衡。

四、企业目标群体介绍

1. 鸿鹄逸游目标人群定位

“鸿鹄逸游”将主攻华人世界特别是大陆市场的顶级旅游客户，主要瞄准身价千万资产的富裕阶层，为其设计高端旅游产品。

2. 目标人群旅游出行特征

（1）私密性和家庭性

根据鸿鹄逸游高端客群旅游意向报告显示，超过7成高端人士表示一旦有假期便会选择和家人一起外出旅游，因此高端旅游更加以家庭为中心，人们更愿意享受家庭温馨的休闲时光和伴侣同游的亲密时光。除此之外，旅行的“自由度和私密性”与“旅行硬件规格”和“稀缺旅游资源”一起成为高端旅行者心目中奢华旅游产品的必备要素。中国高端客群自主性增强，希望避开人群，拥有属于自己的私密空间。

（2）圈子性

太美集团CEO胡世辉提出“高端人群旅行中除了私密性、家庭性以外，一个非常重要的特点是圈子性，他们喜欢和圈子内的人一起玩，他们这种互助的模式有点像消费者服务消费者”。鸿鹄逸游正是看中了这一点，其在产品营销的环节上也会依赖圈层来寻找高端旅行的客户。

（3）高品质的旅游产品需求

随着中国高端人群对于高端的理解不断深入，其对旅行中的知识服务需求越来越多。更多人希望能在旅行过程中能够深入了解各个旅游目的地的知识、人文、风土人情，而不仅仅是单纯的观光旅行。

五、企业产品

鸿鹄逸游的产品大致分为三类：品牌产品、标准化的产品和流量产品。产品的主要特点为主题化、高客单价。

1. 产品介绍

（1）品牌产品及其特点

主要是经典的环游世界旅游系列产品，主要包括顶级环游世界 80 天、环游世界 60 天等。产品主要是根据各个目的地最适宜游玩的季节设计旅行天数，精选一生必去的世界奇景、小众目的地及常规难抵达的地区，剔除了众多常规性的大众旅行地。不仅如此，鸿鹄逸游还利用全球顶级的资源，行程所有的硬件设施几乎都是世界顶级配置，例如配置多种顶级交通工具、安排全球顶尖的料理、选取世界之最的景点给游客一个更加完美的旅程。鸿鹄逸游 CEO 游金章曾这样介绍过这个产品：“环游世界 80 天不只是一段旅程，更是一段人生难得的极致体验。”“HHtravel 鸿鹄逸游作为业内独家提供环游世界 80 天旅程的顶级旅游品牌，凭借全球最稀缺的旅游资源、高难度的行程设计和全程顶级规格，让体验过环游世界 80 天旅程的客人都留下一生难忘的美好记忆，同时也实现了一生的梦想。”

（2）标准产品及特点

标准化的产品包括很多类型，如亲子游、蜜月游、户外运动产品、南北极旅游产品，等等。对于鸿鹄逸游来说，一般是先从这些类型的产品里总结规律，从一定量的客户反馈中提炼出模板，最终沉淀为一条适用于大多数人的线路。鸿鹄逸游的产品一般都是开发过的并具有定制化功能，在推游学产品的标准化方面会在精细层面具有一定的优势。比如现在鸿鹄逸游力推游学产品，旅游主题是“休闲度假、学习充电”，鸿鹄逸游抓住让孩子参加游学旅游的家长的心理需求，设计众多线路如“细品英国百年名校品质，感受英伦学生日常生活”“沉浸式国际生混班学习，全面提升英语口语技能”等，让客户在旅行体验中知道这些名校的教育模式和招生特点，利于以后教育的提升，实现上世界名校的愿望。

（3）流量产品

例如奢华酒店产品，以及鸿鹄逸游专门为女性推荐的一票难求的维也纳金色大厅新年音乐会等高端行程，吸引一些流量，将潜在的消费者转为现实的消费者。

2. 产品研发理念

鸿鹄逸游 COO 郭明提出，鸿鹄逸游遵循单品战略，力争做出爆品。鸿鹄逸游在设计产品时会遵循五条原则：第一是高品质；第二是个性化；第三是高附加值；第四是稀缺性和珍贵性；第五是专题化和专业化；第六则是要有相对高的价格。根据胡润研究院在 2017 年发布《2017 中国奢华旅游白皮书》显示，行程设计合理以及个性化服务是高端人群选择旅游机构的最重要两项指标。然而完全个性化的产品对于企业的规模化发展来说存在很大的瓶颈，鸿鹄逸游的做法则是在个性化和标准化之间寻求平衡，即在个性需求中寻找共性，并以此将各类资源组合起来形成各个模块，鸿鹄逸游将这些称作是基础类的产品，而模块间则是“留白”空地，可以针对特定群体结合优质的资源碎片进行个性化设计，进而在实现规模发展和维护客户体验上寻找平衡点。

3. 产品设计体系

鸿鹄逸游率先提出业界首个“私家定制团”平台，即在其原有高端标准产品的基础上，根据高端客户的弹性需求进行私家定制，其产品都是以“产品经理＋操作员”的组合形式推进，每次行程都是团队负责制。不仅如此，鸿鹄逸游还制定了面、线、点、名、发、线、信的 7 字口诀以及 6 觉 2 度的设计标准，即以七情六欲为基本准则，产品的设计是否符合客户的身体触觉、心里感觉、疲劳度和兴奋度，一旦发现的产品销售出现问题，就会立马针对各个环节进行检查并修正，形成反馈系统，帮助鸿鹄逸游更加高效设计产品。

4. 产品销售方式

（1）通过网络平台

鸿鹄逸游有自己独立的网站，网络是其产品的展示平台。通过互联网产生的大数据找到高端客户。预订和服务过程则主要由独立于携程网常规呼叫中心的客服部门负责，并开通了独立专线电话。

（2）进行精准营销

鸿鹄逸游主要通过精准的营销渠道进行销售，包括对携程网、易游网、永安旅游已有会员进行数据筛选，选择高端目标客户进行有的放矢的营销或者通过跟一些顶级品牌或金融行业的高端客户进行合作推广等。

（3）利用产品自带的话题性

顶级旅游产品所具有的天然话题性，方便鸿鹄逸游通过媒体宣传扩大知名度和影响力，提升产品的推广度。

（4）圈层+背书

先通过高品质的服务和产品吸引一部分人，再通过这一部分人来影响其他一部分人，即所谓的圈层营销。

（5）关注个性化需求

对于性价比高且独特的产品来说，消费者是有原始需求的。因为稀缺的产品总会受到人们的追捧和欢迎，从而导致产品的规模化发展。

六、企业评价

有业内人士曾表示，成功运作顶级环游世界需要同时具备六大能力：强盛的品牌影响力、高端线路的设计能力、稀缺资源的采购协调能力、复杂行程的签证规划和送签能力、高端客群的获取能力以及行前行中行后的服务能力。综合来看，鸿鹄逸游是十分具备以上六大能力的：首先是鸿鹄逸游作为携程旗下首个顶级旅游品牌，弥补了携程在高端市场的空白，再与香港旅行社“永安旅游”和台湾旅行社“易游网”的强强联合，其品牌的知名度和影响力以及对稀缺资源获取的能力不言而喻。其次，携程作为第一个试水“高端旅游”市场的企业，在鸿鹄逸游建立的前几年成功推出“顶级环游世界”产品已经为其积累了不少的经验，鸿鹄逸游建立之后的5年间，鸿鹄逸游也一直在完善这类产品，其高端线路的设计能力也获得不少用户和业界的认可，这从其每年推出的“顶级环游世界”产品的销售量情况便可得知。最后，服务作为鸿鹄逸游的品牌理念，一直是鸿鹄逸游十分重视的。所以从这些方面来看，鸿鹄逸游的成功其实是十分有道理的。

此外，抛开鸿鹄逸游在服务和产品质量上追求“极致”的品牌理念来说，鸿鹄逸游的定制游流程也十分值得学习。

第一，搭建产品架构。鸿鹄逸游在做定制前都会建立好非常庞大的数据库和产品库。首先是数据库。鸿鹄逸游在每年都会推出系列与目标群体相关的报告，包括旅游趋势报告、高端客群奢华旅游体验报告、产品体验报告等，从这些报告中提取出高端人群未来旅游的趋势、对体验过的产品和服务的态度如何，哪些是需要改进的。其次是产品库。鸿鹄逸游会根据目的地或者主题划分产品，然后根据用户体验将体验过的产品分为五星、四星和三星，形成一个整体大的产品框架，或者产品模板，再根据用户的需求添砖加瓦，并将好的体验的产品告诉用户，提升用户对产品的信任度。

第二，根据添砖加瓦完成的产品开始聚合相关资源，形成产品。既然食住行游购娱是基本常态的东西，那么鸿鹄逸游则主要是构建人、事、物、地四元素，在这个四元素中形成与其他企业的差异化。例如如何将一个游客和一个旅游目的地更好地融合在一起，如何让游客与快速深入理解到景点所富有的内涵，是一个定制游需要考虑到的事情。

第三，根据设计原则，判断你的产品是否符合客户。鸿鹄逸游的设计原则为六觉二度。六觉即为感觉、听觉、触觉、嗅觉、味觉和知觉，二度为疲劳度和兴奋度。将七情六欲作为基本的原则，把握才能在设计时不断发现产品的不足之处。

第四，要建立标签化客户数据库。注重客户的需求、习惯等，将用户需求习惯融入产品设计，才能设计出符合的产品。

所以，未来定制旅行的突破口一定是在于目的地体验，如何将产品价值以文化切入，最终形成以体验为主、碎片化整合、可重复消费的标准化模块和极致的服务体系是未来鸿鹄逸游还需要努力的方向。

第三节　德迈国际

一、简介

德迈国际成立于 2001 年，是中国首家私人定制旅行服务机构，致力为追求超凡旅行体验的旅行者实现旅行梦想，提供定制旅行服务。

德迈十六年来专注高端旅游领域，深度开发主题特色旅行项目，推广定制旅行生活方式，为超过 10 000 名超级旅行者实现旅行梦想。

德迈 2009 年起运作极地旅行项目，是国内最有组织服务经验的南北极高端旅行服务机构。截至 2016 年年底，已成功组织 2000 人次到南极，800 人次到北极，2016 年，8 名南极勇士到达南极点。

德迈是众多私人银行金融机构、顶级品牌 VIP 俱乐部等合作伙伴的最佳高端旅行服务机构；2014—2016 连续三年获“胡润总统奖”——最受青睐奢华旅行机构 Best of the Best。

我们坚持，以高端旅游业者高品质的服务要求，专业，匠心，为旅行者实现旅行梦想，是德迈的服务宗旨。因此，每一次旅行都是一个梦想的实现。

16 年来，超过 10000 名超级旅行者与我们一起走遍世界，足迹遍布全球，实现了一个又一个旅行梦想。

二、发展历史

2001 年 3 月 26 日，德迈国际成立，致力于将国际先进理念的个性化旅行方式带给中国旅行者。

2002—2003 年，德迈国际主营公商务旅行服务，以专业服务和创新理念的产品赢得市场美誉。

2004—2007 年，德迈国际开始私人高端旅行市场的探索，在中国市场上首次提出“定制旅行”概念，关注客人越来越个性化的需求。

2008—2010 年，德迈国际专注私人高端旅游市场，进一步明确企业品牌理念和价值观：为旅行者实现旅行梦想。与私人银行机构战略合作开创共赢模式，首度联合推出“原生大陆，纯净希望”南极探索项目。成立上海公司，覆盖中国市场运营布局，迈入品牌发展成熟期。

2011 年，德迈国际十周年庆典，强调“为旅行者实现旅行梦想”的服务宗旨，深度开发特色主题旅行项目，并成功组织“北极点——地球之巅巡礼”“百人百年南极行”等项目。德迈十周年，成为中国高端人群、客人欢迎的高端旅游品牌。

2012 年，德迈国际进一步完善特色主题旅行产品开发和服务体系。成功运作“中国国家地理号”和“民生银行号”南极包船，创下南极旅行史上单团登陆南极人数最多纪录，奠定中国极地旅行 NO.1 市场地位。

2013—2014 年，德迈国际加强主题旅行项目管理，更精细化运营品牌项目，在极地旅行、主题旅行和定制旅行三大领域优化资源创新旅行产品，更细致的服务满足客人的个性化旅行需求。

2015—2016 年，德迈 15 周年，迈进第 16 个年头，德迈全面提升“匠心”服务管理体系，加强高端旅游资源整合，持续创新开发独家主题旅行产品，为旅行者带来超凡旅行体验，为超级旅行者实现旅行梦想。

三、特色

高品质服务——High Quality Service。十多年来专注于出境游高品质服务，专业国际旅行管理运营服务经验，一站式个性化旅行服务体验，提升旅行价值。

管理运营、产品设计、营销中心、操作中心、市场与品牌中心、旅行家领队组成的核心专业团队。流程科学的项目管理体系确保服务品质监控。

领先提出、倡导“定制旅行”概念，是高端旅游市场引领者，市场高度认可品牌。

强大的境内外资源整合能力，产品设计根据客户需求一对一量身定制，注重创新、个性化与多元化。

服务贴心，重承诺，行前、行中、行后快速响应客户需求，服务于客人旅行中食、住、行、游、购、娱的每一细节。

创新市场运作理念，重视客人体验，德迈打造会员分享服务平台，与客人一起成长、交流、分享。

四、产品

德迈国际的产品为出境游，其分出了三大板块，分别是主题特色旅行、极地探索旅行和私人定制旅行。

1. 主题特色旅行

主题特色旅行遍布世界各地，包含了七大洲以及北极，所有的产品都是以主题的形式呈现。

表 3–1　德迈国际产品列表

亚洲	慢品日本秋狩红叶之旅、以色列、约旦探寻文化之旅、秘境不丹静心之旅、和风物语日本凉夏之旅、行走三国外高加索之旅、缅甸曼德勒之路邮轮、慢品时光匠心日本之旅
欧洲	巴尔干印象之旅、西班牙文化美食之旅、JTC 瑞士青少年夏令营、蒙塔纳国际夏令营、探寻欧洲文化之旅
非洲	坦桑尼亚摄影之旅、风情古国走进摩洛哥、坦桑尼亚悠游之旅、坦桑尼亚野奢之旅、津巴布韦 & 博茨瓦纳、北非情迷摩洛哥之旅、肯尼亚休闲之旅、坦桑尼亚 & 肯尼亚生命之旅、马达加斯加游摄之旅、品味摩洛哥之旅、东非肯尼亚穿越之旅、坦桑尼亚摄影之旅、情迷摩洛哥之旅、坦桑尼亚温情之旅
大洋洲	新西兰纯净之旅
北美洲	阿拉斯加新春极光之旅、阿拉斯加冬日极光之旅、加拿大行摄枫叶之旅、美国西部国家公园自驾、美国南北大穿越自驾、阿拉斯加极光之旅
南美洲	智利 & 玻利维亚、巴西 + 南极
南极洲	南极点 + 帝企鹅 90°S、南极半岛深度游、南极三岛包船之旅
北极	北极点 90°N、冰岛 & 格陵兰岛极光之旅、冰岛 & 斯瓦尔巴群岛之旅

每个产品的选择界面还有最佳出行时间、季节，方便游客选择，以获得最佳体验。

点开每项产品可以看到目的地的优美景观和特色，进一步点击进入，可以看到详细的每日行程与作息安排，并且还有目的地特色的介绍，可以使游客在出游前对目的地进行了解，从而更好地感知目的地。

2. 极地探索旅行（the polar exploration）

这个主题下的产品主要是针对南北极两个目的地设计的产品，以探索为主题，凸显出目的地的神秘，巧妙地营销。产品包括南极、北极、冰岛、斯瓦尔巴群岛和格陵兰岛。

图 3-2　德迈国际产品页面

资料来源：德迈国际旅游官网 . http：//www.itravellive.com/index.aspx

3. 私人定制旅行

这个主题下分三个板块，定制旅行，在线登记和定制案例。

（1）定制旅行：首先简述了什么是定制旅行，使游客先进行了解。定制旅行是做加法的，告诉你多花 1000 块钱还能享受到什么。传统旅行社一般是从产品端出发，消费者会觉得是走千篇一律的路线，而定制旅行出发点回到人本身，与人的内心的梦想有关。定制旅行最大的特色是，定制的正是客人最想体验的细节，独到的也正是细节。每一次“定制”自己的梦想，建立在“生活在别处”哲学上的旅行，其实都是期待着体验预期的情境想象。

这不仅是对目的地的想象，更多的是对旅行中自己将如何快乐、自由、浪漫、健康、满足的想象。而这一切，建立在出发前旅行服务商一丝不苟、苦心张罗的准备工作上。

传统旅行社也可能做豪华团，与高端旅行的区别很难从一张行程单和价目表上看出来，但从整个行程体验与服务细节中体现出的不一样，区别尽管微妙，却是提升旅行品质的关键。

定制旅行，卖的不是贴着价钱条形码的产品，而是体验。你想要获得怎样的体验，是很个性化的，定制旅行做的就是个性化的旅行体验，是真正的旅行。

（2）在线登记：在线登记包括定制目的地、定制系列、家庭计划、行程天数、姓名、联系方式、旅游目的地、具体需求。

（3）定制案例：定制案例板块中包含了以往的定制产品案例，游客可以在此浏览定制过的项目。

五、品牌优势

德迈国际旅行机构成立于2001年，中国首家私人旅行定制服务机构，国内最有组织服务经验的极地旅行专业服务机构，胡润百富调研评为“最受青睐奢华旅游服务机构Best of the Best”。截至2016年年底，已成功组织2000人次到南极，800人次到北极，8名勇士到达南极点。

* 德迈从2009年起运作极地旅行项目，组织经验丰富，服务专业贴心。

* 德迈团队工作人员全程组织统筹协调，服务专业、贴心、细致，随时为旅行者们解决问题，为旅行者实现极致旅行体验是团队服务准则；

* 特别策划安排特色体验活动，旅途精彩纷呈；

* 极地最佳奢华邮轮，专业探险队和服务团队，成就无与伦比的极地梦想旅程；

* 德迈团队特别精心策划主题活动：企鹅小讲堂，企鹅沙龙，船长晚宴，企鹅联欢晚会等，极友们在实现旅行梦想的同时，结交志同道合的朋友，增进情谊，互惠进益；

* “一生一次”极地梦想旅行，无法复制的人生经历。一次极地行，一生极友情。

补充资料：媒体报道

德迈国际创始人林建勋：定制真正的旅行

（1）定制旅行，正是基于人们越来越个性化的旅行需求而出现的，它是一种高端的旅行方式。所谓高端，是指人对品质的追求。有些东西即使花费很高，你也会觉得物有所值。比如米其林餐厅是高端出品的一个标准，那里即使白粥青菜当然也是“高端”，又如爱马仕的高端来自养殖的桑农、设计师的创意、工匠的技艺……归根到底，高端是因为品质的保证，是品质，则更需要服务者用心和用某种信念去锻造。

（2）对于高端旅行，很多人认为就是“高价”旅行，其实不然。用合理的钱，玩更精彩的项目，就是高端，它不是想象中那么有距离，但也不是每个人都能获得的境界。有时“高端＝货币”，有时“高端＝时间”，当然，更多的时候，“高端＝合乎想象甚至超乎想象”。预算代表着你对旅行的预期，想怎么玩，想获得什么体验。归根到底来说，高端旅行是由消费者自己去定价的。

高端是做真实的东西，满足内心需求。高端要求的一定是高品质的服务，是精品，是超常规的，重要的是提供无法复制的体验让客户觉得物有所值。比如德迈现在的品牌项目——极地游，我们一定要用最好的船，让客户以最佳状态体验极地，每一层都配备有经验的专员服务和讲解，这也是普通的旅行社无法做到的。德迈的极地旅行项目是国内组织规模最大、行程标准最高、服务人数最多的旅行社。但从价格看，我们不认为南极是高端产品，也不能算是定制产品。17 天十几万，我们能做的加法很少，去法国看时装秀几天就需要 20 万。客户都是有知识有判断力的，他们对价格不敏感，旅行体验才能吸引他们。

（3）德迈的服务范围包括：极地旅行、主题旅行、定制旅行、商旅解决方案。极地旅行是我们的品牌项目，从 2009 年开始 14 人小团登陆南极，到 2011 年组织 100 人百年登陆纪念，再到今年组织 400 人多团运作，呈现几何式增长；主题旅行、商旅，大部分是团队出行，其中也有纯私人团如家人、朋友、亲友组成的小团；定制旅行都是纯私人的，一人都可成团，家庭亲友多人一起定制的比较多。这些变化是可喜的，反映了人们旅行观念的改变，消费能力的提高，对旅行服务品质的要求也是越来越高。

（4）市场的发展，基于客户的需求。世界奢侈品协会发布的报告显示，中国很可能超过日本，成为全球第一大奢侈品消费国。此外，从胡润百富《中国奢华旅游市场白皮书》中也可以看出，中国新富人群财富增长迅速，千万富豪人数已达 96 万，而旅游是中国中高收入人群最青睐的休闲方式，这预示着未来中国高端旅游市场潜力巨大，这样一个庞大的市场自然会促进相关的产业发展。“高端化”会是一种消费趋势，主要原因是消费力的增长和消费观念的改变，人们开始追求个性旅行方式，自然要求旅行社的高品质服务。至于旅行社发展有其定位，不见得旅行社都会走高端，或能走高端。

第四节 碧山旅行

一、企业的诞生

碧山旅行是国内一家专注于高端私人定制行的旅游定制公司，在说这家公司之前，不得不提的是它的创始人张玫，她有着非常光鲜的履历，哈佛商学院的MBA，前麦肯锡咨询专家，美国探险旅游协会董事等，这些丰富的履历也奠定了碧山在业内不可动摇的地位，她的运作模式，甚至被专门写进了哈佛商学院的案例。她曾经在一次采访时说到了碧山旅行创业的初衷，她说："2016年前我创了一个Wild China，唯一的想法是能让大家更近距离地接触体验中国的美。"她带着这样的信念带领着碧山一步一步地走到了现在。在一席的演讲中她和观众们分享了自己的故事，她讲到："创业的第一次徒步是从云南丙中落藏区翻山到了梅里雪山的茨中。走路是辛苦的，但服务是享受的。最清晰地记得，挑夫驮着一只活鸡陪我们一起走，总是在我们人没到的时候就把营地扎好，茶烧好。第三天，那只鸡就做了我们的告别晚宴主菜。这些服务为Wild China赢得了美国国家地理探险杂志的最佳旅行公司的称号，但没几个中国朋友知道。实话是，那时没有几个中国人跟我一起去。原因很简单，大家都忙着致富。旅行对我来说，不但是爱好，更是一种积极的生活方式。从1991年第一次背包到中甸开始，就一直想走世界。哈佛之后，人自由了，一发不可收拾。拖家带口之后，再也不愿意背包了，对酒店也开始挑剔了。到摩洛哥要最好的酒店和美食，带孩子要上最好玩的邮轮去看企鹅。但旅行的享受有时觉得挺自私的。我希望能做的就是把Wild China延展到世界，让中国的朋友能更近距离地接触世界、体验世界。碧山由此诞生。"从张玫的话中可以看出来碧山的诞生不是来自一个生意人的投资，而是一个带有情怀和理想的人的执着。碧山是有情怀的，也是有诗意的，碧山之名就来自李白的《山中问答》：

问余何意栖碧山，笑而不答心自闲。桃花流水窅然去，别有天地非人间。

二、碧山的特色

碧山的特色就可以总结为一句话"提供与众不同的高端定制旅行线路，带给客人最贴近当地风俗与文化的旅行体验"。对于碧山而言，顾客的旅行体验远高于利润，这也是碧山被《美国国家地理》评选的"全球最佳探险旅游公司"之一的原因，更是碧山不同于其他传统旅游公司的最重要的一点。它的骨子里就有着高端服务的DNA和品位，它所提倡的是一种健康的、积极的旅行生活方式，它的目的是让中国的朋友能更近距离地接触世界、体验世界。碧山会为每一个顾客提供最深度的定制旅行，会最好地完成顾客的旅行愿望。

传统旅行社的目标人群是所有潜在的有旅游意愿的人，而碧山的目标人群是爱好旅行、有经济实力但是又没时间、也不愿意跟传统旅行社走的人，所以碧山的特色在于高端定制和独特体验，依据顾客的实际情况进行量身定制。中国高端客户的需求与国外高端客户的需求是相似的。但是，大多数国内的旅行社在国外寻找地接合作社的时候，往往找的都是讲中文的唐人街的地接社。当然这些地接有语言和价格上的优势，但是他们大多都采用传统的操作模式：即低团费甚至零团费，挣钱都靠旅客进店购物的回扣。这些唐人街的传统导游跟国外的主流社会是很脱节的。就比如到华盛顿的中国旅行团总是去Du Pont Circle的一个地下室吃中餐，而这个团里的客人往往不乏国内的一些成功人士。其实，华盛顿有名的、好吃的中餐店、西餐店多极了。这就是因为这些地接社还处在传统的供应链上。碧山最大的特色就是突破了这个传统的供应链，碧山的全球地接体系是各地主流社会里的精英旅行机构，这样才能满足跟国际水准挂钩的中国高端客户的需求。如可能是去巴黎一个名厨家里品法国大餐，去不丹跟美国国家地理摄影师学摄影，去美国阿拉斯加德纳里国家公园麦金利山前小屋小住。

碧山解决的需求是：首先，替客人省时间。旅行社花时间来挑选服务商，客人就不用自己去花几个星期的时间来读攻略，在大量的点评网站上大海捞针。其次，替客人拿到他们自己拿不到的一些稀缺服务。第三，替客人找到志趣相投的朋友，例如为做私募投资的朋友提供结识中国新兴的企业家的机会。第四，替客人拿到性价比最高的服务。这四点是碧山服务上的一大特色，碧山更重视顾客旅行的体验，他们用心去待人，把客人当作自己人对待，客人走后，碧山关心第一个问题是客人开不开心？什么地方做得好，什么地方是需要改进的，做得不好的，最后一个问题才是挣钱了没有？碧山的服务是以人为本的，在顾客选择一样产品之后，碧山会有专门的顾问进行电话问询，无论最后是否成功下单，他们都会详细地询问顾客想要的是什么，详细地介绍产品的特色，并在电话询问后添加微信再进行介绍，这种一对一的服务形式虽然浪费时间，但是确确实实地提高了顾客对碧山的满意度。这里有一个例子：

有一对父母带着两个孩子，通过碧山预订了三晚泰国SonevaKiri酒店的住宿，自己买了机票去泰国，结果航班延误了。这次延误的成本是1万元。因为不能及时赶到，第一晚住宿浪费了。他们给碧山打来电话，碧山在二十四小时内做了以下几件事：

和酒店协商把他们没能入住的那一夜保留到下一次。

迅速安排泰国临时转机的酒店、改签航班。

碧山没有多收客人一分钱，而能搞定这件事的原因是：碧山认识酒店的总经理。

碧山和酒店有协议，不仅客人付的价钱比官网低，而且得到的服务无法衡量。

碧山的旅行定制师除了是旅行达人，还是项目运营老手，知道怎么应对风险。

碧山的行程也是有情怀的，例如碧山有一个美国爱达荷州三文鱼河的漂流。中国人总觉得在野外是去吃苦的，但这个行程让碧山的客人彻底明白，野外也是可以享受的。虽然每天都在没电没网络，也没有电子游戏的大荒原中安营扎寨，但体验着包括孩子们依然非常开心。更为震撼的是，顾客们可以亲眼看到美国导游是如何疼爱他们的河流，一滴脏水都不倒入河里，一片垃圾都不留下。碧山真心希望所有的中国人都能跟我走这一趟，中国的河流就有希望了。碧山的目的不仅仅是为了盈利，更是为了让每一个顾客从旅行中有所感悟、有所体验，这是碧山最大的一个与其他旅行社不同的一个特色。

碧山还有的特色就是它的人员，所有的工作人员都是行业内最专业的，导游也是精心挑选出的最专业的导游，所有碧山的工作人员都会为顾客尽心尽力服务。

碧山旅行追求的不是速度，不是怎样以最低的价格看最多的国家。碧山追求的是和你的家人，或趣味相投的朋友，一起放慢脚步，听听鸟语，闻闻花香，在历史悠久的旧城区小宿，体验最贴近当地人的生活方式与文化。

三、碧山产品

碧山所提供的是深度定制旅行，私密小团旅行，精致酒店预订、当地玩乐体验、体验式礼品定制、公司商务旅行，及课外教学体验等全方位的服务。碧山的产品是完全自行采购，以保证公司的服务质量。

1. 私人定制旅行

碧山的私人定制是业内最好的旅行产品之一，正如他们官网所说的“碧山将竭尽全力您定制一场难忘的旅行。请浏览以下行程并告诉我们您的想法。我们多年的实地经验使得我们可以想尽一切办法满足您的愿望，为您实现梦想旅行。”展示的产品的行程是碧山精心设计好的，是一些有特色的行程，每一个行程都有不一样的主题，每一个顾客也可以自行定制，住在哪里、吃什么、玩什么、看什么，所有条件，碧山都会去完成，对每一位顾客碧山都有一个顾问协助，在制定行程的时候，顾问会提出建议协助顾客完善行程，在行程中的任何问题顾问也会协助解决，旅行结束后也会进行回访。

碧山私人定制旅行的目的地包含了北美洲、南美洲、欧洲、非洲、中东、亚洲、大洋洲的 30 余个国家和地区，在每一个目的地碧山都拥有最专业的地接社，碧山会提供最专业的翻译、导游、司机的服务，会根据顾客需要进行有针对性的安排，除此之外，在定制产品的时候顾客也可以根据兴趣选择产品。

产品分为亲子、休闲、徒步、探险、摄影、文化、美食、自然这八个主题，每一个主题都有相应的特色行程。

2. 碧山收藏－精致酒店

碧山的另一个产品就是碧山收藏－精致酒店，其实就是酒店代订业务，但是碧山推荐的酒店都是碧山精心挑选的，各有各的特色，而且设施、服务等都很出色，酒店世间千万，碧山只为您甄选最符合您品味的选择，省去您筛选和比较的时间。我们称为“碧山收藏”。这些酒店也许在世界尽头，也许在海岛之上，也许在密林之中，但它们一定独具当地风格，实现您心底的某个梦想”。

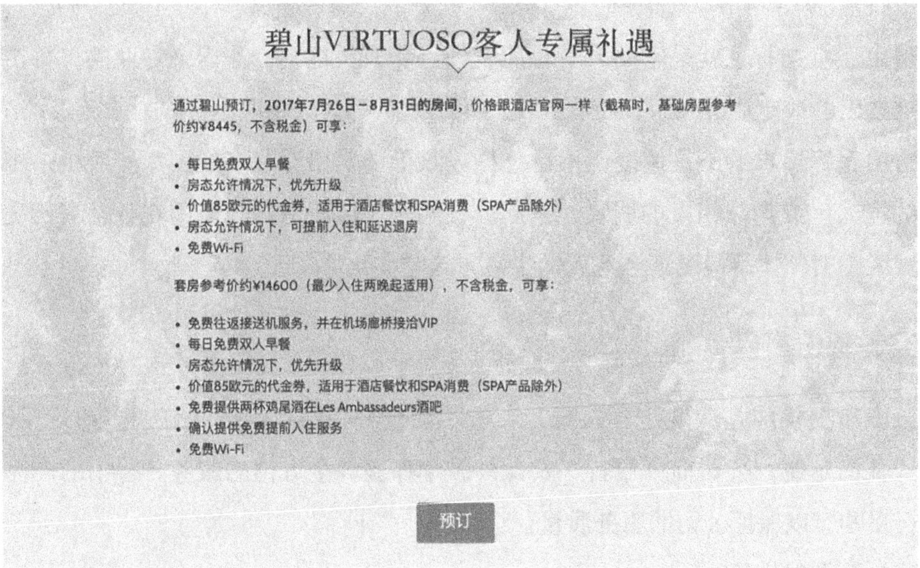

图 3–3　碧山酒店预订页面

资料来源：www.beshan.com

与其他旅行社不同的是，碧山所推荐的旅行社，都是和碧山有合作的，价格还会有相应的优惠，酒店还为碧山的客户准备特别的服务。

3. 私密小团旅行

“和与您志同道合的旅者一同旅行，分享您在旅程过程中的收获与感想，共同体验从未有过的生活，并且收获珍贵的友谊，我们希望这样的旅行会变成您希望珍藏一生的宝贵经历”。私密小团旅行是碧山为希望在旅行中结识有共同爱好的朋友的顾客提供的产品，这个产品可以为顾客选择一起出行的同伴，所有行程都是设计好的，每一个行程都有独特的特色，顾客可以在旅行中深度体验当地文化、品尝当地美食。

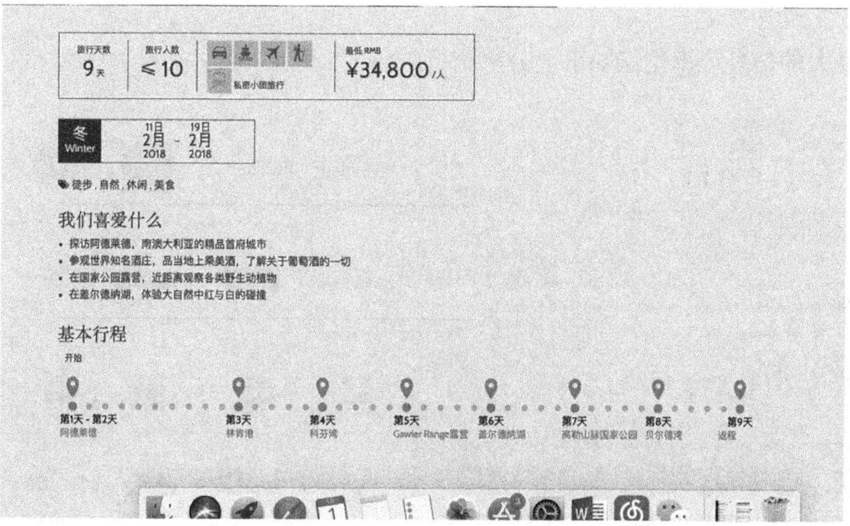

图 3–4 碧山秘密小团旅行

资料来源：www.beshan.com

4. 碧山礼品

碧山礼品是碧山为企业提供的一种产品，其礼品包含美食、旅行、定制课程等，也可以私人定制，适合企业送给员工、客户，或作为年会奖励，也适合赠予家人、朋友。这个产品优势就在于他们可以一对一为客户量身定制产品，从客户需求出发，创造超过预期的体验。从企业采购到兑换体验都由专业的碧山工作人员跟单，保障服务，企业省心。与数百个国内最顶尖的供应商合作，资源独特而丰富。企业无须与多平台交接，减少工作量。高端渠道议价能力强，免费换。

5. 课外教学体验

“旅游 + 知识付费”是碧山在尝试的一种特色产品，信息爆炸但优质内容稀缺、在线支付便利、用户逐渐养成付费意识、消费升级等众多因素，促成了近两年来知识付费的兴起。碧山坚信旅行的过程也是一种学习的过程。我们直接与秉持相同理念的机构合作，为不同年龄及学习目标的群体定制服务，提供创新的体验旅游行程。碧山专业的知识和优秀的管理团队将为学生提供日常生活难得的体验机会，这些充满互动和挑战的不凡经历，无论是学生本人，还是参访的社区，都将产生巨大的改变。碧山拥有可持续的旅行方式，安全和最高水准的服务。碧山的教育专家团队致力于让每一位学生体验到不一样的世界。

6. 碧山电子报《碧山刊》

碧山会向顾客通过电子报的形式推荐当季的热门旅游线路。

7. 知乎游记分享

在最大的信息分享论坛知乎上分享旅行的游记。

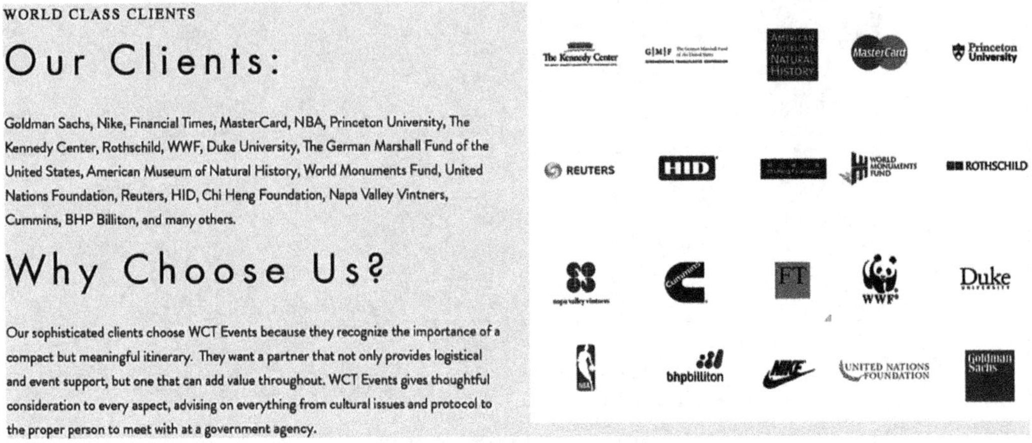

图 3-5　碧山知乎游记分享

资料来源：www.beshan.com

四、评价

碧山网的发展受益于国内新一代有钱有闲的旅行者对高品质旅游服务的需求不断高涨，这可谓是碧山网这类企业拥有的前所未有的市场机会。受益于 Wild China 多年的积累，碧山网坚持选择各国主流社会里的精英旅行机构进行合作，让中国旅行者走出“唐人街”旅行社的小圈子，感受国外主流社会的生活享受和体验，这使得碧山网相对于其他竞争对手在创业之初就拥有了更高的起点。但如何在这样一个小众市场实现规模化，这对于碧山网的人员素质和培训提出了更高的要求。同时，针对这样一个小众市场实现扩张，除了口碑营销外，碧山网如何整合新兴的数字营销渠道，为追求个性化的旅行者提供独特的旅行和分享体验，从而持续不断地实现用户群的增长可以说是更大的挑战。

当“零团费”甚至“负团费”成为众多国内旅行社竞争的利器，当导游们牢牢地盯着客人的腰包时，碧山网的坚持都让我们更加期待国内高端旅游市场的美好前景。

第五节　Abercrombie & Kent

1962 年，Abercrombie & Kent（后称 A&K）由 Geoffrey Kent 建立，经半个世纪的发展之后，这个建立于非洲肯尼亚的奢华旅行品牌成了世界奢华旅行的标杆。在 A&K 跨越半世纪的发展历程之中，其对标准和品质日复一日的坚持，使它收获了包括来自《Travel Weekly》《Porthole Cruise Magazine》等的广泛赞誉。

一、A&K 发展历史

1962 年是 A&K 的元年，就在这一年，A&K 诞生在了非洲东部的肯尼亚。Geoffrey Kent 和其父母是这个公司的缔造者，他们出于占据黄页开头和迷惑消费者的目的，给这个诞生于东非的小公司以一个看起来背后有强大投资者又十足优雅的 Abercrombie & Kent 为名。

1966 年，A&K 创制内设高级睡床和卫浴的豪华移动帐篷，并添加了与五星级酒店媲美的管家服务，重新定义游猎旅行。

20 世纪 70 年代，A&K 英国和美国公司相继成立，也是从这时开始，A&K 开始服务英国皇室。

20 世纪 80 年代，A&K 澳大利亚分公司成立。

1991 年，A&K 开启了极地探索之旅。

自 2010 年以来，A&K 又在中国与印度建立了分公司。

截至 2017 年 4 月，A&K 在全球 27 个国家及地区共拥有 53 间办公室，并且是目前全球唯一能够通过自身旗下子公司完成全球大部分地接服务的旅行机构。A&K 的脚步遍及世界 100 多个目的地。此外，A&K 在中国长江、埃及尼罗河以及缅甸伊洛瓦底江上拥有专属私家豪华邮轮，在非洲及欧洲等地拥有豪华营地、度假酒店、专属车队及私人飞机。A&K 已当之无愧地成为奢华旅行的领军机构。

二、A&K 的品牌文化和企业文化

以客人为出发点去思考，这是 A&K 的理念。希望游客能够通过旅行，建立与当地人以及文化的互动，从而对生活有一定的启发意义，让旅行不再仅仅是你来到一个目的地，遇到了一些人和事，而是融入他们的生活之中，享受其中的生活方式体验。

在 A&K 过去的实践里，他们一直尝试为每一个客人带来一次“激发灵感”又温暖贴心的旅行，就在这样的理念指导下，他们让每一个客人都收获了完美的旅行体验。

而他们的企业文化也非常强，他们用“观念”和“服务”来武装公司里从管理层到基层的所有员工。他们的企业文化希望，任何一个员工，他们都能深深地为这个公司感到骄傲（Proud to be part of the company. 为成为 A&K 的一员而感到骄傲），因为公司不仅给客户提供温暖的服务，也让员工感觉到家庭般的温暖（Likea Family）。

三、A&K 的用户群体及获客渠道

A&K 是一个专注于奢侈旅游的旅游公司，其主要针对的客户群体也基本都是净资产超过 500 万美元的高端人群。

从 19 世纪 70 年代 A&K 开设英国分公司开始，为英国贵族 Kent 缔造的它就成为了英国皇室的御用旅游公司，将近五十年以后，威廉王子还将婚礼全权交给他们。而英国皇室并非他们唯一尊贵的客人，在 A&K 跨越半个世纪的经营过程中，他们还服务了比尔盖茨夫妇、克林顿、贝克汉姆夫妇等欧美各界名流，除了这些人，他们的客人中还有很多不能透露姓名的政商娱人士。

他们在数年的经验中积累了不少优质客户。在对高端客户进行精挑细选之后，A&K 在 2008 年初成立了 Abercrombie & Kent Villas/Chalets 俱乐部。他们通常不采用广泛宣传的方式招徕客人。事实上，高端客户的圈子大小十分有限，口口相传非常容易，因此 A&K 的客人基本上是通过网络搜索，或者口碑传播了解它们。

为了维护客人的隐私，在客人没有要求的情况下，A&K 通常并不主动去联系客人，而是等客人派专人来联系他们。

不仅如此，A&K 还在进入中国后“励精图治”，思考出更加适合中国的获客手段。

在市场推广方面，A&K 在中国地区正逐渐加大了市场宣传策略，借助公关推广方式，与区域内主要媒体建立联系，并开展一系列的沟通及深入合作；同时，积极与相关行业领先媒体合作，进一步提升 A&K 在中国地区的认知度和认可度。

在新媒体方面，A&K 将依托微博和微信等社交媒体平台，打造自身内容宣传的自主平台，也积极寻求与 KOL 的长期合作。

在行业渠道方面，A&K 在现有销售及旅行社渠道的基础上，继续拓展及深化销售渠道，与更多不同地区的旅行社建立合作联系，从一线城市往二三线城市扩张，并计划在下半年开展针对于行业内的路演活动等。

在行业外，A&K 也在拓展更多合作渠道平台，如高端会所，私人银行等，选择合适的合作伙伴，设计有针对性的定制产品，在个人定制化的形式上，增加对于不同企业或渠道合作伙伴的产品规划，这其中也包括与媒体开展产品服务化模式等。

四、A&K 产品分析

如 A&K 创始人 Geoffrey Kent 所言，“作为奢华旅行的全球领导者，A&K 自创始之初，一直致力于为全球各个国家及地区的客人提供独特行程和尊贵服务”，A&K 的产品离不开“奢华”和“定制”两个词汇，同时，A&K 做旅行的目的从来不是纯粹销售旅游产品，而是传达一种生活方式。

1. 硬件

首先 A&K 的“奢华定制”的特点体现在硬件上。

在交通硬件上，A&K 至今已有 200 多辆定制车和专业司机团队，除此以外，A&K 拥有一架“环游世界专机”和行驶在不同航线的多艘豪华游轮。在中国的长江、埃及的尼罗河以及缅甸的伊洛瓦底江上，A&K 都拥有专属私家豪华邮轮，长江上的“探索号”更是被选定为洛克菲勒财富论坛的召开地。

而在住宿硬件上，在欧洲，A&K 有超过 300 间私家别墅，绝大多数都位于地中海、加勒比海沿岸众国的黄金地区，可以为他们的顾客提供顶级奢华的度假方案；而在非洲，A&K 原创了“星空下的流动营地”，A&K 还拥有十余个私家固定营地，分布在非洲各国最著名的国家保护区内，占据最好的野生动物资源和美景，这使得其客户可在茫茫草原之上享受古代贵族一般的狩猎体验。

它们甚至还为 2008 年初建立的 Abercrombie & Kent Villas/Chalets 俱乐部购买了法国南部几个最好酒庄的古堡，阿尔卑斯山脉几个著名滑雪场里的几处大宅。

2. 服务

其次，其“奢华定制”的特点还体现在其服务之上。

就以 A&K 的特色服务高端帐篷露营来说，帐篷随时在现场搭建，里面备齐所有住宿所需的设施。每一次帐篷露营，都配备着至少两个服务帐篷，一个作为厨房，另一个为工作人员住宿用。随行的工作人员在草原或沙漠上搭起帐篷，并且提供烧水做饭等服务，让客人可以在沙漠中洗到热水澡。如果客人愿意，还可以一边 BBQ（烧烤），一边享用专门为他从其他国家运来的高级葡萄酒。

在客人的游览过程中，A&K 开创性地突破了“导游”概念，聘请了考古、历史、野生动物等各个领域的世界级专家作为随队向导，增加了旅行的深度和广度。以目的地南极来举例，客人还有机会获得命名南极峡湾等荣誉的专业人士作为随船专家同行的机会，这些客人，甚至也有机会拜访工作中的南极科考站。

极为让人惊讶的一点是，A&K 拥有世界各地诸多重要旅游景点特殊权限，因此，A&K 的客人可以优先进入世界顶级的景点独享不受打扰的私人参观。更了不起的是，A&K 拥有一定的独家参观权，可使客人得以进入不少不对外开放的特殊场所，另外，他们通常会在中国长城、埃及金字塔、迪拜绿洲等地为客人安排惊喜宴会，给客人们带来终生难忘的时刻。

比较令人注意的一点是，跟普通旅行公司不太一样的一点是，A&K 客人到达目的地后的行程通常也由 A&K 当地子公司地接负责。比起普通旅行公司，A&K 对客人的服务更接近“一站式”，这样的服务有利于保持高标准的服务水平，给客人带来始终如一的完美体验。

A&K 的服务有一个特点：弹性调整。作为一个奢侈旅游定制公司，他们时常根据客人变化的需求来改动行程，这一点也很好地借他们自身在全国各地的地接公司来实现。

3. 产品

A&K 的旅游产品目的地分布于七大洲的 34 个国家和 2 个地区，为客人提供全球的旅游服务，帮助客人发现生命中的每一种可能。不仅如此，A&K 还将他们的旅行产品分为固定出发精品小团、独家产品、极地探索、文化与艺术、自然与动物、家庭出行、轻奢短假、名人领航、邮轮风情等九个类别，帮助客人迅速找到内心中憧憬已久的旅程；而他们在中国独家推出的精品小团更加贴近中国人熟悉且喜爱的结团旅游模式，很好地满足了中国客人的需求。

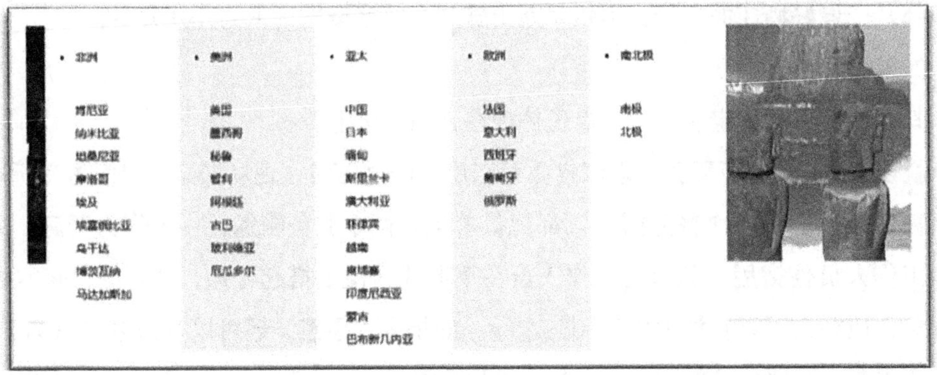

图 3-6 A&K 目的地

资料来源：http：//www.akchina.cn/plus/list.php?tid=37

图 3–7 A&K 产品分类

资料来源：http：//www.akchina.cn/plus/list.php?tid=37

4. 慈善

另外，除了单纯的旅行项目，A&K 还在旅行过程中进行慈善项目的实践。

1982年,A&K成立了自己的专属慈善项目 Abercrombie & Kent Philanthropy（AKP）。AKP 遍布全球，涉及多个领域，其具体项目在旅游目的地基层取得了显著的成效，有效地改善了目的地人民的生活状况和当地动植物的生态环境。举两个例子来说，在南极，A&K 开展了四个专属的慈善项目：“鲸鱼联盟”“南极气候变化项目”“南乔治亚岛遗产信托”和“拯救信天翁”，致力于保护南极脆弱的自然环境；在北极，A&K 创建了“因纽特青年艺术工坊”，为需要接受特殊照顾的加拿大原住民青少年提供艺术用具和教育。甚至在许多目的地，A&K 可以为定制精品小团安排 AKP 参观项目，这使得游客们有机会从另一个角度发现和认识这些目的地，甚至参与寻求帮助当地社区的办法。这是旅游过程中的一大亮点，这样的行程突破了传统旅游中客人对单一个人价值的认识，对客人们来说这是一件非常独特的事情。从精神层面来看，除了安逸旅行带来的个人情绪，客人还能感受到自身更多富有社会价值，最为重点的是这种社会价值恰恰是传统旅行中无法涉及的。区别于传统旅游中所能感受到的那种以“联结”为代表的社会意识，客人更多能从这种行程中感受到以“奉献”为核心的精神力量，从而实现精神上的满足与升华。

5. 网站

A&K 的网站（http：//www.akchina.cn）以深蓝为主色调，除了配图之外，其余地方多是白色，画面简洁清新，重点突出，可以算得上优点明显。从世界各地拍摄的高清美图，让人不禁萌生出游的愿望。

五、管理模式

A&K 有着 50 多年的历史，其积累的行程经验以及目的地熟悉度，都是无可比拟的优势。

在高端客户接待经验方面，A&K 过去包括现在接待了很多的国家政要及社会名人，对于这类高端客户的服务有着非常丰富的经验，以及能够整合最好的资源，确保在安全、私密、体验上达到最佳效果。

在团队配置上，我们不仅拥有全球服务网络，在国内更有一个本土的资深团队，团队中的大部分成员都是具备国际化背景的中国员工，在人员配置上达到国际化和本地化相结合，打造既适合中国客户的出行习惯，又符合 A&K 一贯以来的国际标准的旅程。

在目的地特权方面，A&K 除了有专属目的地专家，带你发现当地的独特旅行，还有很多 A&K 特权，参观一些平时不向公众开放的区域，比如克里姆林宫的闭馆参观、狮身人面像不对公众开放的一面、非洲私人保护区等。

对于 A&K 公司来讲，他们管理模式中最重要的一环就是如何保证旅行的完美进行。为了实现这一目标，初期他们尝试使用了一些大型机构，发现无法保持他们的国际标准之后遂下决心在目的地建立自己的地接子公司。

六、盈利模式

他们的利润通常来自出售旅游产品和服务以及收取的俱乐部入会费和年费。他们的旅行产品价格从几万到十几万不等，一般性的产品多在几万左右，价格稍高一点的有 A&K 私人专机环球之旅等，价格在十五万左右。高阶会员在缴纳 495 000 美元的入会费、42 000 美元左右的年费后，每年可以有 45 天时间使用 A&K 所拥有的 28 座（此外有一些是公司有少部分控股，然后还有一些则是旺季全季包租但没有任何物主权）平均价值在 320 万美元左右的别墅。

七、总结

A&K 的成功，并不是一次意外。

A&K 成功的第一步在于它找到了清晰的市场定位，当创始人决心将 A&K 建成一个“奢侈旅行”的品牌时，其实就已经注定了它在未来的每一步。“奢华旅行”的定位，从“奢华”一词出发，延伸到要为顾客提供“奢华”的硬件和服务。同时将“奢华”一词解构，能得到“独有”“私人”“高端”等多种词语，也是从这些词语出发，A&K建立起自己的旅行帝国。

诚然，没有强大的资金支持，“奢华旅行”的概念永远不可实现，然而创始人和公司员工独特的视角也是A&K成长到此功不可没的一个重要元素。无论是肯尼亚草原上的移动帐篷，还是埃及金字塔独特宴会，都起于A&K对“奢华”的独特理解，结束于要为客人提供终生难忘的“&MOMENT”。为用户提供完美的体验，应该是一个旅游定制公司在面对用户时追求的终极目标了，更不用说对于A&K这样的“奢华旅行”标杆而言，让用户满意是企业运作链条多么重要的一部分了。

眼下，A&K刚来到中国，虽然它早开始部署在中国的战略，和本土企业路书建立起合作，并且推出了新的小团模式，但其未来并不完全清晰。

我相信所有来到中国的外国企业首要面对的问题就是文化和社会层面的不兼容，这是他们第一步需要吃透的东西。中西方的不同，不只是一个社会主义和资本主义的差别，还是数百年不同文化沉淀的区别，也是在不同历史发展行成的社会结构的差异。在我看来，A&K形成的一个重要原因是英国的“贵族”思想，基于贵族思想，创始人Kent想到将非洲转换成现代的“贵族猎场”，让现代贵族们感受古代贵族的“狩猎”生活。然而，在当代中国“贵族”这一词的内涵相当复杂，且在政治生态影响下从来没逃离过旋涡中心。对于A&K来说，现代中国是“旧贵阶级”和“新贵阶级”的中国虽然在当代中国，“新贵阶级”的规模已经相当大，但这个“新贵阶级”的构成比较复杂。因此我觉得，A&K进入中国的第一步除了提升知名度，还有对中国社会的研究，尽量避免水土不服。

A&K能否在中国延续往日的辉煌，就让我们拭目以待。

第六节 6人游旅行网

一、6人游旅行网企业发展历史

6人游创立于2013年5月，创始人贾建强，隶属于北京中凡时代科技发展有限公司。2013年6月六人游旅行网正式上线。

2013年7月，6人游旅行网获得险峰华兴和泰山兄弟天使投资，融资金额为数百万美元。

2014 年 7 月，6 人游旅行网获得华创资本和众信 A 轮融资，该轮融资主要用于移动端的开发，以及专业服务团队的搭建。

2015 年 11 月，6 人游旅行网拆 vie，获得达晨资本投资。

2016 年 1 月，与西部证券签订三板服务协议。

2016 年 4 月，筹备登陆新三板事宜。

2016 年 5 月，提交股份制改造。

2016 年 8 月，获同方创投和厦门嘉汇人民币投资。

2017 年 3 月，宣布打造 6.6 定制旅游节，并提出“定制旅游”3 大标准。

2017 年 11 月，6 人游正式完成新三板的挂牌，它是继“走客网络”之后，国内又一家挂牌新三板的定制游企业。

二、特色

很多旅行者会和朋友或者家人一起参团出游，因此一个大团里面可能会有不同的小团，这些群体很多时候都是各玩各的，跟其他团友不会有太多交集。虽然很多自助游旅行者希望可以与“自己人”组成一个私密团出行，但出游的旅行计划往往是颇为耗神费力的一件事，协调同行者在行程方面的偏好或许还好解决，但行程中的产品预订和众多的细节安排却绝不简单。在传统参团游和纯自助游之间，6 人游为大家提供了一个全新的、更安全、更省心、更舒适的旅游方式。

在传统的旅游服务中，大团散拼的缺点是行程不自由，无法灵活操作和执行，而且大团往往都是走马观花，无法满足个性化的旅游需求。所以 6 人游选择了定制小团游作为切入点。

6 人游主要面向那些倾向于选择高舒适度和高品质的精品线路的用户，并根据不同的目的地提供特色小团游、经典线路预约和一对一专属定制产品。6 人游的差异化首先在于对小团游的专注，并基于小团的用户需求来开发深度和主题旅游产品；其次是与供应商的紧密结合，从产品的规划到执行环节，6 人游都建立了标准化的服务体系，而不是纯代理的方式。他们会与地接社一起踩线，共同设计和提供独家的主题游产品，并且成立了专门开发此类线路的研发中心。

三、产品

6 人游从 2013 年创业之初开始专注做纯定制旅游领域，在近 3 年的积累沉淀中，在满足个性化高品质定制服务的同时，通过一套独有的定制旅游服务系统提升传统旅游的服务效率。

图 3–8　6 人游旅行网首页

资料来源：http：//www.6renyou.com/

6 人游旅行网通过官方网站、微信公众号、App 获得客户来源和销售机会，由真人旅行顾问 24 小时在系统后台为用户提供满足其需求的全程旅行服务，包括行程线路规划、签证、机票、酒店、当地用车、专业导游、门票、打包预订等。旅游线路范围不仅涵盖了常规的欧美、澳新、日韩、东南亚等主流目的地，还覆盖众多新兴与小众目的地，如东欧小国、非洲小国、南太平洋岛国、加勒比海地区、南美、南极等。在首页上还可以选择和什么人一起去旅行以及进行客户评价。

6 人游旅行网主打高品质小团旅行，致力于为家庭、朋友等提供舒适小团游服务。六人游旅行网采用 C2B 的模式，是介于跟团游、自助游之间的一种旅游消费方式，致力于服务中高端人群的定制旅游服务。用户通过网站或微信服务号发出需求之后，6 人游旅行网会按照用户的需求提供与之相匹配的旅行方案及预订推荐。

6 人游旅行网主要提供的家庭和朋友出游的个性化解决方案，除了提供旅游行程的定制服务之外，这个平台还提供一对一的旅行管家服务，用旅行顾问的方式来全程保障用户体验。并且，6 人游旅行网整合了各个旅游目的地的服务提供商，以减少服务环节。

6 人游定制旅游作为以用户需求为导向的非标准化旅游服务，致力于把旅游服务定为核心竞争力，在定制旅行体验中所涉及的所有价格也在系统中更加透明，在为用户提供高品质旅游服务的前提下收取服务费。6 人游为保证服务品质坚持每一个订单都不会做任何贴补。

图 3-9　6 人游定制页面

资料来源：http：//www.6renyou.com/ordercext/simple

四、盈利模式

6 人游自己没有产品主要是通过线下俱乐部、微信渠道获取用户，它主要与一线的地接社以及相关行业展开合作。6 人游旅行网的定位以及运行模式决定了其在早期不会收获较大的用户量，初期主要通过微信等社会化网络获取用户。

目前 6 人游的主要收入来源是从合作旅行社获取佣金，其在初期还旨在通过服务过程的不断完善来提升效率，致力于让供应商去获取更多的利益，来保证利润空间。在盈利模式方面未来则可依靠一些增值服务，像随行摄影师目的地的习俗等和其定制游产品结合等来提升利润。创始人贾建强也曾表示，增值服务将会是未来定制旅游服务的增长空间。据公开资料显示：6 人游旅行网目前每个月都有上百个定制团的出行，月流水超 300 万人民币。

五、企业重要发展年分析

6 人游旅游网在 2013 年上市之后迄今为止已经有六年时间，在这六年时间里，企业也经历了很多困难与波折。随着旅游的热度不断攀升，用户选择旅行的方式也越来越多元化，定制旅游经过近两年的市场培育，用户对定制旅游的认识也在逐渐加深。由于这个原因，6 人游企业凭借着它独特的定制服务获得了很好的发展，其中 2015 年是 6 人游企业取得巨大发展的一年。

根据劲旅咨询最新研究报告数据显示，2015年中国在线旅游市场交易规模达5402.9亿元，同比增长47.2%，在线渗透率达13.1%。在线旅游市场的高速发展主要受在线机票、在线酒店及在线度假等细分市场的利好发展所驱动。其中在线度假成为最具发展潜力的细分市场，在线渗透率也在逐年提升。根据劲旅咨询－劲旅智库监测数据显示，2015年中国旅行社市场总交易额约为3652.9亿元，较2014年3285.1亿元同比增长11.2%，其中在线市场规模达735.5亿元，较2014年429亿元同比增长71.4%，在线渗透率为20.1%，较2014年13.1%增长约7个百分点，在线渗透率持续扩大。

随着旅游个性化需求增加，定制旅游的份额也在在线度假市场上不断上升，成为旅游市场争抢的蛋糕。随着旅游的热度不断攀升，用户选择旅行的方式也越来越多元化，定制旅游经过近两年的市场培育，用户对定制旅游的认识也在逐渐加深。

6人游旅行网作为最早进入定制旅游的企业，从创立之初就专注为用户提供个性化旅游需求的纯定制旅游服务公司，通过一套完善的定制系统提升服务效率，目标人群主要定位于大众富裕阶层。6人游旅行网近日发布《2015年定制旅游报告》。报告内容涵盖定制旅游的增长、用户分析、特色定制等。

1. 定制旅游增长速度高达500%

定制旅游在2015年出现了高达500%的增长。从用户旅游习惯分析，跟团游由于行程受到限制，没有自主性，会给用户带来很多困扰；自由行对于出行个体要求非常高，需要花费大量的精力做攻略以及如何安排旅途中各个环节的衔接等，旅途安全也无法得到保障。因此个性化且真正可以享受到旅行乐趣的定制旅游服务受到大众喜爱，定制旅游正好解决了这些痛点。6人游通过两年多的运营，线上用户对定制旅游逐渐有了一定认知，复购用户随着每年的沉淀逐年上升，部分家庭用户已经把定制旅行作为出行的首选方式。

2. 定制旅行预订时间集中寒暑假

根据数据分析，定制旅游预订时间有两个预订高峰，分别是7月和12月的暑假和寒假。据宜信财富发布的《2015中国大众富裕阶层财富白皮书》中也可看出，大众富裕阶层非常重视孩子的国外教育问题，有近3/4的访客会考虑将子女送到国外接受教育。可见，带孩子的家庭定制出游成为趋势。

从全球旅游季节分析，每年5月之前北半球是冬季，南半球则逐渐进入冬季。此外，中国的春节长假也刚刚休完，因此都不是很好的旅游季节，处于半休眠期。而随后的五一、暑期、国庆、寒假以及10月份以后的企事业单位休年假都集中在下半年，旅游的热度也随之升温。

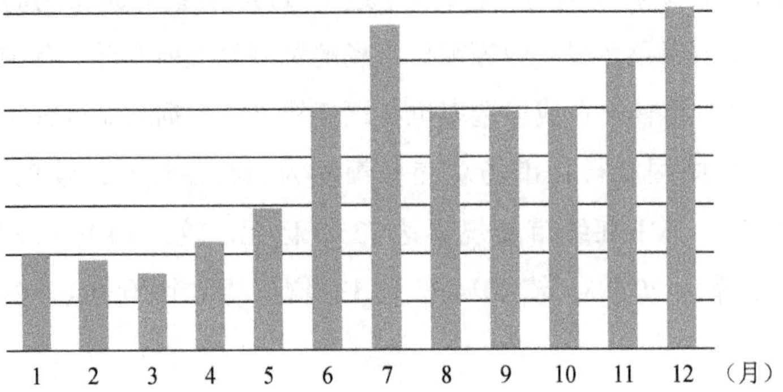

图 3-10　定制游相对热度的时间分布

资料来源：6 人游旅行网 . 2015 年定制旅游报告 .

3. 定制旅游一线城市分布最广

从用户所在城市排名来看，上海、深圳、北京、广州定制旅游接受程度最高，经济实力相对较强且对生活品质有很高的要求，通过互联网选择定制旅游的热情也最高。此外，杭州、宁波、重庆等城市也出现大量定制旅游的需求，消费能力直追一线城市。

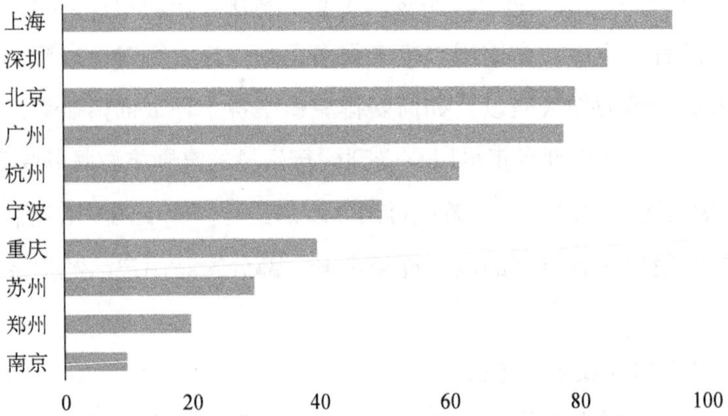

图 3-11　定制游相对接受程度城市分布

资料来源：6 人游旅行网 . 2015 年定制旅游报告 .

4. 用户年龄多集中在 35 岁左右

根据宜信报告显示，大众富裕阶层年龄主要分布于 30~39 岁。6 人游旅行网 2015 年定制旅游用户年龄多集中在 35 岁左右。随着休闲度假产品在线渗透率的逐年增长，6 人游 90% 以上订单来自线上用户的转化，年龄层呈现低龄化趋势。

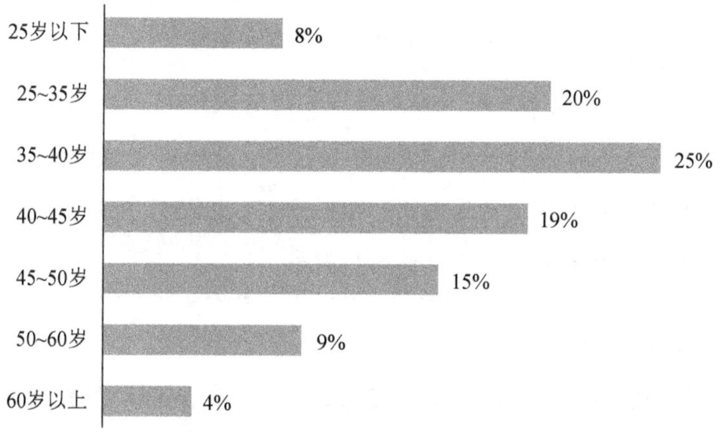

图 3–12　年龄分布

资料来源：6 人游旅行网 . 2015 年定制旅游报告 .

5. 特色主题定制成亮点

主题定制成为 6 人游旅行网 2015 年的一大亮点，如为话题女星张馨予定制的第 68 届戛纳国际电影节的红毯之旅、凤凰卫视 20 周年的香港文化之旅等。相比千篇一律的常规目的地，不同主题的个性化行程更加吸引眼球。2016 年这一趋势将越加明显，6 人游也将推出更多的主题定制，如甜品之旅、南法薰衣草寻香之旅、书店文化之旅等。

第 68 届戛纳国际电影节张馨予红毯之旅

2015 年第 68 届戛纳国际电影节张馨予一身红绿相间搭配碎花图案的修身长裙成为全世界关注的焦点。6 人游整合了戛纳电影节的独家资源，如开幕式邀请，安排全世界明星入住的宫殿级五星酒店，以及全程豪华专车私人保镖护送等。张馨予的红毯之旅让更多人关注到定制不仅可以满足用户常规旅行需求，还可以通过不同的旅行体验方式实现遥远梦想的过程。

宜人贷纽交所上市

2015 年 12 月，6 人游旅行网为宜信公司旗下 P2P 平台宜人贷定制了赴美上市的"特殊旅行"，宜人贷工作人员以及媒体团共计 74 人，不用于普通团队，媒体作为特殊的群体，办理几十人的媒体团签证有很多困难。6 人游在两周确定一行人所有签证和行程规划。宜人贷在纽交所成功上市后，6 人游旅行顾问还安排了媒体团前往拉斯维加斯观光旅行，媒体反馈认可定制旅游服务，通过定制得到了很好的旅游体验。

全程47万的奢华个人定制

2015年3月，一名从事金融行业的用户通过6人游预订了为期一个月的澳大利亚+新西兰+大溪地的定制行程。据调查，该用户是通过互联网搜索找到6人游，旅行顾问通过线上跟用户沟通为这名用户单独定制了这趟奢华旅程。全程享受头等舱、五星级酒店及落地的私人导游、私人用车等。

6. 最受欢迎目的地分布

6人游后台订单统计显示，出境游目的地欧洲、日本、中国台湾、巴厘岛等目的地人气最高。海南、北京、厦门、广西等位居国内最热门的定制旅游目的地。

6人游订单统计，欧洲成为2015年中国游客最喜欢前往的目的地，主要因素有欧洲文化多元，可以满足中国游客更加个性化的旅游需求；其次前往欧洲一个签证可以往返多个国家；以及去年春节后欧元汇率走低，下半年后半段时间开始渐渐走高。

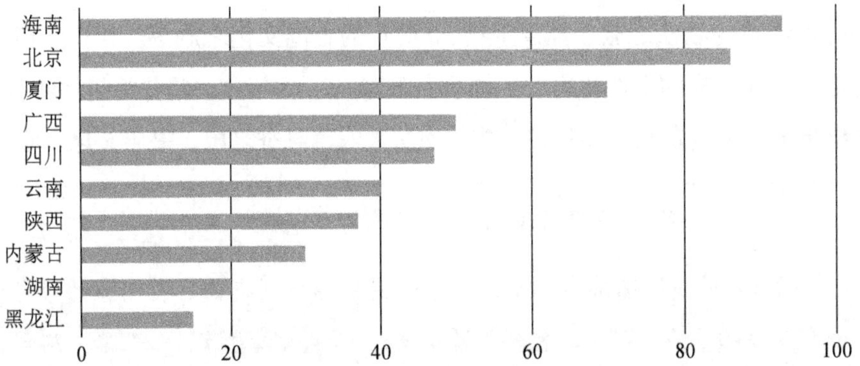

图 3-13 国内目的地相对分布

资料来源：6人游旅行网．2015年定制旅游报告．

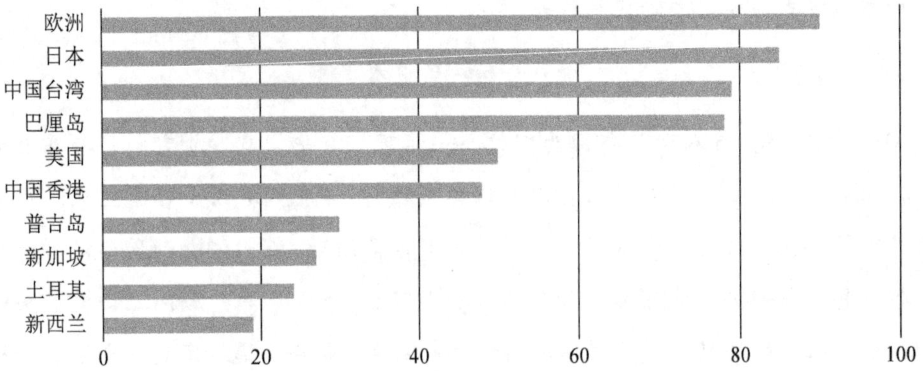

图 3-14 出境游目的地相对分布

资料来源：6人游旅行网．2015年定制旅游报告．

六、评价

6 人游以为游客提供精品小团包的旅游模式吸引游客。精品小包团属于一种小而美的新型旅游方式，但这种模式存在着规模化的硬伤。从 6 人游目前的订单来看，超过 80% 的订单是一对一的小团定制服务，近 20% 则来自标准化的特色小团游产品所产生的散拼订单。一对一的定制服务是 6 人游目前关注的重点，如果缺乏标准化的流程和统一的产品资源库，定制旅游可能会成为一个劳动密集型产业，因为需要大量人力的投入，在运营效率方面并不比传统旅行社有优势。从目前来看，6 人游与供应商搭建产品库，用户提交有关需求、行程、天数和预算等信息后，6 人游的后台会通过系统在产品资源中提取备选方案，然后由旅游顾问来进行组合，快速实现报价。当产品库中没有用户所需的行程资源，6 人游就需要与供应商进行沟通，以重新设计行程和报价。现阶段 6 人游定制服务的人力沟通成本很高，但它希望通过前期的沟通来了解用户需求的多样性，然后逐渐丰富产品库和对目的地资源的把控，最后将反馈、报价、服务和签约等步骤形成标准化的流程，以实现高效定制。

人力成本偏高是定制化服务实现规模化的最大挑战。除此以外，用户需求的多样性也对标准化流程以及产品库的丰富度提出了挑战，并对平台系统的技术提出更高的要求。然而流程标准的建立、产品资源的积累以及技术投入是一个长期的过程，因此在目前阶段，6 人游还是需要通过更多的深度和主题旅游产品来打造其品牌和服务，再逐步去解决规模化方面的问题。

2017 年 10 月 31 日，北京 6 人游国际旅行社股份有限公司，正式完成了新三板的挂牌，股票名称：6 人游，代码：872385。在公司发展道路上，6 人游实现了成长的一小步，也完成了不断规范化、走到公众资本市场的第一步。

第七节 极之美

极之美极地旅行机构是中国第一家专注于南北极的旅行机构，也是中国首家获得国际组织 IAATO（国际南极旅游组织行业协会）认证的专业极地旅行机构。自创立至今，已圆满完成 40 余次南北极旅行，以安全、可靠、舒适的专业服务，带领超过 2000 余位极地爱好者抵达南北极地区，特别是在“南北极点”线路上，已助力近千人圆梦，在中国乃至国际市场份额都高居榜首。凭借多年的努力和坚持，极之美已成为中国极地旅行第一品牌。

极之美极地旅行机构隶属于北京极之美旅行社有限公司，寓意极美、极致、极限。

一、企业发展历程

极之美极地旅行机构成立于 2009 年，从 0 到 1，极之美为极地旅行事业倾尽自己所有的热诚，引进并汉化 IAATO 的南极条约，不遗余力地在公众范围普及南极生态保护；编写生动有趣的南北极课堂读本，让更多人了解神秘的极地世界；持续培养人才，打造具有专业素养的中方探险队，在树立行业标杆的同时，也为整个中国极地旅行业输送了大量专业探险人才；极之美从创立初始，在产品的文化理念上，一直围绕“眼耳鼻舌身意”六个原则进行设计和研发，让南北极的旅行不仅仅是一场视觉盛宴，更让人感到直抵心灵的温暖。

2014 年，极之美根据国际旅游市场发展趋势，由极地旅行机构转型为极地轻探险旅行机构，将“轻探险”旅行的概念首次引入国内，远离华丽的城市建筑，前往隐秘的自然之地，探索未知世界的奥秘。在轻探险的主张下，加拉帕戈斯生态教育旅行应声而出，这里是达尔文进化论思想的起源地，也堪称世界上唯一一所鲜活的生物进化博物馆。

2016 年，极之美在践行知行合一的同时，进一步升华“人文探索”理念。作为一家不含有传统旅游业基因的公司，在实践的过程中，用自己独特的方式成长，为旗下“极地探险、人文探索、自然探秘”等多主题旅行，注入“行知”的基因。在前往人迹罕至的未知世界中，了解目的地背后的人文故事，在极美之地领略文化的魅力，体验“探索”所带来的刺激，感受“知道”所带来的快乐，从视觉和心灵上为客户带来更完美的出行体验。

二、用户特色

1. 目标客户

根据 2017 年由鸿鹄逸游首次颁布的《中国人极地高端旅游报告》数据显示，前往极地游的高端客群年龄大多在 35~50 岁区间内，且呈低龄化的趋势。企业高管、私营业主及其家人是南北极高端游市场主力；此外 21% 的极地高端游客群已经退休，他们有充足的时间和财力造访极地。这些高端客人旅行经验已经十分丰富，极地游是实现自我之旅。而根据携程旅游数据显示南北极产品在客群年龄上呈现两极化，南极产品的主力是大爷大妈，年龄在 45 岁以上的中老年客群占到 58%。而北极极光产品则以 90 后年轻人为主，19~35 岁的人群占比超过 5 成。

可以推测出极之美旅游机构的目标客户群体应具备以下特点：

①具有充足的时间及财力，如退休企业高管、业主为主；

②具备充沛的精力体力，尤其在北极观光项目方面，以年轻人为主；

③追求高层次的旅游精神体验，教育程度较高，文化素养高。

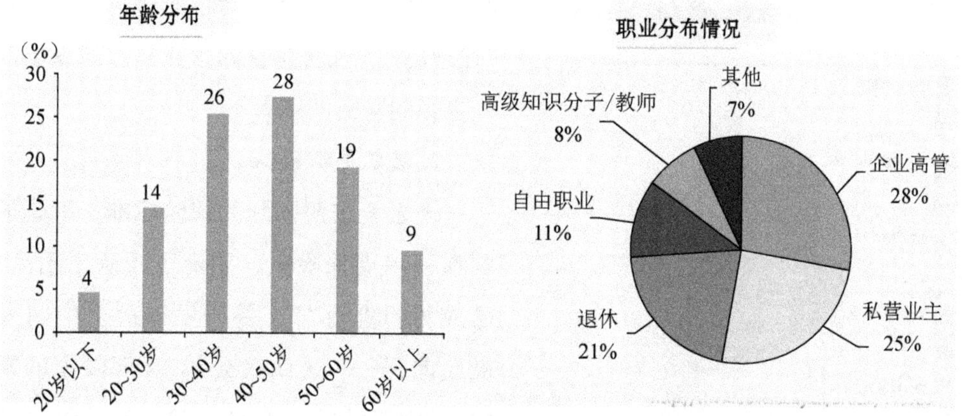

图 3-15 极之美游客年龄、职业分布

资料来源：HHtravel鸿鹄逸游. http://www.traveldaily.cn/article/115528

2. 市场前景

胡润研究院与亚洲国际豪华旅游博览（ILTMAsia）连续第七年合作发布的《中国奢华旅游白皮书》（The Chinese Luxury Traveler 2017）里报告的调研对象是几百位平均财富有 2200 万元的中国富豪，其中 36% 的人都表示未来三年里会尝试极地探索，尤其是 80 后年轻一代旅游者不仅对极地的兴趣在上升，对非洲的渴望也呈现增加的趋势。而在调研去年印象最深刻的一次出国旅行中，南极是最多被提及的目的地。

此外根据政府部门的数据显示，俄罗斯北极地区游客中的最大群体就是中国人，而去年在芬兰最北端的省份拉普兰过夜的中国游客人数增幅打破纪录达到 92%。

可以看出，中国目前极地游市场潜力巨大，探索人迹罕至的原始自然风光又或者是挑战各类人生极限都成了高端旅行者体味生活的方式，两项都能满足的极地旅游无疑正中他们的下怀。而极之美极地旅行机构作为专注极地游市场的旅行代理商，无疑面临着无数良好机会和极广阔的市场。

三、产品特色

1. 极之美俱乐部

极之美发起组建了中国第一家倡导、传播极地探险文化的“极地俱乐部”。俱乐部

图 3-16　极之美在喜马拉雅平台上内容页面

资料来源：自喜马拉雅 App 内截图。

的核心口号是“在现场”，从 2009 年开始，极地俱乐部就始终在支持着气候变化和生态文明的全球寻访之旅“2 度计划”，认为在类似于全球气候变化这样会决定世界未来政治、经济格局的重大问题面前，中国人必须“在现场”，而极地探险家正是“在现场”这一主张的坚定实践者。

2. 极之美探险队

极之美按照国际的探险标准，组建了中国唯一一支探险队，制定了领队出团流程，已成为行业标杆，并研发出适合中国人的极地课程——《南极公约》《探险家的领导力》《南极北极在全球政治、经济领域的战略意义》及极地生物、地理等课程的专业组织。多年的服务得到了客户一致的认可和好评，倡导的学习、自律、客观、全局等正向价值，为极地旅行在中国的推广引导了积极正向的模式。极之美也是国内首家获得国际组织 IAATO 认证的专业极地旅行机构，在国内外获得了广泛的认同。

3. 极之美大讲堂

极之美在喜马拉雅 FM 电台平台上创建属于自己的企业电台账号，定期上传不同主题的各个大洲不同国家、地区的旅游小知识。每条电台录音的播放量在 5000~10 000 次左右。通过在喜马拉雅电台输出声音内容，一方面可以让更多人了解极地知识，纠正一些人对于极地及其他景区固有的错误印象；另一方面，也可以通过喜马拉雅 FM 这个目前中国最大的电台平台，获得更多的关注度，让更多人了解认识极之美极地旅行机构，做一个有效的宣传。

四、宣传模式

1. 明星效益

极之美邀请了众多热爱旅行，渴望感受极地旅行的明星作为极之美极地嘉宾跟随极之美团队一同到极地体验南极、北极之美。邀请到的知名明星有：王小丫、于丹、李银河等。其中主持人王小丫还在 2011 年跟随极之美团队去往北极点的途中，在船上主持了一起别出心裁的《开心辞典》。极之美通过邀请极地嘉宾，对极之美旅行机构进行宣传。

2. 新媒体宣传

极之美极地旅行机构开设了新浪微博、腾讯微博、微信公众号的新媒体平台，目前主要经营新浪微博以及微信公众号，平均每日发放一条微博，四条公众号推送，但是经营状况不好，微博内容质量低下，转发评论量接近于零，粉丝量在 7000 左右。微信公众号推送文章以行程 + 照片模式为主，阅读量在 100~300 次左右。并不能对极之美旅行机构做出有效的宣传，甚至会令阅读者产生负面情绪，对企业更加不信任。企业对此方面应做出及时的响应及改正。

五、竞争关系

1. “飞猪”成立南北极联盟

在南北极联盟的“北”上，飞猪的做法是联合平台上做北极游的商家，研究用户需求，与商家一起深化产品包装，产出更为丰富、多样化、多目的地的北极游商品，并通过年轻消费者“喜闻乐见”的营销手段，实现商品与消费者的触达连接。达美国旅是飞猪平台上一家主营美国游的商家，去年，在极光游的热潮下，达美的阿拉斯加北极光线路卖出了 500 个。加入南北极联盟后，达美今年计划继续深度经营极光游，并将目标翻了 6 倍，计划送 3000 个人去看极光。

在南北极联盟的“南”上，飞猪将主力发挥自身的资金和影响力优势，强控上游资源，并把获得的上游资源与平台商家共享，一起做大普惠旅游，让更多人在年轻时就可以去一次南极。飞猪 2017 年上半年推出了“南极专线”，采取的是与游轮公司海达路德直接合作的形式，包下其旗下午夜阳光号 2018 春节档 4 个船期共计 2000 个舱位，这一做法直接将南极游的价位普惠至 5 万元水平，瞬间引爆年轻人市场。据悉，在 2018 年包船合作的基础上，飞猪再下重金，包下海达路德 2019 年船期的 2500 个舱位，并将该资源面向全平台商家开放。同时，航空公司、酒店方面的资源强控也已在飞猪的规划之中。

通过“飞猪”近两年来的种种行为可以看出，飞猪对于极地游市场越发重视，并且依靠阿里巴巴强大的财力支撑以及巨大的客户群体，飞猪在极地游旅行市场的竞争力不可小觑，不过飞猪的目标客户主要以年轻人为主，竞争方式也主要以尽量压低成本以降低价格为主，而极之美机构的主要目标客户以高端人群为主，该目标客户群体对价格的敏感度较低，更多追求的是旅行过程中的高品质的旅行体验。

2. 旅行社抢滩极地市场

目前高端深度游成为在线旅游机构争夺的新焦点。众信旅游集团近日与芬兰贸易投资旅游促进总署签署了战略合作谅解备忘录。同时，近日，北欧旅游局、德国汉堡旅游局、凯撒旅游三方也正式签署战略合作协议，通过整合各自优势旅游资源展开深度合作。根据协议，北欧及德国汉堡未来将通过凯撒旅游在中国投放覆盖丹麦、挪威、汉堡的中高端特色主题游产品，以期吸引更多中国游客。北欧旅游局大中华区首席代表王宇指出，近年来，国人出境游意愿持续高涨，中高端消费人群乐于寻求新鲜的目的地和新体验。在欧洲出境游整体向好的态势下，位于北欧的丹麦与挪威以及“北德明珠”汉堡，已展示出强劲的市场潜力。

此外，对于众多自由行群体，提供碎片化的服务也是旅行社发力的方向。其中，携程旅行网近日便与 Stena Line 签署了合作协议。瑞典企业与创新工业大臣 Mikael Damberg 表示，有越来越多的中国人把瑞典作为旅游目的地，去年前往瑞典的中国游客增幅显著，同比增长了 25%。此次携程和 Stena 的合作，对于瑞典而言非常重要。据了解，Stena Line 是世界上最大的轮渡公司之一，目前其经营 22 条航线，有 34 艘渡轮，航线覆盖英国、法国、德国、丹麦、挪威等北欧国家。根据协议，今年 8 月，Stena Line 的产品将整合并入携程的网站和其线下销售渠道，并积极围绕中国市场推广开拓 Stena Line 所有的航线和产品销售。

六、盈利模式

1. 收入来源

根据极之美网站首页可以看到，极之美极地旅行机构主要业务分为：极地探险、自然探秘、人文探索、定制旅游四部分。极之美通过缩短供应链，直接连接消费者同旅游目的地，尽最大可能提高为客户服务的质量，也可获得最大的利润。目前除极地旅行外，极之美在定制旅行方面客户量最大。根据极之美网站所提供的极之美足迹显示，基本每个月都有不同的公司或个人通过极之美旅行机构为其制定独特的定制游线路，主要以员工旅行为主。在 2017 年，腾讯 QQ，蒙牛集团等公司均通过极之美机构来制定主题，定制旅行路线。

2. 合作伙伴

2014 年 9 月 3 日，探路者与行知探索在京签署投资合作协议，探路者宣布战略投资极之美，以 3900 万元人民币通过增资方式控股持有其 56.52% 股份。据悉，极之美是一家以南北极旅行为主要业务的自然主题旅行服务机构，拥有出境游业务资质，也是中国第一家专业开展南北极旅行的服务机构，在极地主题旅行等高端自然旅行市场有良好的市场积累。业内人士指出，此次战略合作，有助于极之美强化极地资源、拓展业务范围。同时探路者旗下的绿野网可以为极之美提供更多的流量、客源。

极之美极地旅行机构隶属于北京极之美旅行社有限公司，寓意极美、极致、极限。极之美的母公司，行知探索文化发展集团（股票代码 835073）是一家以深度文化体验产品的设计和实施为核心能力的文化创意集团，业务涉及体验式赛事、体验式培训、体验式旅行三大板块，总部在北京，并在上海、四川、云南、甘肃、福建等地设有分支机构。十年来，以“玄奘之路”品牌为源起，行知探索始终奉行“知行合一，探索心灵，探索世界”的精神理念，以跨界思维设计独特体验，打造极具中国人文精神和正能量的文化体验产品。

七、评价

极之美极地旅行机构作为国内最早看到极地游市场的旅行社，具有长远的目光，以及较为深厚的组织极地旅行的经验，并且具有较为准确的市场定位，以极地游为主，延伸其他地区的高端旅游路线以及定制旅游路线。但多年来局限于高端旅行人群，市场较窄，没能更好更快地打开市场，挖掘更为广阔的年轻人市场。以至于目前在极地游市场受到更为广泛的重视，在 OTA（在线旅行社）和“飞猪”南北极联盟的左右夹击中，竞争力越发下降。

此外，极之美极地旅行机构的宣传力度不足，知名度极低，在这方面，建议极之美极地旅行机构投入更多的人力、财力，选择更好的宣传方式和手段，以迅速提高知名度。

第四章
传统电商平台旅游品牌分析

百度是全球最大的中文搜索引擎，腾讯是中国最大的互联网社交平台运营商，京东是中国最大的自营式电商企业，阿里巴巴是中国最大的互联网零售服务企业。四家电商行业巨头在中国甚至世界享有很高的知名度。同样，在旅游行业，四家电商公司都发展了独立的旅游频道品牌。百度旗下是百度旅游，腾讯旗下是腾讯旅游，京东旗下是京东旅行，阿里旗下是飞猪旅行。那么作为来源于电商行业的四大旅游品牌，它们各自的发展状况如何，又有哪些区别和相似，下面就进行具体分析。

第一节　百度旅游

一、发展历程

百度旅游是百度旗下一个旅游信息社区服务平台，旨在帮助出游的人更好更快得做出行前决策，满足游客在旅游前中后各种与旅游相关的需求。百度旅游于 2011 年 4 月 28 日正式上线。

百度主打游记、攻略分享、行程设定服务。在百度旅游首页中，有三个数字很醒目得用红色字体标出“72 857 个目的地、883 367 篇游记攻略、1 872 834 条点评”。其他服务诸如机票预订服务与携程合作，酒店预订服务与同属百度旗下品牌百度糯米合作。

2011 年 6 月，百度“我们出发吧”系列活动上线；2011 年 9 月，百度旅游 App 正式上线，同时招募梦想旅行家；2012 年 8 月新版网页端百度旅游上线，奠定了当前网页版百度旅游交互页面基础框架；2012 年 9 月，新增“去哪儿玩”模块，多维度高效查询目的地。同时新增“旅行谈”模块，让读游记变得更有趣；2012 年 10 月，百度旅游官方微信上线，提供目的地攻略，更新推送实时旅讯，定位推荐附近景点；2012 年 11 月，推出“旅行画册”模块，是旅行照片的绝佳归宿；2013 年 2 月，百度“出发”系列 App 上线，开始提供单一目的地攻略 App；2013 年 3 月，提供旅游攻略下载服务；2013 年，以百度旅游为核心的非营利性组织校园沙伐旅 Safari Campus 正式上线；2014 年，开始达人堂“达人 show time 第一季”；2016 年 10 月，《我们出发吧》第 16 站“百度旅游出发去美墨”话题上线；2017 年 2 月，与以色列旅游局合作，开展“探秘以色列”活动。

从 2011 年成立之初至今，百度旅游一直致力于完善本身应用与服务。从 2014 年起，应用模块基本完善成熟，后主要推出各种系列的旅游体验服务，且与以色列、德国等外国旅游局合作开发新产品，进行目的地宣传推广。

二、产品特色及产品创新

百度旅游兼备网页版和手机移动版。以下主要以网页版举例，最后会有网页版与移动版的比较。

（一）目的地攻略

该板块是百度旅游主打服务，分为两个模块，分别是“目的地”与“攻略下载”。目的地模块涵盖了大量景点的信息供用户参阅；攻略下载模块于 2013 年 3 月 26 日正式上线，提供了大量信息全面、格式规范的目的地攻略手册，可供下载。

“目的地”模块的主页为一张中国地图，可以切换成世界地图，游客可以根据自己想去的地区自由点击，查看该区域相应旅游景点及其概况。页面左侧配有相应分类和推荐。根据旅游季节和主题不同，还设有当季游、主题游两个板块。

此模块设计有三个特点，景点全面、分类性强、信息全面。

景点全面是指该模块的目的地不仅包括国内景点还包括国外，而且还包括新兴的小众景点，诸如安徽宏村，将主流的目的地基本囊括在内；分类性强指对于众多的景点目的地，按地域、季节、主题不同还进行了多种分类，满足不同的需求和搜索方式；信息全面是指景点的攻略的基本信息是由百度旅游提供的，包括简介、交通、建议游玩时间、开放时间、地址、电话和官网，之后的诸如 1 日游、3 日游等根据天数不同的行程及攻略推荐是由百度旅游的用户上传、百度旅游筛选出来的，既有权威的、大众化的基本信息提供，又有个性化的定制信息提供。

“攻略下载”模块由百度旅游官方收集整理，信息全面，格式规范可彩色印刷、图文并茂。按照不同分类方式进行分类推荐。攻略包括食住行游购娱各个方面，大到整体概述、天数推荐，小到银行、邮局和医院分布等实用信息都有涉及。

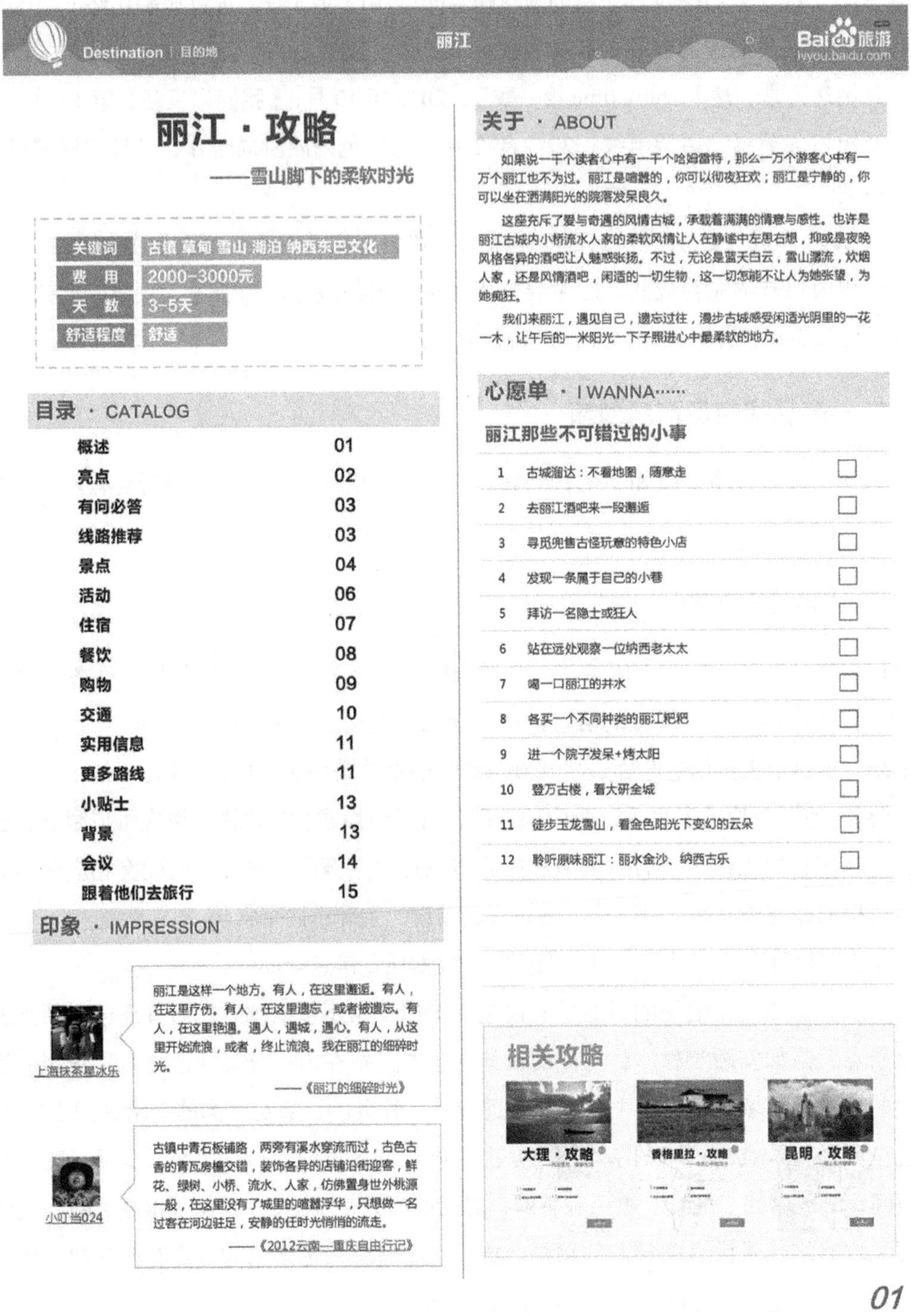

图 4–1　百度旅游目的地介绍页面

（二）行程计划

在行程计划板块有两个模块或选择，一是“自建行程”，通过自主目的地选择与时间安排。二是“发起请求”，求助专业行程咨询师。

“自建行程”是通过选择目的地、游玩时长来自动规划行程安排的智能系统，但是缺点是只对一部分城市支持一键出行程。在“发起请求”模块中，目前有超过400位行程计划师可以为用户解决有关行程安排问题。行程计划师一般是旅游达人，通过百度旅游的资质审核，在其平台上发布了很多旅行日记等。

（三）游记和画册

游记和画册是同类型板块，都是用图片或文字记录自己的旅游历程并发表，与他人分享。游记是相对传统的旅游经历分享方式，画册是2012年11月推出的新功能。值得注意的是，旅行画册可以配有简单的文字解释，但是主体内容为图集，每个用户都可以创建自己的旅行画册，通过创建标题、上传照片、整理照片三个步骤就可以发布属于自己的旅行画册。所有登录百度旅游的用户都可以看到。旅行画册在网页端和手机移动端都可以创建，合格画册必须达到35张照片并且能够完整得展示一次旅行。在画册合格的基础上，再在图片关联性、目的地描述、图片质量与图片描述方面达到一定标准后就可以提升至优质甚至精品画册。

旅行画册不仅是不同于游记式的一种旅游分享的新形式，而且是一种自我旅行纪念。

（四）机票和度假

度假产品和机票购买，百度旅游目前都在与携程合作。一方面可以看出携程在机票预订和旅游方面的地位，另一方面也可以看出百度旅游在旅游方面的主营方向还是旅游攻略与游记分享。

（五）旅行家

旅行家板块也是与百度旅游信息搜索与分享社区平台十分契合的一个板块。该板块下分为三个模块，分别是梦想旅行家、达人堂和校园沙伐旅。

梦想旅行家每期以一个或一对人物为主题，分享他们旅行的故事。成为梦想旅行家，需要①热爱旅行，怀揣着对旅者之路不停追逐的梦想；②经历丰富，收藏着很多一生难忘的旅行记忆；③乐于助人，善于分享旅行的经验和心得；④履历充实，已拥有百度旅游“达人”或“行程咨询师”称号。成为梦想旅行家之后，会获得新浪微博加V、电台专访和报刊发表的机会。已获得达人堂称号的用户可以申请成为梦想旅行家。

如果说梦想旅行家和达人堂是针对所有用户都可以开放申请的话，那么校园沙伐旅则是专门针对大学生而创办的一个旅游交流和分享平台。沙伐旅 Safari 源自东非斯瓦希里语，指原野上的探险旅行和猎游，更有用眼去看，用心体会的延伸含义。校园沙伐旅 Safari Campus 属于非营利性组织，并由大学生自主运营，体现了百度旅游关注学生这一群体的所做的努力。

综合来说，“旅行家”模块是提供给活跃的百度旅游用户的一种称号或头衔，得到这一称号或头衔的用户就可以获得单独展示分享的机会，由此激励用户们更多地在平台上分享自己的旅行经历，吸引更多的人评论与关注，这也是百度旅游的一种壮大与发展模式。

（六）我们出发吧

“我们出发吧”系列活动是从 2011 年 6 月开始的一档百度旅游主办的旅游直播活动。每一站一个目的地或一个主题，百度旅游小组到达目的地，并进行全程直播。在直播过程中，用户通过发游记、转微博关注活动，会有相应的机会获得奖励。在后期的活动中，用户也有机会获得跟随百度旅游小组全程直播、免费旅游的机会。从 2011 6 月开始的第一站，到 2018 年 5 月，已经直播了 16 站，包括云南、红色之旅、冲绳、岘港、长白山、三亚、泰国、英国、中国香港、中国台湾、德国、墨西哥等。

三、盈利模式

（一）平台跳转

在百度旅游成立之初，一篇发表在北京商报上的评论指出：百度旅游“只共享内容，无交易信息”。该商报记者程铭劼分析：“百度希望通过旅游平台的推出来和广告商进一步建立合作关系。尤其是依靠百度搜索为自己带去流量的在线旅游运营商，希望等待百度旅游这一线上平台发展壮大后分一杯羹。”暂无明确商业模式百度旅游没有清晰的商业盈利模式，还只是停留在分享游记、提供点评和目的地排名为主的分享模式。在去哪儿网副总裁戴政眼里，百度旅游是李彦宏希望在社会化媒体平台上的新尝试。不同于之前百度的“有啊”机票搜索，百度旅游的上线，更多程度上是一种信息整合。

到现在，百度旅游成立七年之后，百度旅游不改初衷，依旧是注重打造内容分享，在传统盈利方面的度假机票方面转而与携程合作，通过平台跳转，收取流量利润。在酒店方面，与百度旗下的百度糯米合作，依靠百度旅游这个分享平台带来的流量为百度糯米盈利，进而收入百度囊中。

（二）与各地旅游局合作与直播

“我们出发吧”系列活动从百度旅游成立之初就开始了，伴随着百度旅游的成长已经开展了 16 期。每一期一个主题，与目的地当地政府或旅游局合作带去流量，这是百度旅游又一个盈利的趋势，这个盈利的方式是经过“我们出发吧”系列活动一期的发展而渐渐摸索出来的。

直播的盈利方式目的也是从社交网络平台上引流。结合“我们出发吧”系列活动，将活动参与者每天的旅游实况经过微博等社交平台直播，为百度旅游吸粉引流。

四、网页版和移动版比较

如图 4–2 所示，左边为百度旅游网页版主页展示，右边为其移动版主页展示。

图 4–2　百度旅游主页

相比之下，其网页版主页内容更丰富，包含攻略、游记、行程计划、机票、酒店、度假产品和旅行家板块，移动版 App 主页更突出攻略和行程，内容丰富性稍显逊色。

第二节　腾讯旅游

一、发展历程

腾讯旅游是一个集资讯、产品、服务于一体的专业旅游服务平台，它的企业口号是“发现未知的美好”运用前沿互联网技术，打通全网优势资源，为各级地方政府、大中型旅游企业提供专业的行业解决方案，同时也正在致力于为亿万网民提供更具价值的增值服务。

在“互联网 + 旅游”政策下，腾讯旅游聚合平台顶级资源，创新“旅游 +”营销模式，紧扣跨界营销热点打造精品栏目，用创新节目理念和精细化的项目运营为旅游营销带来更多亮点。

腾讯网是集社会各领域信息和资讯为一体的互联网平台，腾讯旅游在腾讯网已设立独立频道，并于 2016 年正式上线，同年 5 月正式开通官方微博。

2017 年，腾讯旅游提出要全新推出六大精品项目，全面延伸“旅游 +”外延，将旅游与多领域开展合作，打造不一样的旅游新视角。六大精品项目分别是解救爱豆、发现中国、企鹅看世界、奇妙旅行家、跑在最美中国、廿四城。

二、产品特色及产品创新

1. 旅游资讯

腾讯网作为一个资讯分享性平台，其旅游板块的旅游资讯及信息的服务也是主体。在主页中，旅游资讯的实时更新占据了很主要的位置。旅游资讯主要包括非洲、美洲、国内旅游、港澳台旅游、日韩旅游、东南亚旅游、大洋洲旅游、自驾游和周边游八个模块。旅游资讯的来源主要是中国新闻网、中国经济网、光明日报等国内在线网站或报社。其旅游资讯板块的特点是信息来源广、信息更新快。咨询的内容涉及国内外旅游行业的新闻、政策、活动、评论等。

2. 旅游视频

腾讯在视频媒体方面的发展也是不错的。视频对于用户来说具有高渲染力和感染力的特点，容易引起共鸣。腾讯旅游在旅游视频方面依托腾讯视频，独家制造了许多旅游节目。如地球奇趣档案、旅行囧记、世界厨房等，这些节目的共同特点是每一集围绕一个主题，每一集节目时间不长，由腾讯旅游独家剪辑制作。如地球奇趣档案，是一档旅游探索发现类栏目，每周六更新，每一集2分钟，介绍地球上不同地区的奇特事情、奇特发现。

旅游视频板块是腾讯旅游的亮点，既以视频的形式，对腾讯旅游对实时旅游新闻资讯方面进行延伸和补充，又以不同于文字图片的形式吸引了更多关注，为腾讯旅游赢得了更多流量。

3. 在线影展

在线影展是腾讯旅游十分具有特色的一个板块。相对于传统的旅游照片或游记分享，腾讯旅游中的在线影展更像是对旅游目的地的独特新闻报道，在线影展所展示的视角通常十分独特。不同于传统游记的风光美食购物分享，每一部都有震撼的主题和视角。

在此影展视角下的城市或地点不仅仅是一种旅游宣传，更是一种历史的记录、故事的讲述和现状的分享。

4. 廿四城

廿四城是一档城市推介节目，但它又不是简单的城市推介，从节目的题目中就可以看出，这档节目以一种更文艺、更符合年轻消费群体需求的风格，通过实地揭秘和故事讲述等方法，以采写、摄影和录播的形式展现，从微视角传递精彩。这档节目从上线以来已经联合了“那一座城”、《中国国家地理》杂志和各地旅游局，让用户从文字、镜头感受每一座城的细节之美。

该栏目抓住了年轻消费者的心理，见微知著、以小见大，深挖一座城中不为人知或深藏的故事，并以此为主线，将一座城从不同角度推介给读者，逐渐打破旧时“走马观花”旅游体系下的游客对一座城的模糊印象。

5. 创建自媒体生态，“企鹅旅行+”和“旅游企鹅号”

企鹅的动物形象是腾讯的代表，为创造自媒体生态，迎合旅游行业自媒体需求，腾讯旅游创立的“企鹅旅行+”板块，为迎合相关政府部门需求，创立了“旅游企鹅号”板块。

“企鹅旅行+”主要合作行业知名自媒体人，以意见领袖激活粉丝能量。在现在的自媒体时代，各个平台上的意见领袖往往起着舆论导向和引领新热点的作用。腾讯旅游与这些意见领袖合作，是迎合时代潮流，吸引用户关注度的有效手段。这种形式集旅游资讯分享、游记攻略分享于一体，涵盖面很广泛。

“旅游企鹅号”是专门为有需求的政府相关部门开设的，迎合政府部门传播需求，可在微信公众号、QQ公众号上同步发送相关图文、视频信息，公开旅游大事件、搜集民情，真正做到政务为民。

三、盈利模式

1. *广告投放盈利*

腾讯网是目前在线新闻的主要流量地，用户群体非常庞大。目前腾讯旅游最直接的盈利方式还是靠广告赚取利润。腾讯旅游的主要板块“企鹅优品”是一个聚合优质产品的内容传播体验平台，通过打造优质内容生态，传承中华文明，发扬匠人精神，连接公益实践，助力互联网+旅游及精准扶贫。企鹅优品的推荐产品与内容，均来自政府背书，解决品控痛点，具有一定独特性和垂直性，真正做到优质放心、可读可感，引发共鸣，响应国家“精准扶贫”的政策。充分挖掘各地中华老字号、非遗、特产、公益等优品，用内容能力打造品牌，为用户提供产品背后的故事，助力相关企业，满足用户需求，服务政府诉求。平台与各地市旅游局和景区为核心服务对象，通过整合腾讯的网络媒体资源和产品开发服务能力，推动客户的品牌营销合作及智慧旅游建设。同时联动内外部合作伙伴，共同推进“互联网+旅游”领域的探索实践。

2. *与政府、企业合作*

与企业合作的典型例子是“旅游企鹅号”的设立，帮助政府旅游相关部门搭建旅游传播平台，传递旅游讯息，吸引游客和用户关注。在腾讯旅游首页，专门有一栏展示旅游企业号影响力。从上面公布的数据来看，旅游企鹅号的影响力是十分巨大的。

腾讯旅游致力于旅游资讯和新目的地方面的开发，对于传统的旅游产品方面，腾讯旅游不是强项，选择与艺龙合作。

第三节　京东旅行

一、发展历程

京东旅行是京东旗下负责非实物旅游产品服务的网站。全新的京东旅行频道与2014年6月24日在京东正式上线，京东旅行频道的服务范围涉及到机票、酒店、签证、度假、商旅等板块，极大弥补了京东在非实物服务销售方面的不足，拓展了京东的服务范围。

2012年2月，京东旅行正式上线酒店预订服务。负责京东旅游业务的副总裁李超表示，借助京东平台的数据分析，未来京东还将通过用户的订购、出行等信息，帮助其规划最优的旅行路线和套餐组合，进一步打造一站式旅游服务。

二、产品特色及产品创新

1. 机票

京东与各航空公司、行业主要 OTA 均建立了战略合作关系，形成了有京东特色的产品优势。为保证提供给客户的机票服务品质达到最优，京东提出了“100% 航协认证”“100% 出票保证”“7 × 24 小时服务”。

再者，与其他机票在线预订平台不同的是，2014 年 9 月 9 日全新上线的国际机票业务，通过接入更多有品质的国际机票商家，为消费者提供更加优惠的机票价格。此外，京东国际机票业务还与国内重要的机票信息服务商达成了合作关系，将提供其所有的机票预订和价格服务信息给京东用户。

京东旅行将机票预订服务作为其主打业务，将机票预订栏放在了主页最显眼的位置，如图 16。京东所倡导的在机票预订方面的优势是提供最高的品质和最优惠的价格。在后面的板块中，京东旅行会列出当季主题下最优惠的机票还有一些特价机票的线路。

图 4–3　京东旅游主页

2. 酒店产品

2012 年 2 月，京东旅行正式上线酒店预订服务，京东酒店预订服务与多家供应商建立了战略合作关系，合作酒店覆盖全国，在北京、上海、广州、深圳、杭州、重庆、南京、厦门等城市合作酒店超过一千家。通过京东成功预订酒店产品的用户，能够获得数额不等的返还京豆，可在实物类频道进行一站式购物，真正做到了回馈用户。此外，用户还可以通过京东订阅酒店促销电子期刊，及时获取酒店促销、降价、消费券等信息的电子邮件通知。

进入筛选酒店页面后，其最有特色的特点是将符合条件的酒店筛选结果直接与屏幕右侧的地图匹配，省去了需要点开酒店一个个确认具体地点的麻烦。用户可在确认酒店位置后直接查看酒店内部具体信息。京东旅行酒店预订网站中所有的酒店都是直接与京东旅行合作，避免了第三方跳转。在酒店预订方面，京东旅行的承诺是“更优惠的价格”“更多入住选择”和“真实住客点评”。

图 4–4　京东旅游酒店搜索结果

3. 商旅产品

京东商旅平台为企业客户提供完整的差旅管理解决方案，提供专业的差旅管理平台，使差旅管理更加便捷、透明，降低企业支出。服务的产品为差旅（员工差旅管理服务）和 MICE，即 Meetings（会议）、Incentives（奖励旅游）、Conferencing/Conventions（大型企业会议）、Exhibitions/Exposition（活动展览）和 Event（节事活动）。

京东旅行将商旅板块分为差旅管理和会奖 MICE。差旅管理是由京东提供的京东企业差旅自主平台是零使用成本的企业商旅智慧管理平台。无服务费、无捆绑销售、航司旗舰店直供价格，以规范透明的价格和便捷高效的差旅管控功能为企业客户提供优质的商旅服务。

会奖 MICE 板块分为团建活动、奖励旅游、会议展览和会奖周边四大服务。每一大服务下有更为细分的特色服务。如团建活动中，用户还可以根据自己的需求和喜好选择生日会、真人 CS、徒步骑行、沙滩活动和运动会。每一类服务大多由专业的产品提供商提供，少数也会有京东旅行自己提供。可以说京东旅行涉及的旅游服务类型十分广泛，囊括 B2C 和 B2B 的服务。

4. 邮轮产品

京东邮轮是京东旅行旗下专业提供邮轮旅行产品的频道。随着中国市场愈来愈受到世界邮轮公司的关注，上海、天津、青岛、大连、宁波、厦门、海口、深圳等城市相继有豪华邮轮停靠，京东邮轮成功合作的邮轮品牌包括皇家加勒比国际邮轮、歌诗达邮轮、公主邮轮、精致邮轮、1海娜号邮轮、中华泰山号邮轮等，并将引进皇家加勒比旗下最新打造的“海洋量子号”邮轮产品，主要航线包括日本、韩国、中国香港、东南亚等地，同时也在不断扩展更多国际航线来满足消费者的旅游需求。在邮轮产品方面，京东旅行主要与途牛合作，提供有力旅游线路。

三、盈利模式

1. 广告收入

京东旅行所提供的机票、酒店的大部分产品都是京东自行打包提供的，但是在会奖中一些专业服务如真人CS是由专业的供应商提供的，称之为品牌旗舰店和签约合作商。对于这些提供商，京东旅行在主页的最下方给予展示，如图4–5。

图 4–5　京东旅游服务提供商

2. 与其他供应商合作

在签证和其他的大型度假产品上，京东主要的合作商是途牛旅游网。

第四节　飞猪旅行

一、发展历程

飞猪旅行（英文名为Fliggy）是由阿里巴巴集团推出的一款旅游出行类手机应用，集预约购票，在线支付、智能刷票于一体，覆盖列表时刻表查询、余票查询、车次查询、票价查询等多种功能，全面地为用户提供出行购票服务。其前身是阿里巴巴集团旗下的阿里旅行，2016 年 10 月 27 日，阿里巴巴集团宣布将旗下旅行应用“阿里旅行”正式更名为“飞猪旅行”并进行产品升级。“飞猪旅行”未来将主要定位于为年轻人提供旅行和出境服务的市场。

二、产品特色及产品创新

飞猪旅行为用户提供便捷、更高性价比的出行服务。飞猪旅行 App 提供国内及海外 200 000 余家酒店、民宿、客栈、酒店式公寓在线预订服务；提供多条国内及出境旅游线路，并提供电话卡、境外 Wi-Fi、租车、签证等一站式服务。全覆盖国内外多家付费景点门票，线上预订一键预约；提供国内航线和国际绝大多数主流航线机票、国内所有火车票的在线订购。由于阿里巴巴集团的强大的实力，飞猪旅行作为继携程、途牛、去哪儿网之后的后起之秀，有着广大的淘宝用户群和阿里系的强大资源整合，从品牌运营到不断推出有着更好用户体验的服务，例如机票快速退改签、酒店信用住等，其开创性地建立一套线上信用体系，为信用高的用户提供更便捷的服务，这是其他在线旅游服务商未曾有的。

此外，在飞猪旅行的整体战略层面上看，它也有过人之处。飞猪旅行是阿里旗下的综合性旅游在线服务平台，主要帮助人们进行机票预订、酒店客栈预订、度假产品销售以及签证服务。2014 年 10 月 28 日，阿里将旗下航旅事业部升级为航旅事业群，同时将淘宝旅行升级为独立品牌去啊，证明阿里在在线旅游行业大力拓展的决心以及对这市场蛋糕的渴望。原因有以下几点：一，在线旅游发展迅速，市场潜力巨大；二，淘宝旅行已经成为很多用户出行的选择；三，独立的平台对应更专业的服务，在线旅游产品不同于传统网购商品，飞猪旅行希望通过全新品牌，为用户提供更好的服务。飞猪旅行有着鲜明的平台特色，提出了四大战略分别为无线、服务、创新和平台。飞猪把市场定位在关注消费者的度假出行需求，并推动在线旅游行业从销售向服务升级。

飞猪旅行借助支付宝这一强大的资源，开发出很多的创新功能，例如旅游宝、酒店后付和行程服务平台等，而行程服务平台又包括了机票一键退改、自动值机、预订出租车等。具体的创新如下：一，基于支付宝担保体系，实行机票快速退款；二，“自动值机”不等同于“自助值机”，用户只要将选择座位的偏好设置好，购买机票后系统将替用户按照喜好自动值机，这一点比较实用，一般会提前进行手机值机，无非是尽量靠前，根据喜好选择靠窗或者过道，自动值机可以减少些麻烦；三，旅游宝指的是用户用余额宝购买旅游产品的款项会冻结，在完成旅游服务之前所获得的收益归用户所有；四，酒店后付指的是基于阿里信用体系，入住酒店前无须缴纳押金和房费，快速入住，在用户离店后自动扣除应付款项，节约用户时间并提高酒店效率。但是后付费对应一个问题是商家有权自己扣费，那就要避免扣错费，以及提供便捷的申诉渠道，不然对应的不是好体验了。

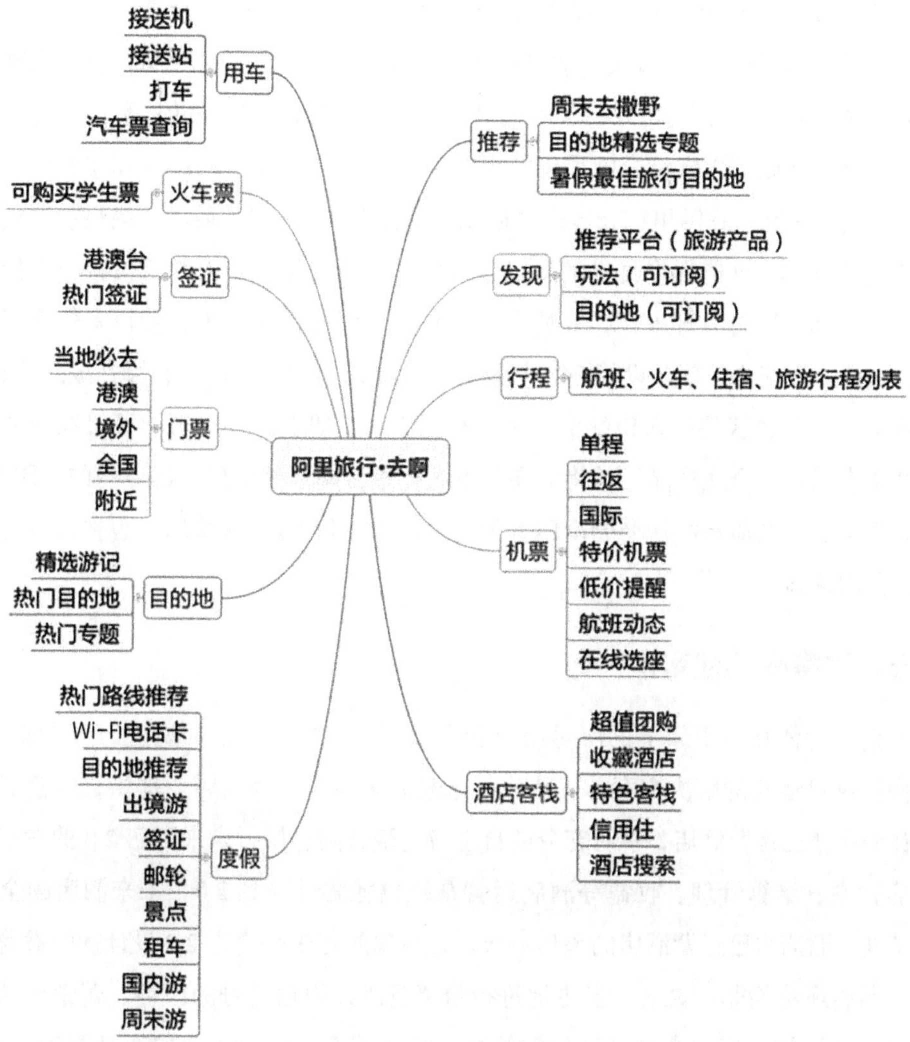

图 4-6　阿里旅行服务

飞猪旅行还发布了未来酒店战略计划，携手酒店业打造一个面向未来的，基于信用体系之上的服务体验，将与合作伙伴共享海量用户资源，用创新手段推动酒店业与互联网的深度融合。飞猪旅行未来酒店推出的“信用住”免押金、免查房、免排队，为用户带来前所未有的入住体验，成为行业新标杆。而这次升级到 2.0 的未来酒店，离店提前预约水单发票、在线选房、智能门锁以及自助 Check-in，则再次将在线住宿的用户体验做到了新极致。未来酒店 2.0 引入在线自助选房功能，用户在阿里旅行平台预订与“信用住”直连的酒店时，房间房型、朝向、楼层等信息一览无余，所见即所得，可以像乘坐飞机自助选座一样，挑选自己心仪的房间。飞猪旅行还将把时下大热的 VR 虚拟现实技术引进在线选房。届时，在阿里旅行 App 上，用户可通过内嵌的 VR 功能，身临其境地感受从大堂到客房的场景，相比传统的 360 度全景图片的客房环境展示，VR 选房临场感更加真实，效果震撼。而这一切，仅凭一部手机，就可在阿里旅行 App 上可轻松体验。飞猪旅行 VR 选房是飞猪旅行与阿里巴巴 VR 实验室合作下的创新，将是飞猪旅行再次整合阿里创新生态树的成果。自助 Check-in 和智能门锁已成为智能酒店的标配。在阿里旅行未来酒店 2.0 的设计中，将对这两项“高科技”进行革命性的创新尝试，创造性将身份信息定向授权 + 虚拟身份证 + 人脸身份特征身份证明融合，只需刷脸即可办理入住，并凭安全码打开房间的智能门锁，使得入住流程更加安全、快捷。飞猪旅行新开设了 O2O 体验店，飞猪旅行与海昌海洋公园达成战略合作，海昌旗下全国各景区将接入包括信用游、扫码支付、码上游、地图导览等在内的阿里旅行“未来景区”全线产品，并将为在阿里旅行平台购票的用户开辟专门的入园通道。同时，飞猪旅行与海昌海洋公园全国首创的“阿里旅行 O2O 体验店”也在天津海昌极地海洋公园落地。

三、飞猪旅行的技术手段

飞猪旅行依托阿里旗下的海量用户和大数据、支付闭环、阿里生态，为资源方、运营商提供自运营的解决方案，飞猪旅行未来酒店同样也为酒店业提供自运营解决方案，让酒店自己运营酒店，享有充分的自主权。随着阿里旅行未来酒店 2.0 的发布，未来酒店营销、结算管理、收益等酒店运营系统也随之升级到 2.0。未来酒店的全面升级，革新了酒店自己运营酒店的最后一米。在飞猪旅行未来酒店 2.0 设计的收益管理系统中，酒店还将能非常灵活、自主地进行价格管理，根据自身的库存、营销活动、竞争态势、市场热点等因素来设计价格策略。酒店甚至可以及时掌握竞品酒店的动态，从而调整自己的营销与定价策略。“从用户体验到运营管理，从互联网技术到营销工具，未来酒店 2.0 将建立起新一代的酒店行业服务、技术、营销与管理系统的行业标准，在这个标准之上，除了物业与品牌，其他的互联网运营都可以交给未来酒店系统运营。”同时在未来酒店战略上运用了 VR 技术，向客户全景展示酒店的情况。

四、飞猪旅行的发展战略

进一步推进“互联网 + 生态”的盈利模式。可以总结出来有以下三种盈利模式。

1. 强强联手不断深度挖掘旅游度假资源与目的地服务

自成立以来，飞猪旅行不断与各大商业巨头建立合作关系，先是与新浪智库、峨眉景区三方联手启动了“蓝色峨眉”项目，运用“互联网＋生态”模式，借助新浪智库落地资源、飞猪旅行自身互联网核心产业优势与峨眉山生态旅游资源实现三方共赢；紧接着携手川旅集团展开旅游地各大景区及酒店板块的战略合作，之后又联合春秋旅游完成系统对接，共同运营“春秋旅游旗舰店”并不断优化其产品和服务，把更多高品质旅游产品及目的地服务推荐给消费者。作为一种盈利模式的手段，强强联合是阿里旅行的明智选择，在其盈利模式中，通过不断加强与目的地旅游企业的合作，进行旅游资源的深度挖掘及目的地服务的不断优化，结合“互联网＋生态”的盈利模式，继续开发旅游市场，不断为企业盈利，这应该是飞猪旅行此次盈利模式中的一大亮点。

2. 度假、酒店、机票三大业务并驾齐驱

与传统 OTA（在线旅行社）不同，阿里旅行平台上并不仅仅是售卖产品，而是要在“互联网＋”的大背景下，打造一条与商家携手同进的旅游生态链，真正落实“互联网＋生态”的盈利模式，同时加强旅游业每一个节点之间的强强联合，共同运营整个产业。在飞猪旅行平台上，作为盈利模式中的三大支柱产业，酒店、机票等业务模块冲锋在前，通过创新的销售方式实现客户在线预订，度假业务也正加速前进，努力构建旅游度假目的地平台新生态，为平台盈利开拓出新的领域。三大业务并驾齐驱，这也是本次飞猪旅行盈利模式中的重要一环。

3. 旅游全球发展战略

飞猪旅行盈利模式的最后一项就是旅游全球发展战略。如今，在新加坡，近百家当地旅行服务商和资源商与阿里旅行达成合作。在美国，美国美洲集团、美国海德集团、美国旅游国际以及纽约州旅游局等多家知名美国旅游集团入驻飞猪旅行。以“互联网＋”的思维，不断扩大市场，抢占全球旅游市场份额，完善国内外生态旅游发展产业链，阿里旅行的旅游全球发展战略具备了长远眼光，这必将为其盈利模式的进一步优化升级产生促进作用。

五、飞猪旅行的盈利模式

阿里巴巴集团旗下的飞猪旅行，一直寻找着“互联网＋生态”的盈利模式。2016年年初，飞猪旅行与四川旅游发展集团，春秋旅游成为战略合作伙伴，就平台运营、渠道营销、旅游服务与产品开发、旅游目的地服务等达成深度合作，

第五节　不同电商平台的对比

一、不同点

百度、腾讯、京东和阿里都是国内规模非常大的，实力非常强的综合性电子商务平台。虽然四大平台各有千秋，但是他们在旅游行业都有所涉足，上面分别分析介绍了百度旅游、腾讯旅游、京东旅行和阿里飞猪旅行的发展现状和特点，下面就将他们四者进行对比，如表 4–1。

表 4–1　四大电商旅游平台对比

	百度旅游	腾讯旅游	京东旅行	飞猪旅行
标语	让旅行更简单	发现未知美好	无	无
用户定位	青年自由行游客	关注新闻资讯的用户	中高端用户群体	青年自由行游客
有无独立 App	有	无	无	有
主打服务	旅游攻略、行程安排	旅游资讯、媒体运营	综合性旅游服务网站	综合旅游服务网站
主要运营模式	B2C	B2B、B2C	B2C	B2C
盈利模式	平台跳转、官方合作	广告投放、官方合作	广告投放、官方合作	合作、广告
相似产品	马蜂窝、穷游	环球旅讯、品橙旅游	携程网	携程网
东家品牌带来的优势	强大流量保证、庞大用户群体、地图索引	广泛资讯消息来源渠道、媒体、既有用户群体	京东购物用户群体	淘宝天猫购物用户群体

1. **标语**

标语能够体现该公司的产品特色和发展方向。百度旅游的“让旅行更简单”体现了百度旅游对于智能行程规划和旅游攻略提供的决心。腾讯旅游“发现未知美好”体现腾讯其媒体平台性质，它主要带领人们发现新的旅游目的地和新的旅游资讯，感受不同的旅游故事。京东旅行作为京东平台下的旅游子频道并没有独立的标语，它的特点就是服务全面，广泛涉及邮轮、商旅等项目，体现了其服务群体是中高端游客，也符合京东自身的标语“只为品质生活”。飞猪旅行产品丰富、品类齐全，推出的“全球 30 分钟响应”和“一站式购齐出境 8 大件”无不体现淘宝让“天下没有难做的生意”理念。

2. 用户定位

百度旅游的用户定位是熟悉互联网，喜欢旅游、乐于分享的自由行爱好者，也契合百度旅游自身旅游信息社区服务平台的定位，这里的信息所指旅游攻略和游记等经验分享和目的地基本状况等基础信息。腾讯旅游的用户定位是关注新闻资讯的用户，综合汇集旅游行业发生的重大事件和新闻进行发布、同时兼具媒体传播服务。值得强调的是，京东旅行的用户定位是中高端游客，在其主页中，把商旅会奖、邮轮旅游放在了很显眼的菜单栏位置。飞猪旅行的用户定位主要是年轻的自由行和商旅客户。

3. 有无独立 App

在这四款产品中，百度旅游和飞猪旅行有独立的 App。腾讯旅游栏目也不完全隶属于腾讯新闻 App，只有在网页端才可以较全面地浏览其全部产品。但是值得一提的是腾讯旅游旗下也拥有其他品牌如企鹅优品，它有单独的微信公众号。京东旅行在京东 App 中有单独的图标。在现在快节奏的时代，人们更依赖于手机上的生活。拥有单独 App 的百度旅游和飞猪旅行是占优势的，自由行的用户可以单凭借一款手机应用完成旅行过程中的种种服务于决策。京东旅行从属于京东，它需要依靠京东的种种用户和购买系统，但是若想进一步壮大京东旅行，最好设立独立的 App 或者将旅行板块在京东 App 主页中放在显眼的推介位置。腾讯旅游亟须改变，在腾讯新闻板块中并不能了解到腾讯旅游的所有功能服务应开发一款单独的腾讯旅游 App，主推新鲜旅游资讯和旅行视频栏目，让用户随时随地都能“发现未知美好”。

4. 主打服务

百度旅游主推游记攻略和行程安排服务。值得注意的是，百度旅游中会有官方出品的目的地旅游攻略供游客免费下载，并且提供不定时更新。出游的顾客可以直接将攻略下载下来，拿在手中，免去了没有流量的困扰；行程安排特别是智能行程安排服务是百度旅游依托百度强大的人工智能系统和数据库以及百度地图的优势而打造的。

腾讯旅游主推旅游资讯更新和旅游视频栏目。更有特色的是，腾讯旅游还广泛建立了与各个旅游相关领域的企业和政府的合作。旅游资讯和旅游栏目引领用户发现新的目的地和旅游热潮，与行业和政府合作为他们提供了传播自身企业文化或自身品牌特点的机会。使得用户既主动又被动地接收了旅游行业新鲜资讯。

京东旅行时服务于中高端用户的全面的旅游预订平台。它的板块划分较为传统，从机票、酒店、签证，到邮轮、会奖、周边游十分全面。

飞猪旅行产品丰富、品类齐全，针对年轻人，飞猪把重点放在出境游上，近些年推出的境外目的地产品，如俄罗斯、北极光、马尔代夫、南极游都引起了不小关注。

5. 主要运营模式

百度旅游、京东旅行、腾讯旅游和飞猪旅行的主要运营模式都有 B2C，其服务对象都主要是登录平台的游客。但值得注意的是，腾讯旅游的另一个主要的运营模式是 B2B。腾讯还与各级地方政府、大中型旅游企业合作，结合这些政府或企业的需求，将新的旅游信息或旅游大事件推介给用户。腾讯旅游利用其平台优势连通了有资讯推广需要的企业、政府和有信息接收需要的游客两端。

6. 盈利模式

这四个旅游品牌不论是哪一个都没有脱离其东家品牌的电商性质。他们的盈利方式都以传统的网络电商的盈利方式为主。一个是广告投放收入，另一个是与其他资源提供商合作，平台跳转，为其引流来赚取利润。

7. 相似产品

百度旅游是旅游信息分享社区类网站，具有显著的社交功能，其相似的产品有马蜂窝和穷游，它们都是在旅游攻略和游记方面提供旅游建议比较权威的网站。与这两家企业相比，百度旅游由于资历不足，实际活跃用户还较少，百度旅游因大力激发用户的积极性，完善社交功能。

腾讯旅游是旅游资讯分享网站。相似的网站有环球旅讯和品橙旅游等。与这两家企业相比，腾讯旅游有很明显的流量优势和更高的知名度。腾讯旅游需要进一步改善的是拓展国际部分的旅游资讯，挖掘国际上一手旅讯，并且开发原创旅讯。

京东旅行是一家旅游综合服务性网站，由各类旅游需求的用户都可以在京东旅行中找到相关产品。相似企业是目前在旅游行业比较权威的携程网。京东旅行与携程网相比，应该调动起其庞大的用户基础，在产品方面进一步提升完善。

飞猪旅行作为近几年行业业发展最快的电商，面对携程与去哪儿合并后在市场中的垄断地位，不断在目的地 IP 打造，出境游服务上推出新举措、新服务，为用户创造新的体验，成为受人欢迎和关注的重要品牌。对内，飞猪有支付宝、阿里云、芝麻信用、淘宝、天猫等为之输血，有足够的用户群和流量，对外，支付宝先行建立的海外支付网络和阿里在海外的海外的资产布局都为飞猪的“起飞”铺平了道路。

8. 东家品牌带来的优势

百度旅游是国内最大的搜索引擎，在国际上也有很强大的影响力。知名而强大的搜索引擎直接带来的是与其他竞争企业相比更多的流量和用户基础。另外，百度的大数据系统、人工智能和百度地图也可以为百度旅游提供决策和技术方面的支持。

腾讯旅游受益于腾讯新闻和腾讯视频两大知名的腾讯旗下品牌。腾讯新闻给了旅游板块广阔的新鲜资讯获取渠道和用户基础，腾讯视频为其旅游视频提供了平台和技术支持还有受众保障。

京东是最大的B2C自营式商城，对于旅游行业这样的非实物性经营领域，京东传统的物流、仓储优势并不能起作用，能给经典旅行带来支持的只有京东原有的用户基础。

淘宝的强大用户群体及购物奖励旅行大礼包，将众多消费者导入飞猪旅行，成为飞猪旅行获客的巨大优势。

二、相同点

1. 庞大的潜在用户基础

不论是百度、腾讯、京东还是阿里，它们都是知名的电商企业，在中国拥有强大的用户基础。他们在进军旅游行业后，原有的用户都会成为新兴旅游服务的潜在用户，只要宣传到位，使得用户有合理的入口，潜在用户都可以转化成为忠诚用户。

2. 带有东家企业的特色标签

这些电商行业的旅游行业的子品牌都继承了东家品牌的特点和特色。这是由客观条件所决定的，在原有品牌的优势下开展新的项目，开发新产品更容易，更容易成功。

3. 盈利模式相似

相似的盈利模式是由它们的企业性质决定的，电商企业传统的盈利方式主要是基于广告的盈利模式和合作盈利模式两种。

参考资料

[1] 欧海鹰 . 旅游电子商务企业案例分析 . 旅游教育出版社，2015.

[2] 黄若 . 我看电商 . 电子工业出版社，2016.

[3] 章牧 . 旅游电子商务 . 中国旅游出版社，2016.

[4] 葛晓滨 . 旅游电子商务教程 . 中国人民大学出版社，2018.

[5] Amadeus Company. Future traveler tribes 2030.https://amadeus.com/en/insights/research-report/future-traveler-tribes-2030

[6] 百度百科 .http://baike.baidu.com/.

[7] 百度旅游 .http://lvyou.baidu.com/.

[8] 腾讯旅游 .http://ly.qq.com/.

[9] 京东旅行 .http://trip.jd.com/.

[10] 飞猪旅行 .https://www.fliggy.com/.